本书的出版得到“吉林大学哲学社会学院一流学科建设”项目资助

吉林大学哲学社会学院一流学科建设丛书

# 性别空间与性别实践：
## 农业女性化的社会学分析

GENDER, SPACE AND PRACTICE:
A SOCIOLOGICAL ANALYSIS OF AGRICULTURAL FEMINIZATION

孟祥丹 著

中国社会科学出版社

**图书在版编目（CIP）数据**

性别空间与性别实践：农业女性化的社会学分析/孟祥丹著．
—北京：中国社会科学出版社，2020.8
（吉林大学哲学社会学院一流学科建设丛书）
ISBN 978-7-5203-7112-4

Ⅰ．①性… Ⅱ．①孟… Ⅲ．①女性—农村社会学—研究—中国
Ⅳ．①C912.82

中国版本图书馆 CIP 数据核字(2020)第 164101 号

出 版 人 赵剑英
责任编辑 朱华彬
责任校对 张爱华
责任印制 张雪娇

出　　版 中国社会科学出版社
社　　址 北京鼓楼西大街甲 158 号
邮　　编 100720
网　　址 http：//www.csspw.cn
发 行 部 010-84083685
门 市 部 010-84029450
经　　销 新华书店及其他书店

印　　刷 北京君升印刷有限公司
装　　订 廊坊市广阳区广增装订厂
版　　次 2020 年 8 月第 1 版
印　　次 2020 年 8 月第 1 次印刷

开　　本 710×1000　1/16
印　　张 17.75
插　　页 2
字　　数 271 千字
定　　价 99.00 元

# 目　录

# 前　言

当代中国农村，男性劳动力外出务工转移是一个不可阻挡的过程。虽然部分女性劳动力像男性劳动力一样也转移到了城里务工，但大部分的女性会在婚后返回农村生育并照顾子女、照顾家庭并从事农业生产劳动。整体来讲，男性劳动力外出务工的事实在一定程度上使女性在农业生产中的劳动参与增加，并使其成为农业生产活动中的主要劳动力。男性劳动力外出务工、女性劳动力的农业生产参与程度增大，这是当代中国农村的重要变化之一。本研究采用社会学视角，对这一变化在农业生产、性别关系与妇女福祉方面产生的影响进行了分析。

本书第一章主要介绍了研究的现实意义与理论意义。现实意义主要体现在对粮食安全、性别平等及妇女福祉等现实社会问题的关注上。理论意义则体现在本研究在一定程度上补充了现有研究。确切地说，本研究特别关注从事农业生产的妇女本人的意见和农业女性化的异质性问题；强调家庭内部性别关系以及妇女福祉的变化；并剖析了妇女在农业生产中的劳动参与率增加对农业生产、性别关系、妇女福祉产生积极作用的影响因素。

为了帮助读者了解本研究的背景，除却介绍本研究的现实意义与理论意义，本书第一章同时梳理了中国当代农业生产中的性别分工及决策的历史变化情况。在中国农村，“外”与“内”是理解性别分工及决策历史变化的关键词。从传统意义来讲，男人的工作领域是“外”、女人的工作领域是“内”。“男主外、女主内”这一俗语即是对农村性别劳动分工和决策分工的最好诠释。由于农村男性劳动力的转移，男女双方的工作领域都扩大了。男人的工作领域甚至扩展到了“村庄之外”。本研究即着重于分析此种基于劳动性别分工变化而对妇女从事的劳动（农业生产）、农村性别关系和妇女福祉产生的影响。

第一章的最后部分展示了本研究的四个研究目标：（1）解读劳动性别分工发生变化背景下的农业生产的异质性特点；（2）理解劳动性别分工变化是如何影响农业生产的；（3）剖析劳动性别分工变化所引起的农村家庭内部性别关系变化；（4）探讨农业女性化对妇女福祉的影响，并探寻能够提升妇女福祉的影响因素。

第二章在对劳动力转移、农业女性化、社会性别与性别关系的文献梳理的基础上，阐述了本研究的理论框架。劳动力转移可能只受单个因素的影响，或者受很多相互关联因素的综合影响，如制度限制（户口）、经济利益追求、耕地不足、家庭劳动力过剩及文化因素限制等。然而，不论哪个因素是关键，劳动力转移都是一种家庭策略，是家庭成员互动的结果。显然，调查、分析劳动力转移状况是重要的，但认识和了解劳动力转移背后的那些留守人口的工作与生活状况同样重要。

农业女性化与劳动力转移密切相关，但它又不仅仅是男性劳动力乡城转移的衍生物。农业女性化包括劳动参与和管理决策两个方面，而这两方面又经常是不连续的。因此，作为本研究出发点的农业女性化蕴含五个动态维度：第一，劳动力社会分工及性别分工的变化；第二，妇女的决策地位可能发生变化；第三，妇女在劳动和/或决策方面的参与率可能会因为具体的农业生产活动不同而产生差异；第四，上述三点变化都可能影响农业生产；第五，这些变化也可能会对妇女的身份认同及其与丈夫之间的家庭性别关系产生影响。农业女性化不是一个线性的过程，这五个维度中任何一个维度的变化并不能直接导致其他维度的相应变化。

社会性别关系，尤其是家庭内部的性别关系，是本研究的一个重要研究问题。性别不平等在中国农村生活的很多领域都有体现，例如“重男轻女”“男主外女主内”“三从四德”等传统文化以及“男女在受教育机会”等方面的不平等事实，等等。虽然目前这些不平等现象在一定程度上有所弱化，但这些事实不仅仍在农村被广泛接受，而且依旧在无形中影响着农村妇女的生活，这些文化信条及人们已经不以为然的“不平等事实”也在一定程度上“固化”着妇女相对较低的社会地位。性别不平等同样存在于农业生产活动中。例如，虽然法律上明确规定女性享有和男性同等的土地使用权、继承权等权利，但现实往往并非如此。综合来讲，已有研究很少综合考量农村性别关系与男性外出务工、女性的农业生产劳动增加的现实，将该现实与理论联系起来进行分析的研究更少。这也是本研究的出发点及研究的重点之一。

第三章介绍了本研究所采用的研究方法。本研究综合运用了定量和定性研究方法，采用了问卷调查、半结构式访谈、生活史记录（biography recording）、参与式观察等方法收集资料。当然，文献法也是本研究的研究方法之一。为了更为深入地了解农业女性化这一现象，本研究采用了比较研究方法。通过分层抽样，研究对象选取了两个农村妇女群体：50 名承担家庭农业生产劳动超过 50% 的妇女；50 名承担家庭农业生产劳动低于 50% 的妇女。前一个群体常常被称为“留守妇女”，她们的丈夫一般在外务工，且务工地点多与村庄的距离较远，不能够经常回家，但有部分丈夫会在农忙期间返乡帮助妻子完成一部分农业生产劳动。后一个群体往往被称为“非留守妇女”。一般而言，非留守妇女的丈夫往往和妻子一起从事农业生产活动，他们同时也拥有非农兼业工作，只是工作地点在村庄附近，打工之余，他们依旧能够承担家庭中主要的农业生产劳动。两个群体的对比，能够让留守妇女在农业生产中更多的劳动参与所产生的影响得到更为深刻的体现。为了获得更为详细、深入、生动的资料，本研究还记录了 6 名留守妇女的生活史。此外，对村庄关键人物的访谈也为本研究提供了很多必要的信息。

本研究的地点是地处中国苏北的杨村。它是一个典型的农业生产村庄，村中八成农户至少有一名家庭成员在外务工。本书的第四章介绍了杨村的概况及研究对象的基本情况，包括土地问题、非农就业机会、行政管理、地方服务和组织等情况，以及研究对象的基本情况，如年龄、受教育程度、职业（除务农外）及其丈夫、子女的基本状况。第四章的最后则展示了 6 名生活史记录对象的生活概貌。这些基本信息有助于理解、讨论有关妇女在农业生产中的劳动参与增加对农业生产的影响（第五章）、对家庭内部性别关系的影响（第六章）、对妇女福祉的影响（第七章）及对农村发展的影响（第八章）。

第五章从妇女的视角出发，探讨了农业生产空间中劳动女性化对农业生产的影响。有学者认为妇女在农业生产中的劳动参与的增加会对粮食生产带来负面影响。然而，本研究发现由于丈夫外出务工而在农业生产中劳动参与增加的妇女，基本上没有改变农业生产方式，如种植类型、种植面积、种植方式及农业生产资料的投入，并且这些妇女家庭的农业产量与那些以丈夫为主要劳动力的家庭的农业产量并没有区别。在主观判断方面，这些妇女也不认为她们的耕作方式会对农业生产带来负面影响。此外，基于很多农民不愿意继续务农甚至某些地方出现的抛荒现象，本研究进一步剖析了妇女继续从事农业生产意愿的影响因素。研究发现，如果留守妇女同时拥有非农兼业工作，则非常有利于其继续从事农业生产。因此，可以推断，地方产业的多样化、分散化可以促进国家的粮食安全。第五章的末尾阐述了妇女在农业生产中遇到的难题及其对农业生产的期望，而设计和生产易于妇女操作的农业机械可能会有效解决她们在农业生产中遇到的普遍难题，即妇女很难操作庞大的、为男性设计的农业机械以及农忙季节缺乏劳动力的问题，并且，这在一定程度上有利于促进性别平等。

第六章探讨了农村家庭内部性别关系的变化。理论上，丈夫的乡城流动给留守妇女提供了更多空间进行农业生产及家庭事务的决策。本研究表明，留守妇女在农业生产方面的决策基本上随着其在农业生产中的劳动参与的增加而增加。然而，农业生产中“大事”决策依旧是由她们的丈夫做出的。研究进一步发现，留守妇女在农业生产中的劳动与决策参与提高并不直接导致其在家庭事务和村庄公共事务中“大事”的参与和决策增强。她们依旧深深地被传统的性别分工及决策观念影响着、禁锢着。此外，虽然留守妇女在农业生产以及家庭事务方面发挥着很大的作用，但研究发现她们对自己对农业生产和家庭事务贡献的认同感远远低于她们应有的认同感，她们倾向于否定自己的贡献。在实践中，她们仍然服从于男性，她们依旧受限于“内”与“外”的工作领域的性别划分。家庭内部的性别不平等在一定程度上被再次强调并重新塑造了。令人激动的是，尽管如此，本研究发现妇女的以下特点有利于促进她们在家庭中与丈夫拥有相对平等的性别关系，例如，拥有一份非农兼业工作、接受过相对较高水平的教育、拥有外出务工经验、与在外务工的丈夫较少联系等。

本书第七章从主观和客观两个方面探讨了留守妇女的福祉状况。相比那些和丈夫生活在一起的妇女，留守妇女的幸福感总体上更低。虽然她们更愿意和丈夫一起进行农业生产，但现实中她们不得不自己承担所有家庭劳动及农业生产劳动。她们几乎没有闲暇时间，因为即便有空闲时间，她们也会去找兼业工作以挣更多的钱贴补家用。例如，她们会选择在家中加工皮球或在村里的板材加工厂工作。除了劳动负担，留守妇女还承受着诸多消极情绪的困扰，如焦虑、孤独、压力与不满等。因此，剖析那些能够提高留守妇女福祉水平的因素非常重要。研究发现，如果留守妇女具有较高的受教育程度，或她拥有外出务工经历，或她是当地某组织（如教会）的一员，或者她距离原生家庭较近的话，都会有更高的幸福感。实质上，是社会网络起到了积极作用，她们拥有更多的机会与他人交流，并在交往过程中成为他人心目中的“大人物”（somebody），而非他人眼中无关紧要的“小人物”（nobody）。成为“大人物”意味着被别人需要，这会极大地提升留守妇女的幸福感。

第八章在总结的基础上回应了本研究的目标、反思了研究本身，并从政策建议的角度提出了一些设想。总体上，农业劳动女性化导致了农业生产领域一定程度的管理决策女性化，但并没有直接导致家庭事务空间与村庄公共事务空间中的更多参与与决策，留守妇女的实践与话语都证明性别关系在农业劳动女性化的过程及其影响中，都被进一步固化。在本书的最后，笔者反思了农业生产的重要性、中国农村性别研究的范式以及中国农村发展的可能方向等问题，并指明后续研究可以关注之处。

综合来讲，以下几点值得深入思考：第一，农业生产的重要性并没有得到从事农业生产劳动的妇女的充分认可。从某种程度上说，这在一定程度上导致了她们对自己的农业生产贡献和家庭贡献的否定。第二，中国目前有关农业生产方面的性别研究并没有完全处在正确的轨道上，主要表现在四个方面：（1）缺少从事农业生产劳动的女性的研究视角；（2）很少注意农业生产中有关决策的内容；（3）妇女经常被视为被动的受害者，暗含一些对妇女的消极判断，这在一定程度上占据着现有研究的主流地位；（4）在现代化及城镇化的意识形态框架下，以农村妇女角色增加为基础的特殊发展道路，几乎没有理论空间。第三，农村发展是可以“违背”当前中国主流的现代化、城镇化思想的，它可以有不同的发展轨迹与路径。农村发展可能意味着促进多功能农业的发展，也可能需要关注多样性、环境、合作、创新、自治和社会责任等问题。

# 第一章

# 农业女性化的时代背景与变迁

## 一　男性劳动力务工转移背景下的农业女性化

本研究是以小农农业生产中的农村妇女为研究对象，对男性劳动力乡城流动背景下农村妇女在家从事农业生产活动及其所带来影响的社会学分析。无疑，在男性劳动力外出务工的背景下，留守在家的女性必然承担起更为繁重的工作，包括照顾孩子与老人、从事家庭农业生产劳动等。有学者将其称为农业女性化的过程，也从不同的角度对其进行了研究。在现有研究的基础上，本研究从行动者视角出发对此问题进行分析，这意味着农村妇女或者更为确切地说从事家庭农业生产的妇女是理解这个问题的核心与关键。更为重要的是，从她们的视角出发，本研究试图探讨，她们留守在家从事家庭农业生产劳动的行为对根深蒂固的性别不平等关系是否产生了影响，或者反之，根深蒂固的性别不平等关系是否影响了她们留守在家从事家庭农业生产劳动。除却性别关系，她们从事家庭农业生产活动的行为对农业生产的影响，以及对她们福祉的影响，也是本研究的关注重点，而这些问题自然与性别关系问题不可分割。此外，本研究还探讨了影响妇女的农业生产态度、家庭性别关系与其福祉的因素。

农业女性化不是男性劳动力外出流动的简单衍生问题。更为全面的农业女性化概念指代的是发生在农业生产中的具体变化，如具体从事农业生产的行动者的变化、家庭中两性关系可能发生的变化，甚至农村和城市经济与发展之间相互关系的变化，并且这些变化可能会对农业生产和性别关系本身产生影响。概括而言，农业女性化有两个维度，即劳动女性化（labour feminization）和管理决策女性化（managerial feminization），分别指代妇女更多地参与农业生产劳动和更多地参与农业生产决策的过程。然而，必须回答的第一个问题是，在劳动力转移的背景下，农村妇女更多地参与到小农农业生产劳动中，是否能够真的带来农业生产决策中新的、更平等的性别关系，也就是说，农业劳动女性化是否能够带来管理决策女性化？参与更多的农业生产劳动意味着妇女在农业生产中有更多的决策权么？与之相关的、进一步的问题是，在农业生产中劳动参与度的增加、决策权的变化，是否会对家庭资源的控制方式、家庭内部的决策模式产生影响、是否会使妇女在村庄公共事务中的参与程度发生变化、对其产生影响？并且，妇女更多地从事农业生产活动，是否会对农业生产本身（如对种植面积、种植作物类型、生产资料投入、产量等）产生影响？这些都是亟须讨论与研究的问题。

总的来说，无论是从理论角度，还是从社会角度研究农业性别劳动分工的变化以及妇女参与农业生产决策的情况及其影响都是重要的问题。在理论方面，文献综述发现，本研究在一定程度上补充了现有相关论述，在本书的第二章中将进一步阐述这一问题，在此不做过多论述，但已有研究有待进一步完善之处可以概括为以下几点：（1）对参与农业女性化进程的妇女自身观点的关注缺乏；（2）对农业女性化的异质性关注有限；（3）对妇女在农业生产中更多的劳动参与对整个农业生产的影响存有偏见；（4）对农业生产、家庭事务和农村公共事务空间中性别关系的分析相对有限；（5）缺少对农业生产、性别关系和妇女福祉能够产生积极作用的因素分析。

在社会意义层面，本研究对农业生产问题进行了关注，从宏观上看，是对粮食安全问题的关注。多数现有研究认为妇女参与农业的增加会导致农业生产的衰退，这意味着它将对中国的粮食安全和粮食主权产生负面影响。本研究从从事小农生产的农村妇女自身的经验和耕作实践出发，探讨了这一问题。并且，本研究的社会意义还体现在对性别关系与妇女福祉问题的关注。丈夫的外出务工可能为留守在家的妻子在农业生产和家庭事务中增加决策权提供空间，这将有助于建立更加平等的性别关系，至少在理论层面是有利于妇女的福祉提升的。

## 二　农业生产中性别关系的历史变迁

农业是国民经济的基础，据国家统计局2019年12月6日公布的全国粮食生产数据显示，2019年全国粮食总产量66384万吨（13277亿斤），比2018年增加594万吨（119亿斤），增长0.9%，创历史最高水平①，主要产品有水稻、小麦、玉米、大豆、马铃薯、高粱、花生、茶叶、谷子、大麦和棉花。而根据《2019中国统计年鉴》显示，2018年从事第一产业的人数为2.0258亿人，占总就业人口（7.7586亿）的26.1%②。虽然官方统计中，没有性别方面的公布数据，但不可否认的是，20世纪80年代以来，随着农村男性劳动力的大量外出务工，女性在农业劳动过程中承担了更多的责任，无疑这意味着丈夫和妻子在家庭层面的劳动分工发生了变化。然而，这并不是在农业劳动领域中有关性别劳动分工第一次发生变化。诚然，农业生产中所建构的不同的社会分工意味着不同的性别关系，对农业生产中劳动性别分工历史脉络的梳理，有助于人们理解在家庭层面性别关系的历史变迁。

总的来说，中国农业生产在家庭层面上的近代历史发展过程可分为三个时期（见图1.1），即1958年以前的时期、人民公社时期和家庭联产承包责任制及以后的时期（1978年以后）。

1958年以前，中国农村家庭的性别劳动分工遵从传统模式：妻子主“内”，劳动的范围基本都在住宅内，她们照顾孩子和老人、做家务；丈夫主“外”，劳动的范围基本都在住宅外，他们主要从事农业生

---

① 国家统计局：《解读：2019年全国粮食产量再创新高》，http://www.stats.gov.cn/tjsj/zxfb/201912/t20191206_1716156.html，2019年12月6日。

② 国家统计局：《2019中国统计年鉴》，中国统计出版社2019年版，http://www.stats.gov.cn/tjsj/ndsj/2019/indexch.htm.

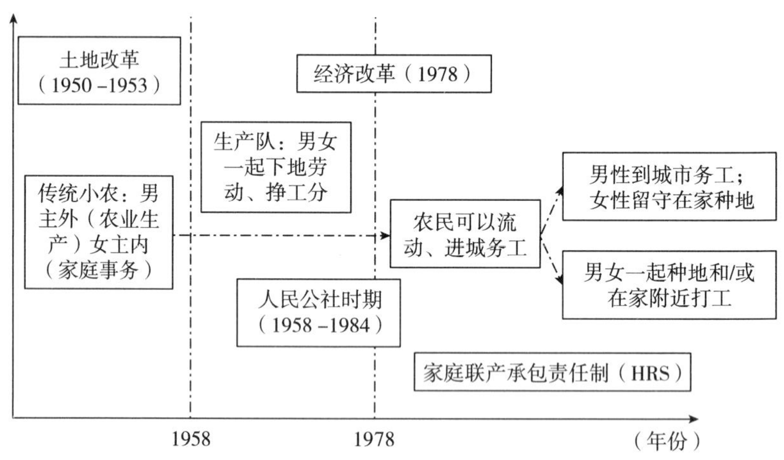


**图 1.1　家庭层面农业性别劳动分工的历史变迁**

产方面的劳动。此时的家庭性别关系在一些话语中有较为明显的体现，如“男尊女卑”“男主外女主内”“三纲五常”等。这些传统的道德规范引导着人们的思想和行为，千百年来一直为人们所遵循，虽然在 1949 年中华人民共和国成立后，情况发生了很大变化，然而，传统的规范和价值观仍然在一定程度上影响着人们的思维与实践。

在此阶段，关于农业女性化的研究较少，因为大多数学者把男性劳动力的大量乡城转移成为可能之时，即 1980 年左右，作为农业女性化进程的起点。然而，正如一些学者（胡玉坤，2007；吴海盛、张姝弛，2008）所指出的，农业女性化并不是新现象，费孝通先生早在 1945 年就已经讨论过在云南禄村贫困家庭的农业生产活动中，女性劳动力往往与男性劳动力共同参与甚至女性劳动力是生产主力的情况。20 世纪 30 年代，费老在云南做调查的时候，发现在禄村的农业生产活动中存在明显的劳动性别分工。例如，在种植水稻和豆类的生产实践中，女性似乎比男性承担了更多的工作，并且，女性还负责种植用于家庭消费的蔬菜和各种其他作物。他观察到，不管一个家庭有多少财产，所有女性都必须参加农业生产劳动，但在富裕的家庭中，老年男性甚至年轻男性都没有从事任何农业劳作。据费老估计，在大约三分之一的家庭中，男子不必参加农业生产劳动。但贫困家庭的情况与此不同，他们必须找到其他办法来改善家庭经济状况。这些贫困家庭的男人们会外出去做采矿、建筑或长途贸易等工作，而他们的妻子不得不从事农业生产劳动以维持家庭生计。可以说，在像禄村这样的村庄，农业劳动力的女性化是一个事实，尽管通常情况下，女性主要是在“家庭内”发挥作用，而男性主要是在“家庭外”工作，然而，费老的案例研究很好地展示了不同阶层、不同家庭劳动性别分工的现实状况与差异。

1949 年以前，私人是拥有土地所有权的，土地交易的情况也会频繁发生。一个家庭的财富与拥有的土地数量直接相关。为减少社会不平等，巩固政权，1950 年启动了土地改革。富人（大地主）的土地被没收，并在穷人中重新分配。这时每个家庭依旧拥有土地私有权。1953 年，政府开始推广互助组生产模式，是一种在农村家庭之间进行的农业生产活动互助模式。这种农业生产组织的方式，是人民公社的前身。1957 年 11 月 13 日，《人民日报》发表社论，提出了“大跃进”的口号。1958 年 5 月党的八大二次会议正式通过了社会主义建设总路线，号召全党和全国人民，争取在 15 年或者更短时间内，在主要工业产品的产量方面赶上和超过英国。会后，全国各条战线迅速掀起了“大跃进”的高潮。8 月，中共中央政治局在北戴河举行扩大会议，提出 1958 年钢产量要在 1957 年 535 万吨的基础上翻一番，达到 1070 万吨，作为 1958 年实现“大跃进”的主要步骤。会议还决定在农村普遍建立人民公社。在旨在快速实现经济突破的“大跃进”运动的推动下，1958 年约有 26000 个兼具行政和经济功能的农村人民公社活跃起来（Dutt，1967）。

在集体经济时代，所有的土地都属于公社，并由生产队管理，公社领导组织、管理公社的一切农业生产活动。农户靠耕种集体土地为生，他们用自身的劳动，即赚取工分，体现对公社的价值与贡献。他们获得的工分的多少，取决于其体力与劳动的技术含量，干技术含量高的工作能够获得更多的工分（Wertheim，1973）。每天每人最多可赚取 10 个工分。通常情况下，参加农业生产劳动的男性一天能够获得 7—8 分，而参加农活的女性一天通常能够获得 5—6 分。在家庭层面上，获得多少工分对家庭的意义很重要，工分与家庭规模共同决定了最终能够被分配到多少食物。张凤华（2006）的研究区分了这一时期妇女在农业生产中的两种不同地位：一种是女性像男性一样做全职农民；另一种是女性在农业生产中发挥补充作用。张凤华在其研究中进一步指出，农村妇女参与农业生产使她们在家庭中发挥了新的作用，这在一定程度上冲击、改变了“男耕女织”的传统性别分工模式，或者说“男主外女主内”的道德规范。

然而，人民公社制度对农业生产造成了负面影响，因为无论如何工作，都能获得工分、从而获得粮食，都有保障的（Lin，1988&1992）。大家吃大锅饭，造成了“干与不干一个样，干多干少一个样，干好干坏一个样”，这严重阻碍了人民群众的生产积极性，并造成了农业生产力的严重低下。后来，特别是在三年自然灾害阶段（1959—1961 年），农村家庭遭受了严重的粮食短缺。这些问题导致了公社制度的失败，并孕育了家庭联产承包责任制在 1978 年的出现。

1978 年，安徽省凤阳县小岗村 18 名农民的行动是当时农业生产组织方式的一个转折点。农民们签订了一项秘密协议，主要达成了三项内容：一是把集体的农田分成小块，实行分田到户耕种；二是不再伸手向国家要钱要粮，在交足集体和国家的粮食配额的基础上保留剩余的粮食；三是如果干部坐牢，社员要保证把他们的小孩养活到 18 岁，因为在当时的集体经济时期（私有化与社会主义、共产主义发展方向背道而驰），他们是冒着生命危险签署这项协议的。最后，这种冒险的尝试被证明是成功的，农业生产效率得到了大幅度的提高。据统计，1979 年小岗村的粮食总产量为 66 吨，相当于全队 1966 年到 1970 年 5 年粮食产量的总和[①]。类似的试验于 1979 年在四川省和安徽省展开，也取得了农业生产力的显著提高。随后，当时的中共领导人邓小平同志在 1980 年 5 月 31 日的一次重要谈话中公开肯定了小岗村“大包干”的做法、公开赞扬了这种试验。继而，从 1981 年开始，这种做法在全国范围内

---

① 百度百科：《家庭联产承包责任制》，https：//baike. baidu. com/item/% E5% AE% B6% E5% BA% AD% E8% 81% 94% E4% BA% A7% E6% 89% BF% E5% 8C% 85% E8% B4% A3% E4% BB% BB% E5% 88% B6/627664？ fr = aladdin.

逐渐展开。

1982 年 1 月 1 日，中国共产党历史上第一个关于农村工作的一号文件正式出台，明确指出包产到户、包干到户都是社会主义集体经济的生产责任制。在家庭联产承包责任制刚开始时，集体土地被重新分配给每个家庭进行管理；每个村民（男性和女性）拥有同等数量的土地（Tan et al.，2004）。因此，家庭联产承包责任制将农业生产重新拉回到了个体家庭的层面，家庭取代生产队成为农业生产单位。在向集体和国家纳税后，家庭有权享受所有的生产福利。最初，家庭联产承包责任制的合同期限是 15 年，在 1995 年，合同期限延长到 30 年（Christiansen，1990；Guan and Chai，1987；Lin，1987）。此时，土地所有权属于集体所有，农民拥有土地使用权。

家庭联产承包责任制实行之后，家庭内部的劳动性别分工与之前两个时期的劳动性别分工部分相似，但也出现了一些本质差别。1978 年，经济改革（改革开放）开始，国家允许并鼓励农民进城务工挣钱，而这在人民公社时期是被严厉禁止的，因为它被认为是走资本主义道路。农村劳动力的进城务工始于 1980 年左右，之后慢慢成为农民的一种主流生活方式。中国国家统计局的统计数据显示，2011 年，中国有 25278 万农民工，其中绝大多数是男性（de Brauw and Giles，2018；Fan，2003），农民工的规模也逐年递增。根据 2020 年 4 月 30 日国家统计局发布的《2019 年农民工监测调查报告》① 显示，到 2019 年，农民工的总量达到了 29077 万，比上年增加 241 万人，增长 0.8%，其中本地农民工 11652 万人，比上年增加 82 万人，外地农民工 17425 万人，比上年增加 159 万人，增长 0.9%，并且，在全部农民工中，男性依旧为大多数，占 64.9%，女性占 35.1%。

随着农村男性劳动力的外出务工，农村家庭的生计策略以及男女两性的劳动性别分工也随之发生了变化。伴随着劳动力可能的自由转移，农村的家庭生计策略主要包括以下几种：（1）丈夫外出务工，妻子留

① 国家统计局：《2019 年农民工监测调查报告》，http：//www.stats.gov.cn/tjsj/zxfb/202004/t20200430_ 1742724.html，2020 年 4 月 30 日。

下来照顾家庭、做农活，一些妇女也在村里或村周围做农活以外的非农业工作——打零工（图 1.2 中的组 1）；（2）丈夫和妻子都留在村里务农，夫妻双方或单方除了务农之外，还会在村里或村庄周围打零工，例如从事运输或者在小工厂打工（图 1.2 中的组 2）；（3）丈夫和妻子一起外出务工，把土地留给亲戚或租给其他人（通常是同一个村庄的人）耕种。

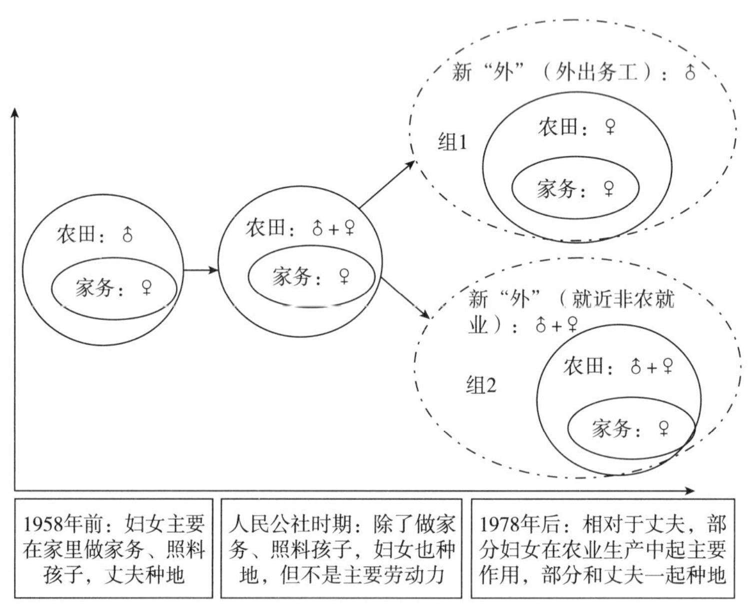


**图 1.2　家庭层面劳动性别分工的历史变化**

这些生计策略并不是一成不变的，随着时间的推移，农户可能从一种策略转向另一种策略。例如，一些妇女在婚后直接与丈夫一起到城市务工，然后在家庭需要时（如子女教育和照顾老年人）返回到村里，边照顾孩子或老人，边从事农业生产。此外，健康出问题、失业或在城市或工作中的不良经历也可能是他们返回乡村的原因。一些妇女可能会在农村停留一段时间后再次回到城市打工；这主要取决于她们的家庭状况是否允许，例如，原本和丈夫一起在外务工的妇女，在待产和哺乳期的时候，经常会返回村庄，等到孩子不需要哺乳之后，将孩子交给老人照顾，会再次外出打工，而当孩子上学的关键阶段（如学习成绩下滑、小升初阶段、初升高阶段等），她们往往会再次回到村庄，监督孩子的学习，而当孩子考上技校、大学，或者不再读书之后，她们可能会根据自身及家庭状况，综合考虑是否要再次外出打工。毫无疑问，农业仍然是农民生计的重要组成部分。尽管农业对家庭的经济贡献小于外出务工挣得的收入，但它为外出务工人员提供了一个安全的庇护所，尤其是当农民年老时，它还是他们的主要生活方式之一。

“内”和“外”的概念对于描述和理解中国家庭的性别分工以及日常生活组织形态，具有重要意义。如图 1.2 所示，1958 年以前，大多数妇女主要在家里照顾孩子、老人、做家务，而她们的丈夫则在外面的田地里工作——务农。在人民公社时期，妇女的工作范围扩大到“家庭之外”；她们也在田里工作，尽管她们在农业中的作用被认为是补充性的。1980 年以后，丈夫长期在外务工的家庭，妻子除却继续从事家务劳动与照料活动之外，开始在农业生产中起主要的作用，同时，有些妇女可能还会在村庄附近打零工、赚取额外收入。男性劳动力的外出务工，改变了传统的“内”“外”观念。从空间上看，农村家庭的工作范围超越了家庭的内、外之分，而是变成了村庄的内、外，甚至扩大到城市，而与此同时，妇女的工作内容也从主要是家务与照料活动，变成了家务、照料与农业生产，甚至加上非农兼业活动。准确地说，外出务工可以指在村庄外工作或在离家很远的地方工作。男女的工作领域都有一定的变化。图 1.2 说明了家庭层面劳动性别分工的变化脉络。要了解妇女的福祉和地位，就必须了解新的分工模式及其引起的变化。自然，在家庭和国家层面的粮食安全和粮食主权问题上，探讨农业生产本身的变化也很重要。总的来说，这些都是本研究的主要目标。

## 三 目标与问题：农业女性化的性别空间与实践

许多研究指出，男性劳动力的外出务工导致了女性在农业生产中的作用越来越大（孙秋、周丕东，2008；吴海盛、张姝弛，2008；张凤华，2006），不仅体现在国内的研究中（如 Chang et al.，2011；de Brauw et al.，2012；Song et al.，2009a；Zuo，2004），这种趋势也正在亚洲、拉丁美洲和非洲发生（de Brauw，2003；Deere，2005；Katz，2003；Lastarria Cornhiel，2008）。许多学者认为，妇女在农业生产中的劳动参与度的提高与农业生产中的决策权的增强是一致的（如何军等，2010；Zhang，2002）。然而，也有学者对这一观点提出质疑（如 Kelkar，2007；Song et al.，2009a）。到目前为止，学界对劳动女性化与管理决策女性化之间关系的研究，相对缺乏，因此本研究以江苏省杨村的妇女为研究对象，探讨农业劳动女性化与妇女在农业中决策权是否增强之间的关系。

在本研究中，笔者主要使用了“以行动者为导向的方法”（Actor - oriented approach）和比较法。行动者，可以是个人、非正式群体、团体与组织等，指具备能动性的社会实体，他们能够产生知识、辨别困境并形成恰当的决策和行动（Long，2004）。本研究的行动者主要关注的是作为农业生产主要劳动力的妇女。以男性劳动力乡城流动后引发的新的劳动分工模式为基础，从妇女自身的角度来解读她们生活世界发生的变化，为相关政策的设计提供一个新的视角。为了能够更清晰地展示男性外出务工对于农村女性从事农业生产的影响，本研究采用了对比法，丈夫长期在外务工的农村妇女，即留守妇女①（上图 1.2 中的组 1 家庭中的妇女），是本研究的主要研究对象，她们是家庭农业生产中的主要贡献者。为了更好地说明问题，非留守妇女是对照群体（上图 1.2 中组 2 家庭中的妇女），她们的丈夫也可能在附近打零工，但会和妻子一起从事农业生产活动，妻子在农业生产中起的是辅助性、补充性的作用，其主要职责依旧在于照顾家庭成员与做家务方面。研究具体采用了问卷调查、参与式观察、结构化访谈和生活史记录等方法（Melberg，2008；Miele，1994；Pohlmann，1994；Thorsen，1994）收集资料、实现研究

① 对于留守妇女、非留守妇女的概念，本研究沿用的是叶敬忠、潘璐（2008：25）的概念，即，留守妇女是指丈夫每年在外务工 6 个月及以上且不在家中居住、而自己长期留守在家乡的 55 周岁及以下的农村妇女；非留守妇女指丈夫很少或短期（每年在外务工 6 个月以下）在外务工或不外出务工，夫妻在一起居住的 55 周岁及以下的农村妇女。

目标。

本研究除了关注农业女性化的现状和深层原因外，还研究了农业女性化对农业生产、家庭性别关系及其福祉的影响。主要研究问题包括：妇女更多地参与农业劳动是否会导致她们在农业方面的决策权增加？农业女性化是刺激还是阻碍了农业生产？农业女性化是否促进了农业生产和家庭中的两性平等？影响妻子和丈夫地位平等的因素是什么？对妇女的福祉有什么影响？综合而言，本研究的四个目标在于：

（1）在家庭劳动性别分工不断变化的背景下，确定农业女性化的本质与特征。具体问题包括，农业生产中的“劳动女性化”是否与“管理决策女性化”同时发生？妇女对农业生产中的不同农业活动，在劳动参与和决策参与方面是否存在差异？如果参与程度不同，具体是哪些方面的差异，潜在的影响因素是什么？本书的第六章对这些问题进行了回答。

（2）了解这些变化对农业生产的影响。一些学者指出，农业女性化导致农业生产的衰退（如 Goldstein and Udry，2008；李文，2009；Udry，1996）。但是，妇女自己是如何看待这个问题的呢？具体的研究问题包括：妇女成为农业生产的主要劳动力后，种植面积和种植方式是否出现了变化？出现了哪些变化？在农业生产资料的投入（质量和数量）方面，以及在产量方面是否存在差异？除了从客观上探讨妇女在从事农业生产实践过程中的行为与变化之外，本研究也对妇女对于自身从事农业生产活动对农业生产的影响进行了思想意识层面价值判断的调查，并在此基础上探讨影响家庭乃至国家粮食安全问题的因素。本书第五章对这些问题进行了回答。

（3）使农村性别关系的其他变化成为可能。正如前文中对本研究的理论意义和社会意义所讨论的那样，在当前的研究中，关于这一问题存在着矛盾的观点与判断。例如，李新然等（2000）和张凤华（2006）认为，妇女更多地参与农业生产导致其家庭地位降低。但是，付少平（2003）强调，在农业生产决策中获得更多的权力，使妇女更有信心，并加强她们在农村公共事务中的地位。本研究的第三个目标即在于探讨在家庭事务和乡村公共事务中农村性别关系可能发生的变化。在成为农业生产的主要劳动力之后，妇女在家庭中是否拥有更多的决策权？影响妇女在家庭内部两性平等中的因素有哪些？这里的问题旨在探讨性别关系的变化，这些问题会在第六章中有所说明。目标一和目标三是彼此分离的，正如相应的问题也是不同的一样。这是因为，从理论上讲，劳动过程可能会发生变化，而性别关系保持不变，或者两者都会发生变化等情况。如果事先假定劳动过程的变化必然会导致性别关系的变化，两者的关系一致或相反，是不合理的。

（4）探讨农业女性化对妇女福祉的影响，以及影响妇女福祉状况的因素。妇女的身体负担问题主要体现在对妇女在家庭内从事农业生产、照料和家务劳动的描述上。在主观幸福感方面，本研究通过问卷调查、生活史记录和参与式观察，比较两组妇女（留守妇女和非留守妇女）的情况，探讨焦虑、孤独等情感负担。这些问题将在第七章被讨论与回答。

## 四　小结：本书的内容框架

本书共分八章。第一章为研究背景的介绍，从男性劳动力务工转移的背景引入，继而梳理因男性劳动力外出务工而导致的农业劳动女性化问题，并对农业生产中的性别关系进行了历史变迁梳理，从而提出本研究的目标与问题。

第二章为相关理论与文献的梳理，讨论了本研究的主要概念和理论框架。农业女性化问题不是一个单一、孤立的现象，与劳动力转移、性别、性别关系等问题都密切相关，因此在本章对这些主要概念进行了梳理，进而提出本研究的概念框架。

第三章介绍了实地调查的过程、数据收集的方法、数据管理与分析。本研究的研究方法包括问卷调查、生活史记录、关键人物访谈法和参与式观察法。本研究通过分层随机抽样的方法选择调查对象，并记录了6名妇女的生活史，以更好地理解妇女的生活状况。

第四章概述了研究地点和调查对象的基本情况，目的在于提供给读者一个有关调研地点基本情况的整体画面，包括杨村的社会背景，以及6名被记录了生活史的留守妇女的基本情况，这能够很好地帮助读者理解本书行文过程中的访谈片段与观点。

第五章主要从妇女的视角探讨农业女性化是否会导致农业生产的衰退。该章探讨了妇女视角下的农业生产在家庭中的地位与作用，分析了影响她们继续从事农业生产和做好农业生产工作意愿的因素。在本章的最后，论述了妇女在农业生产中遇到的困难和期望，以期为农业政策的制定提供参考。

第六章探讨农业女性化对性别关系的影响。这部分内容侧重的是家庭空间中的性别关系，在家庭中，妇女在丈夫外出务工后成为农业生产的主要劳动力，在丈夫缺席的情况下，妇女的决策可能存在较大的空间。本章不仅讨论了农业生产决策方面的变化情况，也探讨了家庭事务和农村公共事务决策方面的变化，更进一步探讨了影响妇女性别平等观念的因素。

第七章从妇女自身的角度出发，全面了解其客观、主观的福祉状况。本章主要以生活史记录和参与式观察法收集的资料为基础，通过与非留守妇女的情况比较，描述了留守妇女的身心负担与情感负担，从而，进一步探讨了有利于留守妇女福祉提升的因素。

第八章是结论和讨论部分。首先，根据研究问题综合了本研究的主要发现。其次，从农业生产、性别关系、妇女福祉和农村发展等方面提出了政策建议与探讨。最后，阐述了本研究的一些批判性思考。

# 第二章

# 农业女性化相关理论蕴含

农村妇女更多地参与农业生产劳动，无疑与男性劳动力的乡城务工转移密切相关，这种劳动力转移是一种家庭生计策略，而不仅仅是个体的行为与生存方式，而女性更多地参与农业生产活动，在具体的农业生产活动劳动分工和决策方面的变化，也会影响到家庭内部的性别关系。因此，本章在讨论研究关键概念——劳动力转移、农业女性化、社会性别与性别关系——的基础上，提出了本研究的理论框架。

## 一　劳动力转移与留守群体

近几十年来，中国经历了巨大的经济变化，劳动和性别分工也发生了相应的变化。自20世纪70年代末农业和其他改革实行以来，农村劳动力市场和劳动力参与的性质发生了重大变化。随着对流动性限制的逐步放宽，中国经历了世界上最大规模的乡城劳动力流动。中国国家统计局的数据显示，2019年中国有29077万农民工，比上年增长0.8%。其中，外出农民工17425万人，比上年增加159万人，增长0.9%①。快速增长的农民工数量与中国的经济增长有关（Fan，2008；Liang and Ma，2004）。

劳动力转移（migration）在中外学者的话语中意味着不同的含义，例如，在一些学者看来，劳动力转移指代的是人们从一个社区到另一个

① 国家统计局：《2019年农民工监测调查报告》，http：//www. stats. gov. cn/tjsj/zxfb/202004/t20200430_ 1742724. html，2020年4月30日。

社区的永久性迁移（Malle，1997）。然而，对于大多数中国农民工来说，劳动力转移并不是一种永久性的流动，而是具有中国特色的一种特殊的流动。劳动力转移往往遵循一种临时性的循环模式，人们在城市和省份之间流动，以寻找更好的机会。有学者将传统劳动力转移定义为“任何永久或半永久性的居住变化”，并将流动定义为“各种各样的流动，通常是短期的、重复的或周期性的，但所有人都有一个共同点，即没有任何永久或长期改变居住地的意图”（Zelinsky，1971：225－226）。可以进一步将其区分为每天往返村庄的通勤（通常是为了工作或教育）和循环性劳动力转移（持续性的、可能超过一天）两种类型（Hugo，1982）。对于中国学者来说，一天以上的劳动力的循环性劳动力一般可以分为短期劳动力转移和长期劳动力转移。每年累计离家工作6个月以下或以上是区分短期和长期外出务工的边界（吴惠芳、饶静，2009；叶敬忠、吴惠芳，2008）。长期劳动力转移人员平均每年回家两到三次（Hare，1999）。循环性劳动力转移的主要原因在于这些人难以获得永久性的居民身份，这限制了他们获得工作和住房的机会，还有部分原因在于农村土地的集体所有制，这种集体所有制阻碍了土地的出售，并使永久的劳动力转移面临着失去土地的风险（Roberts，2000）。

人们参与劳动力转移过程是许多因素单独或综合作用的结果。在宏观层面上，中国内部的劳动力转移与制度约束有关。商品以及劳动力的自由市场（Christiansen，1990）、生产的社会化（郝亚光，2012）和户籍制度的放宽，为农村劳动力创造了从农村向城市流动的可能性（Cai，2000）。在微观或个人层面上，人们进行劳动力流动的动机在于增加经济收入或缺乏就业机会（Fan，2003；Murphy，2002；韦加庆，2020）、在于规避家庭风险（耿小娟、柳建平，2020）。同时，“劳动力转移不仅仅是对推动和拉动刺激的机会主义的即时反应；它们也是价值观的产物”（Murphy，2002：21）。有学者认为，劳动力转移的发生是因为农田短缺和家庭劳动力富余（Goodman and Hiskey，2008；Zhao，1999）。此外，人际关系网也是推动劳动力转移的一个重要因素（Sheng，2007；Taylor et al.，2003；Zhao，2003）。

劳动力转移也可能反映的是宏观层面上社会或制度带来的功能失调，

这尤其适用于国际性的劳动力转移。劳动力转移是一种代价高昂的决定，那些“消失”的移民往往选择离开有问题和困难的环境，他们的决定并不是随机的，而是在考虑了维持一种功能失调的社会安排所需的费用之后才计划与安排的（Ley and Kobayashi，2005；Osella and Osella，2000；Valentine et al.，2009）。正如有学者指出：“劳动力转移是为了安全和逃离危险局势。例如，许多墨西哥妇女为了逃避家庭暴力而迁徙，离开家庭和父母，去努力寻找一个更安全的生活环境。对于劳动力转移的理解，需要植根于对家庭作为适应单位的理解，在这个单位里，社会行动者作出积极的决定……此外，除了家庭，劳动力转移的决定还反映了社区传统、乡村习俗和国家甚至国际趋势。”（Cohen and Sirkeci，2011：2）

文化对劳动力转移的影响很大。“劳动力转移的选择不仅仅是由经济需求驱动的，离开出生之家的愿望也不足以成为跨越边境的催化剂。换言之，如果我们要理解劳动力转移的模式，就必须将文化、社会实践、流动的意义和象征逻辑，与经济学一起理解。”（Cohen and Sirkeci，2011：ix）“所有劳动力转移都是由移民和非移民以及他们所参与和感知到的冲突和竞争构成的文化所引导，并由社会所定义。换言之，有一个文化框架，或者说一种移民文化，帮助移民定义他们与家庭、家园乃至和世界的流动性之间的关系。移民文化涉及移民个人本身的优势与劣势，以及他们的家庭与家园的优势与劣势、劳动力流出与流入地区、国家的优势与劣势，乃至全球社会经济生活模式的优势与劣势。”（Cohen and Sirkeci，2011：10－11）移民的优势和劣势反映了性别、年龄、经验（包括外出务工经验）、学校教育、安全以及其他流动者和非流动者在社会网络中的历史和经验（Singer and Massey，1998）。例如，在某些文化中，妇女不能进行国际性的劳动力流动，她们必须留在家中或只能够在当地流动（Cohen et al.，2008）。在中国的传统文化中，妇女的工作领域也在家庭“内”，而男性的工作领域在家庭“外”。

上述各方面因素密切相关。没有制度环境的允许，农村劳动力就不能流动、不能进行务工转移。没有家庭的经济需要和富余的家庭劳动力，农村劳动力也就没有必要流动。不管哪一个因素是劳动力转移的直接驱动力，至少有一点可以肯定的是：劳动力转移是一种家庭战略，而不仅仅是个人的选择（Cohen and Sirkeci，2011：17；Jacka，2012；刘筱红、姚德超，2012）。对劳动力转移问题进行研究至关重要，“认识和理解人们为什么留下来而不流动也很重要”（Cohen，2002；Conway and Potter，2007；Faist，2000；Fischer et al.，1997）。

中国农村劳动力的转移存在性别差异，进而导致留守群体也存在性别差异，通常是妇女留守在家庭和村庄里，尤其是已婚妇女。“家庭内部有关决策的现有的非正式规则和性别规范”限制了妇女外出务工的机会（Murphy，2004）。女性劳动力的转移滞后被认为部分是由于女性作为劳动力在职业选择方面往往不如男性的选择更多（Fan，2003；Liang and Chen，2004）。而其他限制妇女流动因素包括“具有性别隔离和歧视性特点的劳动力市场”（Barbero Baconnier，1996）、“收入方面的性别差距”（Zhu，2002）、“与男性相比，较低的受教育水平”（Fan，1999；Luo，2006）、“可能对女性移民的性骚扰或性暴力”（Jacka，2005：115）和“相对男性而言，缺乏社会网络的支持”（Zhao，2003）等。

总的来说，各年龄段的农村男性劳动力到城市工作的数量迅速增加（Zhao，2002b），但女性劳动力转移的数量却落后于男性（Fan，2003）。年轻女性和单身女性比老年女性更容易流动（Du et al.，2005），年轻女性外出务工人员通常在婚后返回农村地区（Fan，2004），在经过哺乳期之后，部分农村女性劳动力会再次到城市务工，直到家庭需要再次返回农村。大量的农村男性劳动力会一直在外打工到中年晚期，大规模的劳动力转移对中国农村社会产生了重大影响。最直接的影响即在于，许多村庄都是由妇女、儿童和老人组成的分裂家庭所构成（Jacka，2012；叶敬忠、吴惠芳，2008），而妇女必须承担起留守家庭中的大部分劳动，除了家务，她们还要承担因丈夫外出务工而引发的增加的农业生产劳动。在学术界，这种变化被称为农业女性化。

## 二　农业女性化的两层涵义：劳动女性化与管理决策女性化

农业女性化，即妇女在农业生产中从事劳动的比例越来越大，这种现象不仅在中国存在（高小贤，1994；康芳民，2008；孙秋、周丕东，2008；吴惠芳、饶静，2009），在亚洲、拉丁美洲、非洲和欧洲也同样存在（Cernea，1978；Chiriboga et al.，2008；de Brauw，2003；Gartaula et al.，2010；Inhetveen and Schmitt，2004；Lastarria Cornhiel，2008；Maharjan et al.，2012）。在中国，农业女性化与农村男性劳动力到城市中寻找有偿工作的乡城流动紧密相连，并且，这种相互关系从 20 世纪 80 年代初就开始显现（孙秋、周丕东，2008；吴海盛、张姝弛，2008；张凤华，2006）。中国不同地区的农业女性化程度因男性劳动力转移的程度不同而有所差异（高小贤，1994）。

根据《中华人民共和国 2018 年国民经济和社会发展统计公报》显示，我国农村常住人口 56401 万人，占全国总人口的比例为 40.42%①。根据农业部发布的《中国妇女发展纲要（1995—2000 年）》，这一时期农村妇女对农业总产值的贡献率为 50%—60%，其收入占家庭总收入的 40%；在种植业、养殖业和加工业领域，女性投入的劳动力至少占总劳动力投入的 60%（肖巧平，2005）。这些数据证实了妇女在中国农村的重要作用和地位，也在一定程度上反映了农业女性化研究的重要性。

目前学界有关中国农业女性化的研究有很多（如 Chang et al.，2011；de Brauw et al.，2012；Song et al.，2009a；Wang，1999；Zuo，2004），这些研究也表现出一些共识与问题：（1）“农业女性化”的概念混乱；（2）对农业生产中所涉及的性别问题，即农业生产劳动中的决策问题和其中的性别关系，关注相对不足；（3）倾向于把“女性化”理解为农业和农村发展的全面衰退的趋势；（4）无视妇女自身的观点与看法；（5）只关注农村留守妇女；（6）缺乏相对深入的实证研究。

理论上，农业女性化包括妇女参与农业生产的劳动过程和妇女参与农业生产的决策过程两个维度。这两个维度与人们参与农业生产，是付诸了体力劳动还是脑力劳动有关，前者被称为农业生产的劳动女性化，

---

① 国家统计局：《2018 年国民经济和社会发展统计公报》，http：//www.stats.gov.cn/tjsj/zxfb/201902/t20190228_1651265.html，2019 年 2 月 28 日。

而后者被称为农业生产的管理决策女性化。劳动女性化并不能直接导致管理决策女性化，二者往往可能是脱节的关系。许多学者对相关问题进行了研究，但对农业女性化的含义却没有达成一致的认识。

目前，已有研究中有一些关于“农业女性化”程度和规模的判断性数据，例如，80 年代末，加拿大人类学家劳蕾尔·博森（Lao Leier Berson）在河南、云南等地三个村庄的人类学调查表明，女性劳动力在农业劳动中所占比例达 54%—74%（程绍珍，1998）；国家发展和改革委员会工业发展研究所的调查数据表明，从事农业、林业、畜牧业和渔业的妇女比例在 1990 年代有所增加，1990 年妇女从业人员占 52.4%，2000 年上升到 61.6%（张凤路、刘雪春，2001）；全国妇联 2006 年对 10 个省（河北、吉林、江苏、浙江、江西、河南、湖南、四川、云南和甘肃）50 个县的 10000 名女性农民的调查表明，农村妇女参与农业的比例为 74.7%，其中，农业生产全部由妇女完成的比例为 20.7%，比男子高 7%，特别是甘肃、四川和江苏，分别达到 32.4%、33% 和 31.4%（邓赞武，2008；孙秋、周丕东，2008）；国际发展研究中心（IDRC）2008 年在西南三省做的有关社会性别分析项目表明，女性劳动力占农业劳动力总数的 78%（Song et al.，2009a）；等等。

综合来讲，这些研究体现出至少两个特点：（1）对大多数学者来说，在谈论农业女性化时，实际上是在谈论农业生产中的劳动女性化（承担更多的工作量），而不包括管理决策女性化，没有提及农业生产中的性别决定权的问题，但是妇女的身份是有决策权的经理，还是没有决策权的助手，这在本质上是有区别的。（2）一些数据没有清楚地说明妇女参与农业生产的劳动比例高的基准是什么，基准是农业劳动力数量还是女性劳动力数量，结果是不同的。换言之，以农村女性人口为出发点，试图探索这一群体中有多少女性参与了农业生产，与以农业劳动力为起点探讨女性劳动力在这一劳动力中所占的比例，是不同的。

在某种程度上，对农业女性化的理解和阐释上的混乱，部分解释了当前争论中出现的矛盾。例如，有研究表明，虽然妇女在农业生产中的参与率很高，但 1990 年代参与农业生产的妇女人数并没有显著增加，因此，农业生产中没有发生女性化（de Brauw et al.，2008）。在笔者看来，学者们对农业女性化的一致定义和理解应该是进行研究和进一步比较讨论的基础。学者们强调农业女性化的不同方面是可以理解并予以接受的。然而，为了避免不必要的混淆，在研究中，应该必须首先明确，研究中讨论的是农业女性化的哪个方面或哪个层次的问题。

笔者认为，除了地区和人口的原始差异外，不同学者或研究团队提到的不同程度的劳动女性化与以下原因有关：（1）研究中使用的“农业”含义不同。一些学者使用了尽可能广泛的农业统计数据，即，农业包括农作物种植、林业、畜牧业和渔业，一些学者将农业局限于农作物种植，一些学者把与农业相关的加工业也包括到农业的含义中（如 Deere，2005；Katz，2003）。（2）研究中使用的“年龄”界定标准不同。通常，农业女性化的研究对象是留守妇女，然而，学者们对留守妇女的年龄限定有所不同，这在一定程度上导致了对农业女性化的程度（“百分比”）不同。例如，吴惠芳、饶静（2009）选择了55岁以下的女性作为调查对象，而毛学峰、刘靖（2009）则选择了60岁以下的女性作为研究对象。（3）现有研究忽略了农业女性化中的一些特殊群体。农业女性化可能与丈夫的长期和短期流动以及日常通勤流动有关（van der Ploeg and Ye，2010）。丈夫长期在外务工的留守妇女应该予以关注，然而也有一些不是留守妇女，但在家庭中依旧从事更多农业生产劳动的妇女，也应该被纳入到讨论之中。

对农业女性化缺乏一致的定义和理解，也就意味着对这一现象的不同判断，其对农业生产、性别关系、妇女福祉和农村发展的影响也就有不同看法。已有研究有一个共同特点，即，农业女性化大多被视为农业生产向负向发展的特征。大多数学者认为农业女性化导致农业生产的衰退（Goldstein and Udry，2008；Peterman et al.，2010；Quisumbing，1994；UNDP，2003），只有少数学者认为没有足够证据支持这一论点（孟宪范，1993；Zhang et al.，2006b）。学者们认为，农业女性化限制了农业生产的发展，因为女性的农业生产效率较低（韦加庆，2016；Chikwama，2010；Quisumbing，1994；Saito et al.，1994；UNDP，2003）、受教育程度相对低于男性（王黎芳，2006；杨小燕，2008；于宏等，2009），体力相对弱于男性（程绍珍，1998；范水生、朱朝枝，

2007；李文，2009）。并且，妇女在从事农业生产活动时，往往得不到各种投入，如化肥、优质种子、肥沃的土地、人力资本，甚至社会资本和政治资本（Peterman et al.，2010）。因此，妇女为主要劳动力进行生产的地块的产量往往低于男子为主要劳动力进行生产的地块的产量。虽然部分研究提及了农业女性化的积极影响（关爱萍、董凡，2018），但关于农业女性化可能带来的负面影响的文献更多，如对土地流转和再分配（钟涨宝、狄金华，2005）、土地资源可持续利用（康芳民，2008）、农业技术应用（张朝华，2015；杨小燕，2008）、农业产业化发展（黄雯，2008）、农民收入增长（康芳民，2008）和国家粮食安全（UNDP，2003；于宏等，2009）等方面的消极影响。

关于农业女性化对性别关系的影响，已有研究的结论并不统一。一些学者认为，农业女性化对性别关系的改善具有积极的促进作用，因为女性有更多的空间和机会改善其家庭地位（付少平，2003）。然而，大多数学者认为，随着收入差距的扩大，农业女性化导致妇女对男子的进一步依赖（高小贤，1994；李新然等，2000；Wang，1999），妇女的受教育机会和期望会被降低（袁玲儿，2006；朱爱萍，2001），这会加剧性别不平等（邓赞武，2008；赵惠燕等，2009）。一般而言，观点矛盾的原因可能在于一些基本事实可能还不清楚，即关于农业女性化的大量经验文献依旧缺乏（de Brauw et al.，2012）。

关于女性的福祉，大多数学者认为，它受到男性劳动力转移和妇女更多地参与农业劳动过程的双重负面影响（李新然等，2000；林惠俗，2003；袁玲儿，2006；张凤华，2006；张励仁，1999；朱爱萍，2001）。研究表明，男性的劳动力转移使女性承担了更多的责任和更大的工作量（Asis，2003a，b；Hugo，2000；Smith Estelle and Gruskin，2003）、更多的经济困难和管教孩子的困难（Battistella and Conaco，1998；Hugo，2000），较少的食物供应（Shenk et al.，2002；Smith – Estelle and Gruskin，2003）以及孤独等负面情绪（Skeldon，2003）。然而，妇女如何回应这些负面影响，却鲜有学者讨论，特别是从妇女自身的角度探讨解决办法的相关研究是欠缺的。

总的来说，对农业生产、两性性别关系和妇女福祉的消极看法是由三种因素造成的，这些因素在一定程度上与已经讨论过的因素有关：

（1）农业现代化是当前农业和农村发展研究的主要范式。在这一框架内，几乎没有任何概念空间是提供给其他可能的、具体的发展路径的，而这种具体的路径就包括建立在农村妇女在农业生产中发挥更大作用基础上的路径，也是反映了妇女参与农业生产特殊性的路径（如邓赞武，2008；林惠俗，2003）。

（2）很少有人注意到“正向偏差”，因为经验多样性没有被赋予任何重要的理论意义（van der Ploeg and Long，1994）。当丈夫的身体“不在场”时，妇女在农业生产和生活上可能确实面临困难，指出这些困难及负面影响是必要的，但也必须探讨妇女如何处理、应对这些困难，并探讨能够积极促进农业生产、性别关系和妇女福祉影响因素。

（3）有关妇女自身的声音几乎被淹没。到目前为止，在中国农业女性化的研究中，基本上缺乏所谓的“以行动者为导向的方法”（Long，2004；Renting et al.，2009；Ye et al.，2009），自然，叶敬忠、吴惠芳（2008）以及吴惠芳、饶静（2009）等学者的研究是例外。对于农业劳动女性化的影响，身处其中的人的经历与感受才是理解问题的关键。

本研究的宗旨并不在于探讨中国农业现代化道路正确与否。关注的问题在于，这种做法可能会扭曲农村妇女在农业生产和农村发展中的作用。因此，我们必须在关于农业女性化的辩论中提出新的、开放性的问题。例如，妇女在农业生产中的劳动参与增加真的会导致农业生产的衰退吗？妇女只是农业劳动性别分工变化的被动受害者吗？从这个角度出发，显然需要听到妇女自身的声音。然后就可以清楚地了解她们是如何经历、感受她们的生活世界、她们的工作、她们有什么问题和需要，她们对两性性别关系、自身福祉甚至农村发展有什么看法。综上所述，本研究的出发点即基于已有文献不甚完美之处。

概言之，如第一章所述，农业女性化首先被理解为劳动女性化，即妇女在农业生产的劳动过程中承担着越来越大的工作量，而劳动女性化是否会导致管理决策女性化是本研究最为基础的研究内容。在本研究中，农业女性化的过程是以一种动态的、非线性的方式沿着五个维度展开的：第一，劳动和性别分工的变化。第二，妇女在决策中的作用可能正在改变。第三，不同的、具体的农业生产劳动，妇女的劳动、决策参与程度可能有所不同。第四，可能影响农业生产。第五，可能改变了两性性别关系。农业女性化不是以线性方式发生的，一个维度上的变化也不会机械地带来其他维度的变化。

## 三　社会性别与性别关系

社会性别是社会的核心组织原则之一。这是一个社会创造的概念，将不同的社会角色和身份赋予了男性和女性（Giddens，2006：467）。它发生在男人和女人、女人和女人、男人和男人之间的社会互动过程中，涉及任何形式的支配和服从（Acker，1990）。社会性别是在家庭、学校和媒体等社会机构的帮助下被人们习得的。一旦社会性别被“分配”，社会就会期望个体表现得像女性或男性。正是在日常生活的实践中，这些期望得以实现和再现（Giddens，2006：261）。社会性别是构成个人和群体所面临的机会和生活的关键因素，并强烈影响他们在从家庭到国家的社会机构中发挥的作用。性别角色是不同社会赋予男性和女性的社会和文化特征，是一个社会为每个性别确定的行为、权利和义务的模式。尽管男女的角色因文化而异，但男性角色通常比女性角色更受重视和奖励，妇女对儿童保育和家务劳动负有首要责任，而男人传统上承担着养家糊口的责任。男女之间普遍的分工导致男女在权力、声望和财富方面处于不平等的地位（Giddens，2006：467）。

社会性别关系是一种文化或社会界定男女之间权利、责任和身份的方式（Bravo－Baumann，2000）。性别意识形态、规范和观念是社会性别关系的重要组成部分。不同文化中的社会性别关系各不相同。社会性别关系一直存在着不平等。传统中国的重男轻女意识非常严重，女性应该服从男性的决定。儒家关于社会地位的观念使人们普遍认为，妇女应该在家庭内部，而男子则对外部负责，包括挣钱养家（Fan，2003）。妇女的责任被定型在照顾家庭、养育孩子方面，她们被期望成为最主要的照料提供者（McDowell，1999：126；Yu and Chau，1997）。1919 年五四运动以后，妇女在家庭和社会中的地位有了很大的提高，特别是从法律的角度，例如，《中华人民共和国民法通则》第一百零五条规定妇女享有与男子平等的民事权利；然而，大多数已婚妇女仍然从夫居（Engel，1984；Lavely and Ren，1992），仍然受到不平等的性别规范与观念的影响。

社会性别不平等在很多方面都有表现。例如，第一，生育方面的男孩偏好所体现出来的性别不平等。大多数夫妇都指出他们希望生育男孩，尤其是在只能生育一个孩子的情况下（Lindsey，2011：66）。就全国而言，1989 年，男女孩的出生性别比为 114/100（Poston and Gu，1997），到 2017 年，我国出生人口性别比为 111.9/100，仍高于国际标准的上限水平①。现代技术（如 B 超）可用于确定胎儿性别，这使得性别选择性流产成为可能，也变得容易。一般来说，男人比女人更喜欢儿子（Baunach，2001；Kemkes，2006）。妇女是否生男孩影响其在婚姻家庭中的地位（Li，2004）。第二，教育方面也存在着性别不平等。有研究发现，性别与入学率和毕业率高度相关，农村女孩在入学率和毕业率方面尤其处于不利地位（Connely and Zheng，2003），女孩像男孩一样接受良好教育的机会较少（Li and Tsang，2003；Song et al.，2006）。第三，婚姻方面的性别不平等（Fan and Huang，1998）。中国传统观念下的婚姻关系应具有相似的社会经济地位，即讲求门当户对，但一般而言，最后婚配对象中男性的社会经济地位，甚至年龄、体重、受教育水平、职业等条件都会优于女性（吉平等，1985；Lavely，1991；Shen，1996；杨云彦，1994：220）。结婚在汉语中包含至少两个意思，娶和嫁。娶的主体在于男性，意味着他会通过结婚而带一个女性到家里来；而嫁的主体是女性，意味着女性因为婚姻会离开自己的原生家庭而到丈夫的家庭去生活。所以，时至今日，也有很多人相信一句俗语，“嫁出去的女儿泼出去的水”，女儿在结婚之后不再属于其父母的原生家庭。

① 国家统计局：《2017 年〈中国儿童发展纲要（2011—2020 年）〉统计监测报告》，http：//www.stats.gov.cn/tjsj/zxfb/201811/t20181109_1632517.html，2018 年 11 月 9 日。

并且，当下，许多人仍然服从并实践着传统文化的“三从四德”观念，即妇女应遵循的“三从四德”，对男性服从。“三从四德”是中国古代封建社会用于约束妇女的行为准则与道德规范，根据“内外有别”（即男外女内的社会分工）的原则，由儒家礼教对妇女的一生在道德、行为、修养进行规范要求。

关于本书更为关注的农业生产中的性别不平等，在实践中也有体现，其中，妇女的土地权利问题是其在农业生产中性别关系的基本问题。中国农村人口的生计在很大程度上依赖于土地，土地能够生产粮食，能够为家庭提供能源材料（如秸秆），能够为那些最终不能流向城市生活的农村老年人口提供基本的生活保障，也能够为外出务工人员提供随时可以返回的避风港与安全网（Judd，2007）。农民获得土地使用权主要可以通过土地分配、从其他家庭租地或继续耕种父辈拥有土地使用权的土地。1979—1983 年，中国的土地制度从集体所有制转变为家庭联产承包责任制。生产队的队员能够平均分配到土地，然而，事实上，土地是在家庭而不是在个人之间分配的，土地分配是以男子的名义登记的（Sargeson and Yu，2011）。对于自然人的个人权利，既没有明确的定义，也没有提及妇女的权利（Zhu，2009）。因此，在观念上，土地会被顺理成章地认为是男人（户主、主要劳动力）的财产。

现有法律中的许多条款都表明女性享有与男性平等的土地权利，如表 2. 1 所示，然而，实践中却存在着性别不平等，特别是当一个村庄的人口发生变化时。村民搬迁或嫁入其他村庄时，土地不能被随身带走，土地在村庄之间不能自由流转，妇女就失去了在原籍村庄的土地所有权。2018 年修订的《中华人民共和国妇女权益保障法》第 33 条强调，任何组织和个人不得以妇女未婚、结婚、离婚、丧偶等为由，侵害妇女在农村集体经济组织中的各项权益。然而，根据 2018 年修订的《中华人民共和国农村土地承包法》，承包方案应当按照本法第十三条的规定，依法经本集体经济组织成员的村民会议三分之二以上成员或者三分之二以上村民代表的同意。在某种程度上，妇女在婚后是否拥有土地所有权，与她们目前所属的村庄社区所做的决定密切相关。

表 2.1　男女具有平等土地权利的相关法律条款

| 法律 | 条款 | 内　容 |
| --- | --- | --- |
| 中华人民共和国宪法（2018 年修正） | 第 48 条 | 中华人民共和国妇女在政治的、经济的、文化的、社会的和家庭的生活等各方面享有同男子平等的权利。 |
| 中华人民共和国民法通则(2009 年修正) | 第 105 条 | 妇女享有同男子平等的民事权利。 |
| 中华人民共和国婚姻法（2001 年修正） | 第 13 条 | 夫妻在家庭中地位平等。 |
| | 第 39 条 | 离婚时，夫妻的共同财产由双方协议处理；协议不成时，由人民法院根据财产的具体情况，照顾子女和女方权益的原则判决。夫或妻在家庭土地承包经营中享有的权益等，应当依法予以保护。 |
| 中华人民共和国继承法（1985 年） | 第 9 条 | 继承权男女平等。 |
| 中华人民共和国妇女权益保障法（2018 年修正） | 第 31 条 | 在婚姻、家庭共有财产关系中，不得侵害妇女依法享有的权益。 |
| | 第 32 条 | 妇女在农村土地承包经营、集体经济组织收益分配、土地征收或者征用补偿费使用以及宅基地使用等方面，享有与男子平等的权利。 |
| | 第 33 条 | 任何组织和个人不得以妇女未婚、结婚、离婚、丧偶等为由，侵害妇女在农村集体经济组织中的各项权益。因结婚男方到女方住所落户的，男方和子女享有与所在地农村集体经济组织成员平等的权益。 |
| 中华人民共和国农村土地承包法（2018 年修正） | 第 6 条 | 农村土地承包，妇女与男子享有平等的权利。承包中应当保护妇女的合法权益，任何组织和个人不得剥夺、侵害妇女应当享有的土地承包经营权。 |
| | 第 19 条 | 土地承包应当遵循以下原则：（三）承包方案应当按照本法第十三条的规定，依法经本集体经济组织成员的村民会议三分之二以上成员或者三分之二以上村民代表的同意。 |
| | 第 31 条 | 承包期内，妇女结婚，在新居住地未取得承包地的，发包方不得收回其原承包地；妇女离婚或者丧偶，仍在原居住地生活或者不在原居住地生活但在新居住地未取得承包地的，发包方不得收回其原承包地。 |
| | 第 56 条 | 任何组织和个人侵害土地承包经营权、土地经营权的，应当承担民事责任。 |

尽管在立法框架中，土地分配中的两性平等得到了保护，但仍然存在着许多含混不清之处，从而在日常运作中造成漏洞（Zhu，2009）。在土地分配后的动态过程中，性别不平等现象大量出现。这种不平等并不仅仅意味着女性没有获得土地使用权，而是表现为女性在土地权利方面比其配偶拥有更少的权利，甚至面对更加不安全的处境（Zhu，2009）。女性的利益在家庭和社区之间划分，而男性的利益则没有。对于离婚、丧偶和再婚的妇女来说，在土地使用权方面的问题比已婚妇女更为严重（Judd，2007）。长期稳定的土地使用权和相关财产权会影响农民的生产行为，拥有长期使用土地的权利会鼓励农民对土地进行相关的投资（Li et al.，1998）。有学者指出，在南亚国家中，妇女拥有财产权，包括土地权，可以大大加强其在家庭内部的谈判能力（Agarwal，1997）。也有学者的研究发现，如果没有非农业活动的补充收入，失地妇女的家庭更容易陷入贫困（Zhu，2009）。从这个意义上说，许多学者从相关法律调整的角度呼吁保护妇女的土地权利（如王景新、支晓娟，2003；张忠根、吴珊瑚，2002；赵玲，2002）。

继承权也是高度性别化的领域。虽然有关法律强调女性享有与男性平等的权利来继承资源和财产，但立法和社会现实之间存在着巨大的差距。现实状况是，女性在婚后基本上不再具备继承原生家庭财产（包括土地）的权利，自然，非法律层面，她需要承担的责任也较少。不过，妇女拥有工作、接受教育会增加她们维护平等权利的信心，增强她们在家庭中重新分配资源方面讨价还价的能力（Zhang，2003）。

此外，关于家庭中的性别不平等，一些学者指出，不同劳动中的性别分工体现了性别不平等本身。例如，无酬工作，即家务和儿童照料工作由妇女承担（Eviota，1995：5；Sen，2001）。即使在农业领域，男女两性也有不同的劳动分工和权利，饲养牛等大型牲畜是男人的任务，饲养山羊、绵羊和鸡等小牲畜是女人的任务；或者，种咖啡和茶是男人的任务，而种蔬菜是女人的职责；家庭中的“大事”属于男人的责任范围，而“小事”属于女人的责任范围（Kelkar，2007）。妇女在农业生产、家庭副业中都作出了重大贡献，她们在家庭中从事着很多无酬的但非常重要的能够维持家庭运转的工作，例如，再生产方面，特别是但又不局限于儿童照料方面、病人及老年人的照料方面。然而，她们在家庭中的贡献并没有得到重视（Yu and Chau，1997），妇女在社区中的获得或管理资源方面没有与男子相媲美的权利，她们也没有担任地方政治领导职务（Judd，1994：244 - 245）。也有研究指出，例如，在农业加工业领域，女性和男性占比同样重要，然而，女性主要从事相对无技术、无前途的工作，很少担任负主要职责的工作。相比之下，男子可能担任类似的非技术性职位，但他们将有机会进入技术性职位，并进入管理、销售和采购等职位工作（Judd，1994：246）。

在理论上把性别关系与男性外出务工和农村妇女更多地参与农业劳动过程联系起来时，几乎没有什么已有研究可借鉴。农业女性化作为一种现象已被广泛观察到，但仍缺乏深入的理解与剖析。目前，对性别关系、农业和农村生计之间的联系进行系统调查的研究，特别是深入的实证研究很少。在一些欧洲的研究中可以找到关于这种相互关系的更详细的信息，在这方面，欧洲研究比中国研究做得更好①。例如，一些学者阐述了性别视角下不同农业生产方式（如现代农业、先锋农业和替代性农业）和妇女在其中的角色和地位之间的相互联系（Bock，1994；de Rooij，1994；Evans and Ilbery，1996；Inhetveen and Schmitt，2004；O′Hara，1998）。

表 2.2 总结了农业生产方式的类型与从事农业生产的妇女在其中的角色、身份和性别视角下妇女的地位之间的相互联系。“妇女在农业生产中的角色与她所参与的农业类型密切相关……妇女的角色与作用取决于农业生产实践的组织方式，因此也取决于农业所嵌入的关系网络。它还反映了管理内部分工的那些具体关系。显然，有些角色对女性的身份有着至关重要的影响。”（Fonte et al. ，1994：9 - 10）

① 相对而言，在笔者看来，欧洲学者及其研究更具性别平等意识，其中一个基本而重要的原因在于文化差异。中国传统社会与西方现代社会的根本区别在于前者是集体主义/家庭主义社会，后者是个人主义社会。“集体主义的特点是个人之间的密切联系，对群体的义务感大于对个人的义务感。个人主义的特点是个人之间的联系要比群体松散得多，对个人的责任感要比群体大得多。”（Forbes et al. ，2009；Triandis，1995）这种文化差异在某种程度上使西方性别研究比中国研究走得更远或更好。

**表 2.2　农业生产方式、妇女角色、身份和性别视角下妇女的地位（Fonte et al.，1994）**

| 农业生产方式 | 妇女角色 | 身份 | 性别视角下妇女的地位 |
|---|---|---|---|
| 现代农业①（current farming） | 再生产 | 不同性别角色的互补性 | 接受从属性地位 |
| 先锋农业（vanguard farming） | 再生产与生产 | 平等 | 被定义为男性角色的互换性的解放 |
| 替代性农业（alternative farming） | 再生产功能的商品化 | 积极的价值差异互惠 | 被定义为男女角色的互换性的解放 |

尽管男女之间存在许多不平等，但两性性别关系也会发生变化。许多因素导致或影响两性性别关系的变化。例如，两性平等可以通过在获得生产资源的权利方面的法律变化以及使一个人（妇女）拥有收入（Francis，2000）或增加收入（Dollar and Gatti，1999）来形成。妇女组织也可以增强妇女获得资源的能力（Agarwal，1994）。此外，男性的身体性缺失，如外出务工，也可能是影响性别关系的一个因素。例如，有学者指出，丈夫在中国农村的劳动力外出转移不仅给家庭带来了额外的经济来源，而且也为留守妇女提供了机会和空间，使她们能够决定家庭内部和农业生产方面的更多事情，这可能会对家庭内的性别关系产生积极的影响（Hugo，2000；Radel et al.，2012）。

## 四　小结：本研究的概念框架

劳动力转移、农业女性化和社会性别关系是本研究的关注重点。中

① 现代农业指的是在欧洲具有压倒性优势的、高度分化的农业，这种农业强调再生产、维持和生存。先锋农业是一种农业结构，它符合农业政策、农业科学以及农业商业所阐述的设计，指的是那些与现代农业决裂的形式。替代性农业被理解为农业中体现那些不同于单一产出扩张的农业发展模式，而单一产出扩张被认为是先锋农业的核心概念。替代性农业包括各种新的市场联系、重新界定初级生产和产品转换之间的边界、发展新的生产方法、创造不同形式的资源调动以及将新的活动纳入到农业之中（Fonte et al.，1994）。

国的农业女性化不应该被当作是一个剩余的研究范畴，也不应该简单地被视为是农村男性劳动力乡城流动的结果。农业女性化可能意味着一个更为广泛的社会变革过程，它有自己的动力。

从理论上讲，本研究支持这样一种观点：丈夫的外出务工不仅给家庭带来了额外的经济来源，而且为留守妇女在家庭事务和农业生产中决定事情以及改变家庭内的性别关系提供了机会和空间。然而，留守妇女是否利用这一空间，以及留守妇女如何利用这一空间，需要在实证研究的基础上进一步探讨。社会性别不局限于男性的身体性存在，而是由男性和女性共同形塑与构建的。虽然女性与男性一样践行着两性性别关系，但这并不意味着女性和男性在两性性别关系中拥有同样的权力。此外，两性性别关系往往有可能发生变化。随着男性劳动力的乡城转移，女性越来越多地参与农业劳动过程，妇女如何体验和感知农业生产、家庭事务甚至农村公共事务决策方面可能发生的变化？在她们看来，丈夫的外出务工对农业生产有利还是有害？丈夫的外出务工是否刺激或阻碍了她们与丈夫之间的两性性别关系的平等？如果这阻碍了家庭内部的两性性别关系的平等，那么她们如何应对这种困难局面？

本研究不仅关注农业生产、家庭事务、村庄事务中的性别关系分析，还探讨了促进夫妻两性性别平等的影响因素。概括来说，本研究解决了现有文献中所讨论的不足之处。基本上是这样的：

（1）把以行动者为导向的方法放在中心位置上：农村妇女自己如何看待自己的角色和前景；她们如何经历、看待在农业生产、家庭事务甚至村庄公共事务中发生的变化？

（2）在农业生产、家庭事务和村庄公共事务的分析中，特别注意家庭内部的性别关系的状况其及变化；

（3）探讨有助于农业生产、家庭内部性别关系和妇女福祉的影响因素，并将这些积极因素转化为政策建议。

如第一章所述，本研究试图分析妇女更多地参与农业劳动对农业生产、性别关系和妇女福祉的影响。男性劳动力的乡城流动促使妇女更多地参与农业生产（劳动女性化），丈夫的身体缺位可能为留守妇女在农业生产、家庭事务甚至村庄公共事务决策中发挥更突出的作用提供了空间。此外，从理论上讲，妇女决策权的这一潜在增长可能会影响农业生产、家庭内部性别关系、妇女福祉甚至农村发展。丈夫的外出务工、农业生产、家庭内的性别关系和妇女的幸福感之间可能是相互影响的。第一，妇女更多地参与农业生产可能会影响农业生产，与男性相比，妇女在从事农业生产工作方面可能有不同的做法和决策，如种植作物类型、耕种面积和农业生产资料的投入使用方面，这可能影响农业生产。此外，不同性别对农业的情感判断和评价也可能影响农业生产。第二，妇女更多地参与农业生产可能导致她们在农业生产甚至家庭事务、村庄公共事务中的决策权发生变化，从而影响妇女的地位以及与丈夫的性别关系。第三，由于丈夫的外出务工，妇女在农业生产中的工作量增加，可能会影响妇女的身心健康。并且，妇女在家庭中的地位和决策权的状况可能影响她们的福祉状况。图 2. 1 显示了本研究中劳动力转移、农业女性化、性别关系和妇女福祉之间的相互联系，即本研究的概念框架。

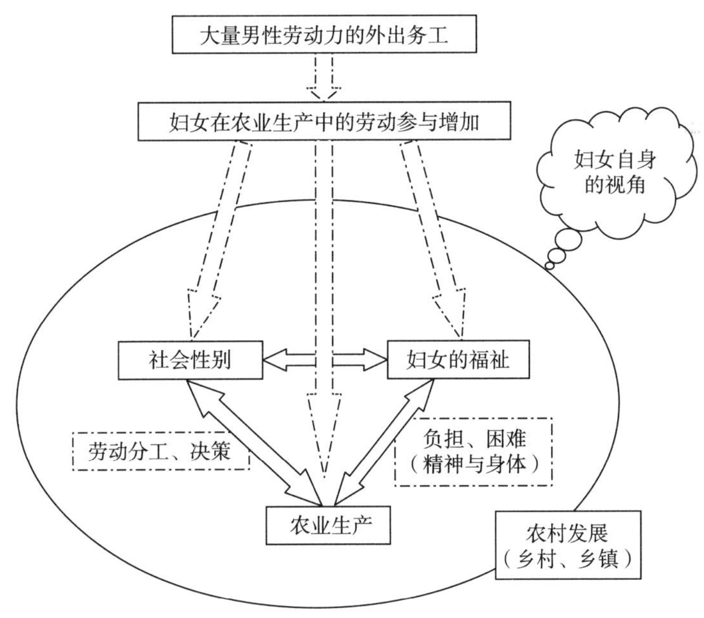


**图 2. 1　本研究的概念框架**

本研究提出的概念框架与第一章提出的研究目标和研究问题是密切相关、紧密联系的。在这个概念框架中，可以清楚地看到研究目标之间的相互联系。首先，有关互动的讨论塑造了农业女性化的差异性（研究目标1）。其次，妇女更多地参与农业生产对农业生产的影响（研究目标2）是由性别关系和妇女福祉所调节的，本研究将探讨这些关系在实践中获得的具体形式。再次，以农村妇女自身的观点为中心，了解农业生产、家庭事务和村庄公共事务中性别关系的变化（研究目标3）。最后，农村妇女的福祉问题（研究目标4）并不能被孤立地研究，与她们的日常工作有关，本研究也会探讨如何用更具一般性的术语来评价这一点。

# 第 三 章

# 研究方法与过程

本研究建立在社会学和人类学的方法论传统之上，研究设计结合了定量和定性的研究方法，使用问卷调查、深入访谈、生活史记录和参与式观察等四种方法收集资料、实现研究目标。为了了解研究对象的整体情况，问卷调查有助于深入了解研究变量在被调查对象中的分布情况，它可以帮助找到是“什么”问题的答案，并且，在问卷调查的过程中，研究人员的控制性相对更强（Grinnell，2001）；然而，当关注的焦点是现实生活中的现象、当面对“如何”和“为什么”的问题时，调查者对事件是几乎没有控制力的，因此，深度访谈和生活史记录则是首选（Yin，2008）；参与式观察则能在一定程度上对研究者获取的数据、资料进行验证、核对，以保证资料的有效性。

## 一　研究地点的选取：苏北的杨村

本研究的调查主要是在江苏省杨村进行的。江苏省位于中国东部沿海，人口 8051 万（2018 年），面积 107200 平方公里。该省几乎全部由冲积平原组成，按照地理位置，江苏省被分为苏北、苏中和苏南三部分。苏南拥有广袤的太湖平原，土地肥沃，水源充足，以丝绸和手工艺品闻名，人口稠密，工业发达。工业包括钢铁，以及汽车、纺织品和电子产品的生产。苏北与苏南相比相对贫困。苏北大部分地区，在自然地理、农业和一般生活方式上都是大华北平原的一部分，人口稠密。苏北气候凉爽，属温带大陆性气候。1 月平均气温低于 0℃，夏季气温在

37℃左右。年降水量一般在800～1200毫米之间。江苏省是中国农业最富裕的省份之一。大约五分之三的耕地是水田，江苏平原被称为“鱼米之乡”，杨村位于苏北宿迁市沭阳县。

沭阳县幅员2298平方公里，下辖沭城等6个街道、庙头镇等33个乡镇、1个农场、1个国家级开发区，人口193万（2014年末）。杨村位于沭阳县西南部的H乡（距县城17公里）。H乡下辖11个行政村，5300户，人口26000人，面积46.88平方公里。交通基础设施便利，两条公路贯穿全乡，连接县城。

选择杨村作为研究地点有三个原因。第一，江苏省一直是全国的产粮大省，2011—2019年的粮食总产量一直稳定在3300万吨以上，并在全国各省份的排名中稳居前列，大多数年份中仅次于黑龙江省、河南省、山东省和吉林省（见表3.1），而相对于苏南的工业化发展倾向，苏北才是江苏农业的主要产区，杨村则是苏北典型的农业村庄之一。

**表3.1　2011—2019年江苏省粮食总产量及全国排名变化趋势**

| 年份 | 2011 | 2012 | 2013 | 2014 | 2015 | 2016 | 2017 | 2018 | 2019 |
|---|---|---|---|---|---|---|---|---|---|
| 粮食总产量 | 3307万吨 | 3372万吨 | 3423万吨 | 3490万吨 | 3561万吨 | 3466万吨 | 3539万吨 | 3660万吨 | 3706万吨 |
| 全国排名 | 4 | 4 | 5 | 5 | 5 | 5 | 5 | 6 | 7 |

第二，江苏省是中国劳动力外出务工转移的主要省份之一，因苏南和苏北的发展差异，从2011年以来，江苏省不仅是农民工的主要输入地，也是农民工的主要输出地。杨村有2108名居民，478户，其中389人在远离家乡的地方工作，他们主要是男性。

第三，前期研究项目所建立的村民与研究者之间的信任有助于本研究的开展。从2007年4月第一次进入杨村参与德国EED（Evangelisher Entwicklungsdienst）基金会资助的有关留守儿童的项目，到后期的硕士与博士论文调研，十余年的调研经历，使得笔者不仅能够听懂方言，更与村民建立了良好的关系，为本研究顺利完成奠定了良好的基础。

## 二　实地研究过程

确定研究主题与目标之后，从2017年7月到2018年6月，笔者先后多次到杨村进行试调查、正式调查，以问卷调查、半结构式访谈、生活史记录和参与式观察的方法收集研究资料，前后调研时间历经约一年。在正式调查之后，还通过手机、微信等工具对生活史记录对象和关键信息提供人进行了回访与必要资料的补充。

试调查阶段（2017年7月），笔者主要进行了三项活动，一是对问卷进行了试调查，不仅要验证问卷问题的设置是否能够被听懂、被理解，是否有不合理之处，也要验证是否所有问题都是真问题，笔者一共做了30份试调查问卷，考虑到被访谈对象中可能存在知识水平难以自填问卷以及为保证问卷的质量问题，笔者都遵循着一对一亲自询问被访谈对象相关问题，代为填写问卷的方式。在半访谈、半填写问卷的过程中，不仅明确了相关问题、调整了问卷中不合理或不太明晰的问题，也熟悉了被访谈对象及访谈地点的基本情况。试调查阶段的第二项主要活动就是了解背景资料，笔者进行了一些关键人物的访谈，如普通村民、村干部、当地的乡镇以及县领导。通过对关键人物的访谈，能够对劳动力外出务工情况、县域和乡镇的整体发展历史、现状与未来规划有相对清晰的了解，为理解妇女的生活与工作状况打下基础。试调查阶段的第三项活动主要是在村庄生活一段时间，做参与式观察。在最初的试调查阶段，笔者依旧和之前就熟识的小学教师一家一起生活，随后，由他们介绍，在杨村的一个留守妇女家生活、体验了一段时间，而这个留守妇女最后也恰好成为正式调查过程中的生活史记录对象。

2018年5—8月正式调查阶段，笔者共完成了100份问卷，其中留守妇女50份，非留守妇女50份，以期对妇女从事农业生产活动有相对深入的理解，并在完成问卷的留守妇女中选择了6名具有典型特征的留守妇女做了生活史记录[①]。问卷的问题相对较多，一般需要两个小时的访谈时间，这不太符合一般的问卷“规则”，但鉴于研究问题与研究目标的需要，在尽量控制问题数量的前提下，还是要完成“如此多”的问题，那么单靠笔者一人之力，就比较困难了。因此在试调查之后，笔者选择了两名社会学专业的学生作为助理，一名为大三的本科生，一名为硕士二年级的研究生，选择两名学生的首要原因在于其在参与本次问卷调查之前，都有过相关社会调查的经验，掌握一定的沟通技巧；而另一个很重要的原因在于两名学生的家乡均为沭阳县，他们对于被调查者的语言是能够做到精准理解与掌握的。在进入实地进行正式调查之前，笔者先对两名助理进行了培训，一起熟悉了问卷中的所有问题，并对可能出现的应急情况做预估与判断，制定了调研规则，即保证完成一份问卷即为有效问卷，既要检查问题回答的完整度，也要保证问卷前后问题回答的一致性，并且，必须在每份问卷调查后的当天完成检查并提交，此外，需要在问卷调查过程中，留意后续进行半结构式访谈和生活史记录的潜在对象。

在完成100份问卷后，笔者开始独自进行以半结构式访谈、生活史记录与参与式观察方法收集资料的过程。在该过程中，笔者与每位被记录对象均一起生活了至少两个星期，一方面不仅能够从与被记录对象的对话过程中收集更多的资料，也能够从其家人的角度获得更多的资料；另一方面也能参与式观察其生活状况，对研究资料做必要的验证。此外，正式调查阶段，笔者还和村庄里的一些重要相关人物进行了访谈，如村干部、留守妇女的家人、留守妇女为之打零工的老板等，也和一些村民进行了非正式的小组访谈。

## 三　资料收集与数据分析

问卷调查和参与式观察方法的使用，为本研究提供了一个横向的、

① 本研究的调查资料与数据使用，无特殊说明的情况下，均为2018年6—8月的调查资料。

具有一定广阔视野的描述，而访谈和生活史记录的内容与反思则是纵向层面上专门针对女性日常生活的深刻说明。

**1. 问卷调查和抽样**

收集调查问卷数据的方法有三种：面对面访谈填写问卷、被访者自我填写问卷和电话访谈填写问卷（Bernard，2001：242）。在本研究中，笔者使用了面对面访谈填写问卷的方式。面对面访谈尤其适合受访者文化程度不高的情况，笔者也希望所有受访者都能以同样的方式理解这些问题，尤其是问卷中的开放性问题。并且，本研究受访者的教育水平普遍较低，她们不能自己填写问卷，为了避免对问题的任何误解，由调查人员填写问卷更为合理。完成问卷调查并不是唯一目的，以访谈的方式对每个被调查者进行个案研究、探索更多的信息也是目的之一。在 100 份问卷调查中，笔者个人调查、访谈完成了 60 份，在问卷之外，也做了大量的访谈记录整理，因此，本研究的大部分问卷调查对象也是半结构式深入访谈的对象。

本研究采用比较的视角，探讨在家庭中从事农业生产劳动多于丈夫的妇女，与在家庭中从事农业生产劳动少于丈夫的妇女之间的差异，每组各 50 名受访者。对于问卷调查的抽样方法，本研究采用分层随机抽样的方法，包括两个步骤，如图 3. 1 所示。

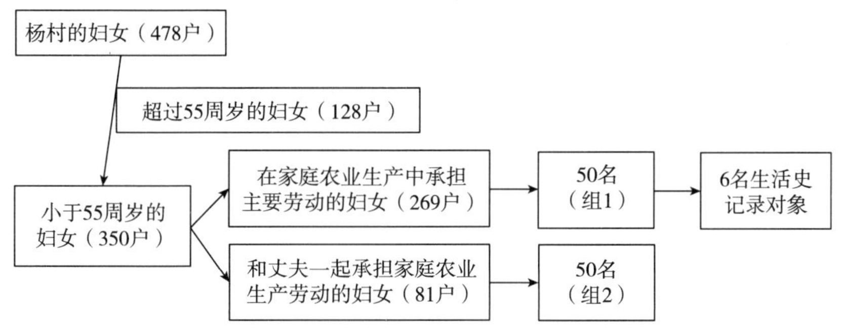


**图 3. 1　分层随机抽样过程**

第一步，本研究中没有包括 55 岁以上的女性。55 岁以上的人口通常研究中被视为老年人。而本研究没有包括老年妇女的原因如下：其一，性别关系是本研究的主要课题。年龄是影响妇女在家庭和性别关系中作用的一个因素（如 Bolzendahl and Myers，2004）。一般来说，年轻女性比年长女性对性别关系问题的认识更高。因此，笔者想尽量排除年龄因素对性别关系的影响，即便在后面的分析过程中，本研究也检验了年龄与一些性别相关问题之间的关系。其二，本研究旨在探讨农业女性化对农业生产、性别关系和妇女福祉的影响。对老年妇女来说，由于身体条件和外出务工的需要等原因，她们的丈夫比年轻的男性劳动力转移的程度要低，老年妇女通常和丈夫一起做农活，并且老年妇女通常比丈夫做更少的农活。如果笔者没有把年龄因素作为选择被调查者的边界，那么在对照组（组 2）中会有更多的老年妇女（与丈夫一起务农的妇女），这不利于两组之间的比较分析。杨村共有 478 户，年龄 55 岁以上的妇女的家庭有 128 户，因此符合本研究抽样人口的户数为 350 户。

第二步，理论上，笔者应该从 350 个家庭中随机选择 100 名女性来建立数据库作为问卷调查的对象。有 269 户妇女主要靠自己从事农业生产劳动，81 户妇女与丈夫一起从事农业劳动（妇女从事的农业劳动比丈夫少），从其中各随机选择出 50 名妇女进行问卷调查，分别为组 1 和组 2①。但是，男性劳动力外出务工在杨村是主流，如果完全随机选择受访者，无疑将会有更多的受访者符合组 1 的要求。为了保证让每组有 50 名被调查者，方便比较，笔者和助理选择随机进入村民家中，核查将要进行问卷调查的妇女属于哪一组。一旦有一组调查情况先达到了 50 名的数量，就随即停止该组的问卷调查。另外，杨村共有 9 个村民小组，本研究确保了在每个村民小组都有一定数量被调查的妇女。除了年龄因素和妇女是否主要在家庭中从事农业工作外，本研究的调查对象也符合以下要求：妇女是在自家耕地上从事农业生产活动，而不是为其

① 组 1 是主要靠自己从事农业生产劳动的妇女，多为留守妇女，因此，在行文过程中，会用“留守妇女”指代此群体的被访者。而对照组，即组 2 的妇女，会用“非留守妇女”指代。

他农民或农业加工业工作。这一标准的主要目的是使其不同于一些农业女性化研究，例如有学者做的有关农业加工业中的女性化研究（Lastarria Cornhiel，2008），即本研究采用的农业概念是小农业的概念，只包括种植和养殖两种类型。

此外，为了确保受访者确实属于这两个群体之一，在开始正式调查之前，研究人员会使用一些前置问题来简要检查预期的被调查者属于哪个群体。简单的问题包括：你在家庭中承担多少农业生产的工作量？你丈夫在外边打工吗？你丈夫每年离家工作多长时间？通常，第一组妇女（主要在家里自己种地的妇女）的丈夫是长期在外务工（每年离家工作6个月以上），每年回来两到三次。第二组妇女的丈夫通常是在家种地，大多数丈夫也会有一份额外的非农就业工作，但工作地点会离村子很近，基本每天通勤。在第二组群体的农业生产活动中，丈夫承担更多的劳动，妻子起辅助作用。通过对这两组妇女承担的工作以及相关的决策情况的比较分析，能够说明农业女性化对农业生产、对妇女本身、和性别关系意味着什么。

**2. 生活史记录和抽样**

定量方法尤其适用于回答宏观社会学问题，而定性方法则适用于回答微观社会学问题（Cicourel，1981），并且，“历时性的研究设计将有利于转型和变革的研究”（Pennartz and Niehof，1999）。然而，有限的时间和资源使得长期的历时性研究变得不太具有可行性。因此，为了更深入地了解、理解研究对象的生活，本研究尝试结合了6名女性的生活史记录来补充调查问卷的深度。这6名女性全部来自于组1（见图3.1），她们承担着家庭中的主要农业生产劳动。

生活史记录是“在当下讲述一个人对过去经历的事件和对未来期望的故事”（Nilsen，1997），是对某人生活的详细描述或叙述。它所包含的不仅仅是基本事实（如教育和工作），它还描绘了一个主体对这些事件的体验。它是一个人生活故事的介绍，会突出他或她的生活的各个方面。根据叙述的“深度”，生活史记录可以分为综合性的、专题性的或经过编辑的生活故事（Plummer，2001）。综合性的生活史记录是一个人生活故事的深度描述，并以其个人的声音为中心。专题性的生活史记录则聚焦于一个人生活中的某一特定问题，旨在研究其生活的某个特定领域，而经过编辑的生活史记录故事则将研究者的声音放在了最前面，而不是被记录者的声音。本研究使用了综合性的生活史记录和经过编辑的生活史记录两种方式。在访谈中，笔者会用一些引导性的问题，让被访谈者先描述自己的生活，唤醒她们的记忆，尽量把她们的声音放在中心的位置，而在具体材料使用的过程中，会有选择性地部分使用经过编辑的生活史故事。

为了深入了解妇女的生活状态及其话语所蕴含的意义，笔者对6名在家庭中承担着更多农业生产劳动的妇女做了生活史记录，该6名妇女均来自于组1（均为化名），而她们被“选择”出来做记录是在综合以下标准的基础上来考虑的：年龄、受教育程度、原生家庭所在地、婚姻类型①、地方宗教信仰②、是否有非农兼业工作、种地规模和家庭经济状况，以保证具有一定的代表性。生活史记录对象的主要选择标准见表3.2。

**表3.2　　　　生活史记录对象的主要选择标准**

| 姓名 | 年龄（岁） | 受教育程度 | 原生家庭所在地 | 婚姻类型 | 地方宗教信仰 | 外出务工经历 | 非农就业 | 种地规模（亩） | 家庭经济状况 |
|---|---|---|---|---|---|---|---|---|---|
| 刘美 | 37 | 初中 | 本县 | 自由恋爱 | 无 | 有 | 无 | 20 | 中等 |

① 此处婚姻类型是根据调查结果总结得来的，具有一定的特色。传统中国，包办婚姻是一种流行的婚姻方式。年轻夫妇在结婚前不能见面，父母为他们决定并安排婚礼。后来，情况发生了变化：计划结婚的两个人可以通过父母的安排见面，这就是所谓的“相亲”，来决定他们是否结婚。此外，有一些贫困家庭负担不起聘礼、彩礼等开支，因此寻找另外的解决办法，如果他们都有一个儿子和一个女儿，他们可以交换家里的女孩以促成两个家庭中的男孩的婚姻。有时，这种婚姻类型也可能发生在两个以上的家庭中，被叫作交换婚姻。此外，买卖婚姻是非法的婚姻类型。但现实中，确有部分女孩是被人贩子胁迫或欺骗，被贩卖到远离家乡的地方。这些类型的婚姻都可以在杨村找到。

② 宗教信仰，在本研究中具有一定的地方性特点，是指被研究对象是否参加了当地的“基督教”活动。其实，严格来讲，当地人口中的“基督教”和真正的“基督教”有较大的差异，该“基督教”在村庄里也有一个活动中心，也会和其他村庄甚至乡镇的“基督教”一起举办活动，但活动一般仅限于大家一起唱唱歌、聊聊天，多是一种“精神寄托”，很多人加入“教会”是因为他们想和其他人交流以避免孤独，尤其是在家里的部分劳动力已经外出务工的情况下。第七章（妇女的福祉）对此进行了进一步的探讨。

续表

| 姓名 | 年龄（岁） | 受教育程度 | 原生家庭所在地 | 婚姻类型 | 地方宗教信仰 | 外出务工经历 | 非农就业 | 种地规模（亩） | 家庭经济状况 |
|---|---|---|---|---|---|---|---|---|---|
| 庄洁[①] | 29 | 小学 | 外省 | 买卖婚姻 | 无 | 有 | 无 | 8 | 中等 |
| 谢燕 | 31 | 小学 | 本村 | 相亲 | 无 | 无 | 无 | 4 | 中等 |
| 张芳 | 50 | 初中 | 临近乡镇 | 相亲 | 无 | 无 | 无 | 1.5 | 中等 |
| 李芬 | 43 | 文盲 | 临近乡镇 | 交换婚姻 | 有 | 无 | 有 | 5 | 贫穷 |
| 王娟 | 46 | 小学 | 临近乡镇 | 相亲 | 有 | 有 | 无 | 3 | 富裕 |

### 3. 深入访谈和参与式观察

生活史研究，将被访者讲述的故事置于一个多层次的社会框架中，而不仅仅是从话语和叙述的角度来分析，这一点尤为重要（Nilsen，2008：91）。一方面，笔者尽可能在方法论层面根据上述标准选择了具有代表性的受访者，以探索尼尔森（Nilsen）所强调的社会框架（或社会背景）。另一方面，在本研究中，笔者也进行了深入的访谈和参与式观察，以保证问卷调查和生活史记录的信息具有有效性和可靠性。

本研究的关键人包括村干部、乡领导、县领导、当地小学教师和部分村民。通过对他们的深入访谈，笔者收集了大量关于杨村近年来社会变迁与现状的信息，这对了解被调查者的行为和态度有很大帮助。

此外，在本研究中，笔者也做了参与式观察。如前文实地研究过程部分所述，在调查期间，笔者坚持住在杨村，尤其是与每个被记录生活史的妇女在一起生活了至少两周时间。在这段时间里，笔者有机会进行参与式观察和非正式的个人和小组访谈，以获取更多的信息，以求不断丰富背景信息、验证已收集到的资料。

参与式观察是一种“观察者以研究者的身份公开或隐秘地参与被研究者的日常生活，观察发生在被研究者身上或身边的事情，倾听其所说

---

① 遗憾的是，庄洁在2018年11月死于一场车祸。笔者在回访她的时候得到这个消息。她的丈夫因此成了回访期间“替代”的被访者。庄洁相对悲惨的生活在一定程度上起源于原生家庭的状况以及买卖婚姻，当她慢慢习惯了相对悲惨的生活时，一场车祸夺去了她的生命。事实上，她的“悲惨”故事一直是鼓励笔者完成研究的动力之一。

的话，并在一定时间内询问人们相关问题”的方法（Becker and Geer，1957）。它旨在从被研究对象的角度去理解社会世界。参与式观察可分为完全参与式观察、半参与式观察和完全观察三种类型，这三种类型是根据参与实地调查的研究者的三种不同角色而定的（Bernard，2001：327）。在本研究中，笔者的身份是作为第二类研究者，即半参与式观察者的身份去对研究对象进行观察、记录、描述与分析。

在本研究中，参与式观察法的使用至少有两个功能：第一，有助于找出一些困难或尴尬问题的答案，如情绪问题。例如，在丈夫外出务工后，很难直接询问妇女的感受等情感性问题，一方面可能会无意刺激其产生负面情绪；另一方面可能因为研究者和被研究者之间的熟悉程度而影响问题答案的真实性与可信度。但笔者在半参与式观察中能够观察到她们与丈夫的互动频率，也能够观察她们的情绪状况、慢慢体察她们的心情，尤其是生活史记录的研究对象，和她们共同生活的时间能够很好地触及相关内容。第二，参与式观察法也有助于更深入地了解妇女的生活状况。例如，笔者有更多机会和时间，可以从不同行动者的角度更全面地了解妇女的生活，也可以在她们和别人聊天、互动的时候探索她们在生活或农业生产上的困难。

**4. 数据管理与分析**

通过问卷调查获得的定量数据，在一名研究助手的帮助下，进行编码与录入，并前后检查、核对数据录入的准确性，最后使用 SPSS 软件对数据进行统计分析，主要涉及的应用包括频次、百分比、交叉表、相关和回归分析等，描述性的统计分析对于了解、掌握研究对象的一般性状况很有效，而剖析一些可能影响农业生产、性别关系和女性福祉的因素，相关和回归分析则起到了重要作用。

对于生活史记录和深入访谈获得的定性数据，在调查期间，在征得研究对象同意的基础上，笔者进行了录音，并尽量在调查期间及时转录、整理成文。但由于录音的时间一般较长，整理成文所需的时间无论在理论上还是实际上都需要相当于录音至少 2—3 倍的时间，因此，为保证关键信息不流失，因此，在调查期间，每晚笔者必须要完成当天观察、访谈以及生活史记录中发现的具有启发性、关键性的信息。而对于定性资料的分析，根据不同的研究主题，对其分类、编码、组织与解释。

## 四　本地研究向导的重要性

从 2007 年 4 月开始跟随团队做留守儿童项目开始，笔者与杨村的“缘分”已经超过 13 年。从一个完全不懂当地语言的外人，到现在成为一个受村民欢迎的朋友，这个过程并不容易。在这一变化过程中，一个好的、负责任的研究向导起到了非常关键的作用。

在前文中关于选择杨村做该研究的原因说明中，笔者提到的一个原因是在那里做了硕士论文，当时住在一个村小学老师的家中。这位老师帮了笔者很多忙，他自小生活、成长在杨村，对杨村很熟悉，而且杨村的很多人家都养狗，笔者去做问卷和访谈的时候，他总会抽时间陪同笔者一起。作为一名教师，他会说普通话，当笔者无法理解被调查者的某些回答时，他可以将方言翻译成普通话。在进行调查之前，他总是向村民们解释笔者以及研究目的，和他有什么“关系”。慢慢地，村里的“陌生人”把笔者当成了“自己人”，也得以让笔者能够轻松地进行调查、访谈以及观察。并且，他也是笔者的保镖，如前文提到的，杨村有很多人家养狗，陌生人被狗咬是相对高概率的事件，他能够在一定程度上保护笔者免被狗咬。在进行硕士论文实地调查工作期间，笔者也认识了其他当地的老师，因为当时硕士的研究主题和农村教育政策相关，而在论文完成之后，笔者也一直和其中的一些教师保持联系，这为后期本研究的开展奠定了基础。

在开展本研究的前期，笔者再次决定和一个教师家庭住在一起，在各种尝试与联系之下，笔者选择了李老师家，而李老师则成为本研究得以顺利完成调查、访谈与生活史记录的关键人物。当地教师，包括李老师，具有作为研究向导的优势：第一，教师通常会说普通话，他们是非常优秀、合格的翻译，因为他们精通当地方言与普通话，能够熟练切换。在农村地区，不是每个人都会说普通话。每个地方都有自己的方言，外人很难听懂。第二，教师在农村是一个受人尊敬的职业，尤其是当地的中小学教师。大多数成年人甚至他们的孩子都是这些教师的学生，有一种可信任的“社会关系”已经天然存在。第三，可能是李老师特有的优势，他出生、成长在杨村，虽然后期不在杨村居住，但家族中很多人依旧在村里居住，对很多村民是熟悉的，并且，他在家族中的辈分较高，进而有一定的地位。虽然杨村没有大的家族与宗族，但李老师的家族算是比较大的，因为辈分的原因，村民会给予他更多的尊重。第四，李老师在小学任教，而且在正式调查开展的时候，他已经接近退休的年龄，没有特别繁重的工作量，也不教主要学科，所以能够有足够的时间陪伴笔者进行相关调查、访谈。并且，鉴于他对很多村民的状况是有一定的了解的，也就能帮助笔者对一些基本问题进行判断，如判断被研究对象提供给笔者的信息是否是真实的，他能够给笔者一个中立的判断。第五，基于上述这些优势，以及前期项目调研与硕士论文研究过程中笔者与其建立的私人关系，在后期需要补充相关研究资料的时候，也就能够很及时地通过邮件、电话、微信等方式获得。李老师对于笔者项目调研的帮助程度超出了原本的想象与预期。李老师的帮助，让笔者能够短期内进入到杨村、无阻碍地开展田野工作，尤其是生活史记录对象的选择方面，如果没有熟人的“介入”与介绍，是很难进入到其家中，更不要说与被访对象生活一段时间了。生活史记录对象刘美就在笔者和她一起生活了一个星期之后，对笔者抒发了如下感慨，也从侧面证明了研究向导对于本研究的重要性。

> 你一开始提出，想和我住在一起，真是太奇怪了。我不了解你，也不知道你为什么要和我住在一起。你就像个间谍，好像想知道一切事情。如果没有李老师说服我，我是不会接受你和我住在一起的。他和我公公是一家子（一个家族），平辈儿，他在村里的名声很好，我们都知道他是老师，而且村里很多人都是他的学生。

# 第四章

# 杨村与调查对象概况

本章介绍并讨论了研究地点杨村的概况，也对调查对象的基本情况进行了最基本的描述与分析，目的在于为整个研究，为读者尤其是，后续的几章内容提供一个宏观的社会背景。杨村和中国其他许多农村一样，正在经历着国家倡导的现代化和工业化的过程。在这一章中，首先，笔者将会描述杨村农民赖以生存的社会环境，主要包括土地问题、地方产业、行政管理和组织等方面。其次，对调查对象的家庭状况及基本人口学特征进行描述与说明。最后，笔者简要介绍了六位被记录生活史的研究对象的基本情况，这有助于理解以下章节中呈现的案例片段。本章所提供的信息主要来自于关键信息提供者的访谈、参与式观察和问卷调查中的一些调查问题。

## 一　杨村的社会、经济和政治关系

1978 年以来，随着我国城市化与现代化进程的不断推进以及改革开放相关政策的实施，杨村发生了翻天覆地的变化。总的来说，现代化和城市化进程所带来的变化在杨村这一村级层面是显而易见的。42 年前，杨村没有瓦房、柏油路，甚至连一条砂石路都没有。当时，人民公社时期刚刚结束，随着家庭联产承包责任制的实施，人们开始在家庭层面组织农业生产。国家刚刚发布了有关放开流动的规定。村民有更多的可能性流动到外地工作，在农业以外赚取更多的钱。随之而来的是，杨村村民的生活水平明显提高。目前，大多数村民居住在砖瓦房里，部分村民甚至有两层砖瓦房的小楼。他们家里有电视、冰箱、太阳能热水器、智能手机，甚至电脑。据村民们反映，大约 20 年前，外出打工成为杨村的主流，在约 15 年前，部分村民开始有存款，而最近几年的存款越来越多。务工收入早已成为家庭获得收入的主要途径。并且，农业生产的状况也发生了一定的变化，2004 年，国务院开始在部分试点地区减免农业税，2005 年年底全国取消了农业税，农民还可以每年获得农业生产补贴，如良种补贴、粮食补贴等。

笔者第一次到杨村调研是在 2007 年。在随后的这些年里，杨村及周围村庄、乡镇甚至县城发生了许多变化。外出务工虽然在家庭中一直占据着主导地位，体现出了持续性的特点，但其他方面也发生了一些变化。例如，越来越多的农民开始将土地流转给其他村民、合作社、家庭农场或一些小型生产企业；不同类型与规模的地方产业开始起步；村委会以外没有其他形式的正式组织；村里的小学也“布局调整”了，孩子们都到乡镇或县城就读；而土地流转引发的问题越来越突出，甚至导致村委会的成员每年都会因此更换一批。

**1. 土地问题**

（1）部分妇女没有土地使用权

杨村拥有 478 户居民，现有耕地 4462 亩，共有 9 个生产队。不同生产队的平均农田面积略有不同。根据 2018 年修订的《中华人民共和国农村土地承包法》第二十一条，耕地承包期为 30 年。农民拥有土地的使用权，30 年的土地使用权不会改变。该法第六条规定：“农村土地承包，妇女与男子享有平等的权利。承包中应当保护妇女的合法权益，任何组织和个人不得剥夺、侵害妇女应当享有的土地承包经营权。”但在实践中，并不是每个杨村妇女都有自己的土地。这是农村地区的普遍状况（向东，2014）。据村民介绍，由于家庭联产承包责任制政策的实行，第一次土地划拨发生在 1980 年左右。从那时起，每一个生产队的土地被平均分配给村民，不论他们是男的还是女的。根据法律规定，土地需要在几年后根据人口变化重新分配。然而，在家庭之间重新分配土地比较困难，特别是因为婚姻情况而带来的变化。一些村民这样评价：

如果女儿嫁到别的地方，已经分配到了土地的人，是不愿意让村委会重新分配土地的……女儿结婚之后，虽然家里当时分配土地的时候，可能按照人头也给她分了土地，但她结婚了是不能带走的，即便嫁给本村的人，一般也不会调整土地，家里也不会给她，这是常识，已婚女儿的土地是属于娘家的……她兄弟的妻子也会遇到相似的问题，所以，长远来看，也是一种平衡。当然，当村里的人口构成情况发生足够多的变化的时候，就可能重新分配土地。

调查也发现，一些妇女在杨村没有土地，特别当她们并不出生在杨村的时候（约 70% 的被调查妇女在结婚之前不是杨村人，见表 4.1）。然而，与丈夫相比，她们很少要求拥有自己的土地使用权。她们真正关心的是，她们的家庭是否拥有与村庄里其他家庭同等面积的耕地。如果她家的土地和其他家庭的一样多，她们就不会为自己是否有土地使用权而烦恼或争夺，而是把自己的利益放在整个家庭层面的计算与比较上。

**表 4.1　　妇女出生地状况（%，$X^2$（5）=3.520，$p$=0.620）**

| | 与丈夫同村 | 与丈夫同乡镇 | 与丈夫同县城 | 与丈夫同市 | 与丈夫同省 | 外省 | 总计 |
|---|---|---|---|---|---|---|---|
| 组 1 | 26 | 18 | 44 | 2 | 2 | 8 | 100 |
| 组 2 | 32 | 20 | 42 | 4 | 0 | 2 | 100 |
| 总计 | 29 | 19 | 43 | 3 | 1 | 5 | 100 |

（2）耕地调整受限

虽然《中华人民共和国农村土地承包法》对土地分配进行了规定，但村干部在村民中对耕地的分配特别是土地流转有一定的权力。一般来说，村委会可以根据人口变化情况，决定每户土地面积调整的时间。此外，这种权力在某种程度上与“独生子女政策”的实施有关。村委会的主要职能之一是执行国家颁布的政策，如 1979 年开始的计划生育政策。一般来说，根据国家实施的一般规定，如果第一个孩子是女孩，一对农村夫妇可以生两个孩子，但不同的地方可以根据自己具体的经济和人口状况进行调整。在杨村，当第一个孩子是健康的女儿时，是不允许公开生第二个孩子的。然而，重男轻女的文化观念在当时乃至当下的中国农村依旧占据主导地位。有些夫妇直到有了男孩才停止生育。通常情况下，村委会会“默许”想生二胎或者“男孩”的夫妇继续生育，但会要求违反计划生育政策的夫妇缴纳罚款，即社会抚养费，而罚款数额从一千元到两三万元不等。违反政策的夫妇付多少钱取决于他们的家庭经济状况。如果交不起罚款，在土地调整时，村委会将会没收其部分家用电器或部分土地，冲抵罚款。一位妇女讲述了她的故事：

> 我们有多少土地？我没有土地，我的孩子也没有土地……是的，在土地调整期间，我们至少应该分到三口人的农田（当时已经有了一个女儿）。但是，我们想生个男孩，所以我又怀孕了。正如你所见，我只有两个女儿，所以后来我又生了个女儿，没能如愿。当时刚好赶上土地面积调整，我们没有钱付超生的罚款。村干部很生气，就没有给我们分配应得的耕地。现在，我家只有我丈夫一个人有地，大约 1.5 亩……这自然不够我们生存。两个女儿上学需要钱。我丈夫必须去打工，我在家为工厂做玩具（代工）。否则，我们没有钱生存……这是不公平的。土地可以为你提供食物、收入。他们不应该剥夺我们的土地，都这么多年了，应该给我们分配土地了……我们没有权力与‘政府’谈判（把村委会称为政府）。

（3）耕地流失愈加严重

根据 2020 年 1 月 1 日实施的《中华人民共和国土地管理法》第二条规定：“国家为了公共利益的需要，可以依法对土地实行征收或者征用并给予补偿。”而公共利益的需要包括，政府组织实施的能源、交通、水利、通信、邮政等基础设施建设需要用地的，等等情况。理论上，为了公共利益而征用土地是合法的，农民的抗争空间很小。在土地财政成为很多地方政府的发展策略之时，就会有人合理利用这种合法空间，将农民的土地征收，从而为“转租”“转售”提供机会。按照有关规定，出售或者使用农用地建设商品房的限制是非常严格的，有很严格的耕地保护规定，但地方政府和村委会仍然可以在规定范围内找到“空间”，依法占用耕地建设商品房。正因为如此，越来越多的农民一年比一年失去了更多的耕地。在研究过程中，笔者“见证”了当地政府征用耕地的两种手段。

第一种，先修建一条新的道路，再寻机修建商业住宅。2018 年，杨村所在的 H 乡新铺了一条柏油路。它连接着该乡通往沭阳县城的主干道，但事实上，根据实地调查，这条路的作用并不大，因为，当时已经有另一条柏油路可以连接通往沭阳县城的主干道，那条柏油路与这条新铺的柏油路平行，旧柏油路与新柏油路的距离仅 500 米左右。一些当地村民向笔者解释了这条新路背后的秘密：

> 国家对耕地的使用规定非常严格。但是，当地政府报告说，我们需要修一条新的公路通往县城，这是“必要的”需求，上级就很可能会同意并批准，因为他们不知道具体是什么情况，隐藏着什么动机……你能猜到以后会发生什么吗？政府会在道路两旁建造更多的商品房。他们将获得更多的耕地，并最终使这种合法合理的占用成为可能。把土地卖给房地产开发商，地方政府就可以赚钱，然后还可以把道路的修建带来的经济发展当作政绩。主管领导就有望很快得到提拔……

后期的回访发现，幸运的是，后续的施工受阻，因为有人向上一级政府举报了这一情况……但可笑的情形就是“一条修建了一半的废弃公路横卧在农田中间”。

第二种，为“招商引资”而修建的工业建筑后来被用作商业住宅。沭阳县政府在 2011 年就曾提出过实施“2158”工程的构想，来完成招商引资的“任务”，即，全县用 2 年时间建设至少 1000 万平方米的三层以上标准化厂房，新增工业企业 500 家以上，实现新增工业税收 8 亿元以上的战略目标。这种发展思路一直在延续，调研期间，在属于杨村村民的耕地上正在修建一栋和招商引资相关的大楼，而该工程的承包商就是杨村的村民。鉴于研究向导李老师和承包商之间的家族亲属关系，工程承包商向李老师透露了建造这栋招商引资大楼的根本目的。以下是工程承包商和研究向导李老师之间的对话。

> 李老师：政府找到开发商在这里投资了吗？
>
> 工程承包商：没有，当然没有。
>
> 李老师：哦……如果没有开发商来，怎么处理这栋楼？建这个楼是为了工商业发展，不是吗？
>
> 工程承包商（笑着说）：没问题。现在，它是一座工业建筑。你可以看到里面的大房间。都是大房间，没有隔断的。不过，以后我们可以非常方便地在里面加墙，然后作为商品房出售。
>
> 李老师：哦……我想政府不会允许的。这是为了吸引企业来发展工商业的，不是吗？
>
> 工程承包商：别担心……两年后，如果没有人来这里投资，我们可以把这幢楼改造成商品房出售，按照规定……当然，政府不会阻止我们把这栋楼作为商品房出售。此外，在某种程度上，他们已经知道以后会发生什么。毕竟想在村里经营工商业的投资商本来就不多。

在“招商引资”政策的庇护下，房地产开发商和地方政府占用了大量的耕地。几年后，该县的部分或大部分厂房如果不能吸引来企业，将被改为商品住宅。未来尚不明朗。关键是谁来购买这些商业建筑，对农业生产和农民生活会有什么影响。在笔者看来，这对农民的价值观和农业生产产生了负面影响。从调查来看，在乡镇或县城购买现代化公寓正在成为农民的一种“时尚”。父母认为年轻的恋人在结婚前需要在镇上或县里有一套新的现代化公寓，而男方的父母通常需要能够有足够的经济条件购买这样的公寓（这也是男性劳动力外出务工的主要原因之一）。如果买不起新房子供儿子结婚，父母会觉得丢脸，会被别人看不起。事实上，这种“时尚”背后的价值观主要是物质导向的、深受消费主义思潮的影响，并不可取。

此外，建设更多的商业建筑实际上对农业生产和农民构成了威胁。众所周知，我国农村老年人的福利保障制度并不完善。受城乡二元经济结构和经济状况的制约，大部分的流动人口需要返乡养老。如果没有足够的土地给返乡的农民赖以生存，会发生什么？没有土地他们如何生存？那么该如何平衡农业和非农业活动之间的土地利用？正如一些受访者强调的那样，农业是他们的一种保障，他们可以在外出打工感到困难的时候或者年纪大了不能再外出打工的时候，自己种地养活自己。保护农民的耕地，不仅有利于农民（如粮食安全和晚年保障），而且有利于国家的稳定和粮食安全问题。在农业和非农业活动用地方面如何寻求一个更合理、更符合长远利益的平衡，需要政府给予更多的关注。

（4）年轻人对土地的感情弱化

调查发现，杨村的年轻人对土地的感情不像老年人那么强烈。年轻人不喜欢种地，也不知道怎样把地种好，这些都是中国农村农业生产未来面临的风险。事实上，近年来农民对农地的总体情感认知发生了变化。在人民公社时期，以及之前，农业生产是农村家庭最主要的活动。这几乎是为家庭成员提供食物的唯一途径。不好好种地，家庭成员就会挨饿、甚至饿死。随着改革开放和家庭联产承包责任制的实施，农村人口有机会到城市打工，为家庭增加收入。到了20世纪80年代之后，越来越多的农村人到城市打工。应该说，2005年以前，农民的日子不好过，因为每年都要缴纳农业税和三提五统的钱，农业生产的净收益很小。渐渐地，越来越多的农民对农业失去了兴趣。如果没有人想种地的话，一些农民就把这块土地撂荒，有的撂荒会长达数年。尽管当时有些农民把土地转租给其他村民，租金也很低甚至免费。但国家免征农业税后，部分农民再次积极争取土地使用权，并且，现在农民在农业生产中不但没有税费的负担，还可以得到国家的一些补贴。应该说种地的政策环境变好了，然而，尽管发生了这些变化，许多农民不再认为农业生产是家庭中最重要的活动。农民工在外打工获得收入已经取代了农业生产在家庭中的经济地位。农业生产成为农民工在不能再外出打工时候的一种保障。此外，关键问题还在于，很多农村年轻人不知道如何种地，大部分有过外出务工经历的年轻人在返回村庄之后，也不再愿意从事农业生产活动，这才是农业最大的危机。访谈中杨村一位65岁老人的话正反映了这样的问题：

家庭联产承包责任制实施之初，人人都想有地。如果你努力干活，你家的产量会比别人高，就不必再挨饿了。除了交给政府的，剩下的都是自己的。干活越努力，能留给自己的产量就越多。当然，这和当下的美好生活不太一样了。那个时候人们基本都没有存款，能够吃饱饭就很开心，大家对土地的感情比较深，可能也主要是需要从地里“刨食儿”吧。后来，大家都到外边打工了，打工的收入比种地多，而且当时种地还得交税，打工却不需要，核算下来，种地就没那么划算了，所以有的人家，全家人都出去打工，家里的地就撂荒了，没有人种，他们也不想种地，当时也没有人想着从别人家租地种，因为税和三提五统等确实是需要交的。再后来，农业税取消后，这些长期在外打工的人发现家里的地能够赚得一些钱了，就开始向村委会要地，虽然可能他们还是不种地，但可以把地租给别人种，也能够拿到一些租金、获得一些钱……现在的年轻人有几个想种地的呀？都是我们这些老的、不中用的、不能出去打工的，才在家里种地，他们也根本不会种地呀。

**2. 杨村周边的非农就业机会**

随着现代化和城市化进程的推进，一些农村地区也出现了工商业的影子。杨村中有一些地方产业为当地村民，主要是妇女，提供了非农就业的机会。研究发现，大约三分之一的被访女性（表 4.2）在当地有一份非农就业的工作，以赚取一些零花钱来贴补家用、维持生计，而这种情况在两组妇女中并没有差别，只是相对而言，留守妇女的劳动负担相比非留守妇女而言更为繁重。

表 4.2　妇女的职业状况（%，$X^2$（3）=3.273，$p$=0.351）

| | 只种地 | 种地 + 打零工 | 主要“打工” | 仅做家务 | 总计 |
|---|---|---|---|---|---|
| 组 1 | 64 | 36 | 0 | 0 | 100 |
| 组 2 | 64 | 30 | 4 | 2 | 100 |
| 总计 | 64 | 33 | 2 | 1 | 100 |

拥有自己的收入对家庭决策权至关重要（Malhotra and Mather，1997；Vogler，1998）。例如，有研究发现，收入较高的伴侣可能在决策中发挥更大的主导作用：从事有偿工作的妻子比没有工作的妻子拥有更多的权力，妻子工作的时间越长，她们拥有的权力就越大；随着妻子通过有偿就业获得经济收入，夫妻之间的权力关系将变得更加平等（Blood and Wolfe，1960）。理论上讲，杨村周边的非农就业机会也为杨村的妇女提供了这样的机会，具体的非农就业机会包括：

（1）西瓜蔬菜种植园（企业）：该西瓜蔬菜种植园占地约 200 亩，主要为当地市场种植西瓜和一些反季节蔬菜。杨村的 35 名村民在此打工。大多数被雇用工人是女性。女性每天能挣 60 元的工资，男性每天能挣 80 元。该种植园有两个老板，黄老板（39 岁）和徐老板（48 岁），他们都是杨村的村民。在合作经营管理西瓜蔬菜种植园之前，黄老板有过外出务工的经历，曾在江苏省南部的宜兴市开过废品收购站，而徐老板曾经在杨村搞过大棚蘑菇种植。

（2）村电子元件装配厂：该电子厂没有招牌，厂房是老板父母家的房子，雇用了大约 25 名杨村的村民，但并不是所有村民都需要来厂里工作，也可以在家装配元件，完成后带回厂里验收。被雇用的工人均是 40—60 岁的妇女。一般来说，她们每天的收入是 40—60 元不等，这取决于她们组装什么样的零件，以及每天能完成多少数量的元件组装。这家工厂是杨村的一对兄妹创办的。他们已经做类似的工作很多年了。在杨村经营这家工厂之前，他们都在苏州市的一家电器厂工作。几年后，他们利用打工时积累的资本和技术回到村里开始了自己的生意。他们从苏州工厂拿原材料，工人组装好后再通过快递运回给苏州工厂。

（3）村木材加工厂：该厂主要是将木材加工成板材，提供给沭阳县城的一家家具厂。有 8 名 40 ~ 50 岁的杨村村民在这家工厂工作，其中一半是妇女，每天能挣 80 元。这项工作技术含量不高，主要需要体力。经过短期培训，工人们就可以从事这项工作。老板也是土生土长的杨村人，48 岁。在经营木材加工厂之前，他干过卖树的生意，攒了一些钱。他还用积蓄买了一台收割机，在当地干了几年收粮食的工作。

（4）村毛毡厂[①]：2017 年建厂，厂房是老板租用的村里闲置的村民住宅。老板 50 岁，不是杨村村民，而是附近村的村民。生产的毛毡主要用于沭阳县城的建筑工地。雇用了杨村 20 名工人，大多数是妇女。工资从每天 60—80 元不等。

（5）村卫生纸厂：杨村一对 35 岁左右的年轻夫妇是这家工厂的老板。在制造卫生纸之前，这对夫妇做过多年的烟花生意，赚了一些钱。经营这家工厂的主要原因是他们的一个亲戚是江苏省淮安市（邻近城市）一家较大的卫生纸厂的老板。这对夫妇可以把自己生产的大部分产品运到亲戚那里，让他们代为销售，其余的产品则在当地市场上出售。他们生产的卫生纸的价格比超市低。1.5 公斤的卫生纸只要 20 块钱。村里有 5 名妇女，年龄在 50—60 岁之间，在该卫生纸厂工作。她们每天能挣 50 元左右，主要的工作就是把卫生纸装进袋子、包装好。

（6）村泡沫厂：老板 45 岁。他有多年在建筑工地务工的经验，当年做的是瓦工，挣了些钱。两年前开始做这个生意，生产的泡沫制品主要用于家居家具的包装。7 名杨村的男性村民在这家工厂工作，工资在每天 120—150 元之间。

（7）乡镇制衣厂、木材加工厂、电器零件加工厂：在杨村所属的 H 乡，也有一些工厂，包括乡镇服装厂、木材加工厂和电器零件加工厂。这三家工厂大约有 200 名工人，其中约 20 名工人来自杨村，基本都为妇女。她们每个月能挣 2500 元左右。此外，在毗邻的乡镇，还有两个可以工作的地点，一个制衣厂和一个木材加工厂。大约有 20 名杨姓村民（大多数是妇女）在那里工作，她们每月也能挣 2500—3000 元。相对而言，乡镇的工厂能够给妇女带来较高的收入，但能来这样工厂上班的妇女，家里一般没有需要照顾的小孩或者老人，也一般不会种太多的农田。

（8）“家户工厂”（家庭代工）：除了到村里或者乡镇上的工厂打工，村民也可以在自己家里做一些活儿，比如做皮球、做玩具、缝衣服的珠子或装饰花，这些工作多来自于县城的某些工厂，但掌握技术后，

---

① 毛毡厂，有一定的污染性，这可能是该厂建立在杨村而非老板本村的原因，和其他“厂”一样，都没有招牌，具有一定的隐蔽性，自然，也都没有正式工商注册许可证。

不是必须在工厂里完成。通常，村里至少有一个代理人，可以将原材料或半原材料带到村里，分配给能够承担工作的妇女，之后，该代理人将完成的产品送回工厂。在杨村，大约有 20—30 名妇女在家做这种工作。这项工作的收入通常低于上述的非农就业工作，因为不能在村工厂工作的妇女通常有更多的照顾负担（如家里有幼童或老人）或身体状况较差，她们需要能够灵活安排时间的工作。一般按件与产品质量计酬。例如，做一个皮球的价格从 12 元到 15 元不等。

杨村的这些地方产业表现出一些共同的特点：第一，大部分地方产业是由返乡农民工经营的，可以认为这是外出务工对农村发展带来的积极影响。第二，它们雇用的女性多于男性，这些工厂在一定程度上解决了剩余劳动力问题，特别是相对年纪大的女性劳动力的就业问题。例如，城市里的企业很少雇用 50 岁左右的人，更倾向于雇用 20—40 岁的年轻人。村里的这些非农就业工作为村里的妇女提供了机会，使她们除了从事农业生产之外，还能兼业为家庭获得一些额外收入。非农就业工作的收入通常可以支付留守家庭成员的生活费用。第三，虽然这些地方产业提供的就业机会并不稳定，但当地居民并不认为这是一种风险。通常，这些工厂规模较小，缺乏持续的订单，也就不能持续为村民提供就业机会。但是，当工厂需要时，村里的工人可以在工厂工作，当没有工作时，她们可以回家。不会签订劳动合同，也不会有其他保障。第四，一些地方产业发挥着连接城乡及其发展的功能，一些产业甚至涉足全球市场。例如，“中国制造”的产品几乎遍布世界各地，在杨村，可以找到“中国制造”的皮球、玩具和衣服的半成品，杨村的工厂无形中成为全球化产业链的一环，而这一环在大多数情况下并不为人所关注，因为这些工厂可能隐藏在村民的“家户”/“客厅”之中。

一些学者将这些地方产业称为中国农村的自谋职业者或乡镇企业。费孝通在《江村经济》中提出了类似的想法，即刺激乡镇企业的发展，能够使农村地区更加繁荣。20 世纪 80 年代末 90 年代初，个体工商户经营活动的数量较乡镇企业和村办企业的数量明显增加。非农就业占农村劳动力总量的比例从 1981 年的约 15% 增长到 2000 年的约 43%（Mohapatra et al.，2007），在 1998—1995 年期间，中国农村出现了多达 3000

万自营职业者（Rozelle et al.，1999a）。自1978年经济改革以来，乡镇企业在中国经济增长中发挥了重要作用，其效率高于国有企业（Fu and Balasubramanyam，2003；Perotti et al.，1999）。虽然存活下来的乡镇企业不多，但它们是一种发展的标志，而不是悲剧，是改革时期中国农村充满活力的发展进程的一个组成部分（Mohapatra et al.，2007；Zhang et al.，2006a）。中国农村最重要的就业趋势之一是非农自营职业的兴起；近年来，商人和家庭企业的数量激增（Entwisle et al.，1995）。除了学者们证明的自营职业对农村发展的贡献外，本研究的结果也支持在这些工厂工作的妇女对农业的贡献。准确地说，除了务农之外，在附近能有一份非农就业工作，可以刺激妇女继续务农的意愿①。

**3. 行政管理、地方服务和组织**

根据中国的行政结构划分，杨村是一个自然村。杨村和其邻村谢村构成了行政村谢杨村②，而该行政村是在政府公文中经常见到的名字。从形式上讲，行政村只有一个村委会，但实际上，杨村有自己的村委会。根据1998年实施的《村民委员会组织法》，该村每3年组织一次村委会选举。然而，在杨村，近几年来，村委会每年更换一次。这与本章前面提到的土地使用问题有关。

在杨村，村委会成员包括一名村委会主任、一名副主任、一名会计和九个生产队的九名分管领导。这个村的民主选举状况实行得不好，曾经在很长一段时间内，村干部是由乡政府提名、任命的。村委会委员和共产党员有时会召开村民会议。村委会成员与村民的关系一般。村民认为，村委会的主要任务有几项：第一，在二孩政策之前，落实“计划生育”政策，收取社会抚养费/罚款，自然，二孩政策施行后，村委会也需要继续执行相关政策，因为有人会继续生三胎、四胎等，也需要收取一定的社会抚养费；第二，在税费改革之前，收取一事一议费和以资代劳费用，税费改革之后，直到目前位置，也在倡议村民通过以资代劳的方式参与村庄公共事务；第三，调查和记录自然灾害对农业生产的损

① 此观点在本书第五章第二部分会有较为详细的讨论。

② 谢村、谢杨村和杨村一样，均为化名。

害，帮助农民获得补贴和保险；第四，根据村民的人口变化情况，调整耕地（很少发生）；第五，调解村民纠纷，维护治安。

杨村没有大家族。村里有一家诊所，村民可以在那里购买感冒、高血压等常见药。村里还有些小商店出售日常生活用品、代卖农业物资（如化肥、农药等）。杨村没有真正意义上的农业生产合作社，不过前文提到的西瓜蔬菜种植园名义上是合作社，数据已经上报，但实际上只是村民的个人经济行为。当地有两个地方宗教信仰团体，村民称之为教会。据村民们反映，这两个教会没有区别，只是两个不同的人在两个不同的地点组织活动，都说自己是基督教，但并不学习《圣经》等资料，只是告诉人们在生活中要做好事、编一些歌曲以便在活动的时候让大家一起唱。参与活动的村民对教会也没有过多的了解，很多人会在教会组织活动的时候带孩子去看热闹、和其他村民聊天。这两个地方宗教信仰群体团体在一定程度上起到了为当地居民提供交流机会和场所、释放负面情绪的作用。从这个意义上说，它就像一个休闲娱乐组织。在杨村，30%的妇女确认自己是教会的成员，两个群体之间没有差别（表4.3）。

**表4.3　妇女是否有地方宗教信仰（%，$X^2$（1）=1.714，$p$=0.190）**

| | 是 | 否 | 总计 |
|---|---|---|---|
| 组1 | 36 | 64 | 100 |
| 组2 | 24 | 76 | 100 |
| 总计 | 30 | 70 | 100 |

杨村没有小学，也没有幼儿园。2003年以前，杨村有一所小学。由于“农村中小学布局调整政策”的实施，杨村小学和中国农村的许多其他小学一样被关闭、被撤并。现在，杨村村民的孩子在H乡、邻近的S镇或沭阳县城的学校学习，因为地理距离的影响，学生们通常选择在学校寄宿。

## 二　调查对象的基本情况

### 1. 年龄与外出务工经历

本研究受访女性的年龄在23岁至55岁之间，平均年龄在45岁左右。表4.4显示，主要由自己承担农业生产劳动的妇女，与和丈夫一起从事农业生产劳动的妇女之间的年龄分布没有差异。

**表4.4　　妇女的年龄分布（%，$X^2$（2）=2.587，$p$=0.274）**

| | ≤35 | 36—45 | ≥46 | Total |
|---|---|---|---|---|
| 组1 | 10 | 38 | 52 | 100 |
| 组2 | 4 | 30 | 66 | 100 |
| 总计 | 7 | 34 | 59 | 100 |

杨村有些妇女也像男性一样，曾经有过到城市外出务工的经历，但整体上，女性劳动力在外务工并不会像男性一样持久、稳定，因为，当家庭需要的时候，如照顾孩子、老人等，她们就停止打工，而回到农村。55%的妇女（表4.5）有过外出务工经历，特别是45岁及以下的妇女，但现在她们在家。她们在婚后、孩子出生后或家庭需要时，特别是孩子需要情感支持、教育监管时，不再外出务工。

**表4.5　妇女是否有外出务工经历（%，$X^2$（1）=0.364，$p$=0.546）**

| | 是 | 否 | 总计 |
|---|---|---|---|
| 组1 | 48 | 52 | 100 |
| 组2 | 42 | 58 | 100 |
| 总计 | 45 | 55 | 100 |

这反映了农村女性的生命周期、性别分工与外出务工之间复杂的、动态的、多样化的关系（王维、胡可馨，2020）。外出务工并不是一件

简单的事，尤其是对农村女性来说。在她们的生活中，她们不停地调整着自己的生活状态与方式：

（1）年轻时，大多数农村女孩都是留守儿童[①]，因为她们的父亲/父母在外地工作。有些父母在村庄附近打工，有些则在离家很远的地方打工。她们主要由母亲或祖父母照顾。

（2）停止求学以后到结婚之前，一些女孩也加入到外出务工人员的行列，可能到离家很远的地方工作。

（3）结婚之后，有三个“转折点”会影响她们的外出务工决定和经历（见图4.1）。最后两个转折点主要与“家庭需求”有关（Wang and Fan，2006）。

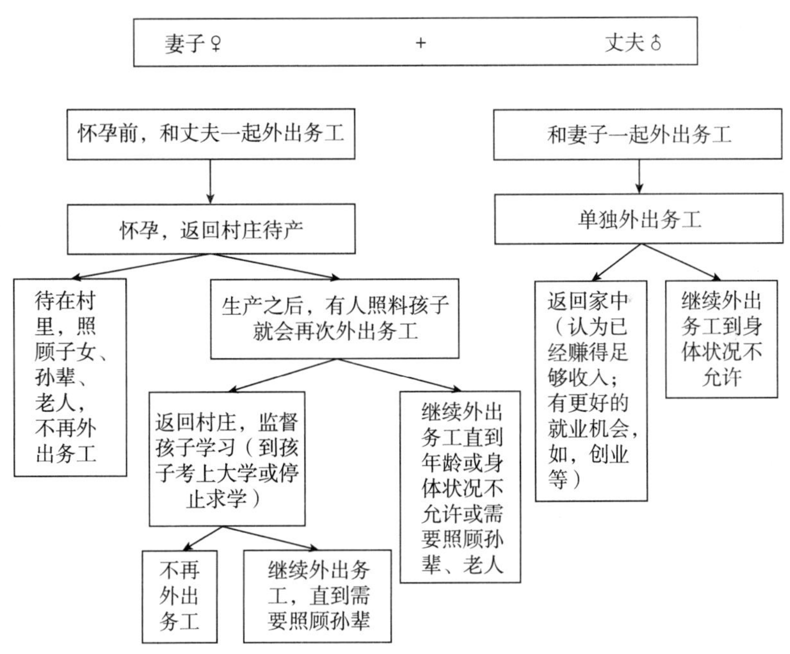


**图4.1　农村人口外出务工经历的一般性轨迹**

---

① 留守儿童：指在被调查时由于父母双方或一方每年在外务工时间累计达6个月及以上，而被留在农村地区交由父母单方、祖辈、他人照顾或无人照顾的农村儿童，参见叶敬忠、潘璐（2008：22）。

对于农村女性而言，外出务工的第一个转折点是怀孕和生孩子。怀孕前，她们通常会和丈夫在同一个地方务工。怀孕后，尤其是孕晚期，她们通常会回到村里，而丈夫继续在外务工。几年后，当有人可以照顾孩子时，她们更愿意再次外出务工，通常是婆婆照顾孩子。

第二个转折点与子女的教育有关。初中和高中的入学考试对学生来讲是相对重要的阶段，想进入一所好的大学，首先要有机会进入好的初中和高中学习，起码进入好的初中、高中学习，会提升进入好大学学习的机会。因此，在子女教育的“关键阶段”，加之，此阶段经常与子女的青春期时间相冲突，祖辈很难对孙辈进行有效辅导与监管，一些妇女便会回来监督、看管孩子的学习与生活，即使不能给予任何直接的教育辅导方面的支持，也可以为孩子提供一个良好的学习环境、舒适的生活环境。然后，当孩子考上大学、职高或停止读书之后，一些妇女会再次选择外出打工，是否外出务工，在此阶段和她们的年龄密切相关。通常，到这个阶段她们的年龄都在 40 岁以上，这对于想要外出打工的女性而言，并不是十分有利的状况，如果不能找到合适的工作，很多妇女就会选择继续留守在家，而丈夫大多会选择一直在外打工，为子女和家庭提供经济支持，直到不能继续外出务工或家附近有更好的工作机会。

第三个转折点是“照顾孙辈”，当家里的孙辈出生，一般孩子的奶奶需要和儿媳妇一起或者单独照顾孙辈子女（一般在孩子停止被哺乳之后）。不管她在哪里，做什么，她都会回家照顾孙辈，除非是儿子儿媳妇明确指出不需要帮忙的情况。照顾孙辈子女是家里最重要的事情，而在此之前，为子女教育和婚姻挣钱是人们外出务工最为重要的动力和原因。而妇女停止外出务工的行为也与这些事情相关。

当然，当夫妇俩认为是时候回到村庄时，外出务工的行为也会停止。这种返回的“时间”点通常包括以下三种类型：第一，当人们认为他们从外出务工工作中挣到了足够的钱（例如，可以返回家里创业了，或办个小厂或开个小商店）；第二，与外出务工的工作相比，他们在村庄附近有其他更好或差不多的工作机会；第三，当他们的身体状况不允许他们继续外出打工时。在调查中，笔者访谈了一对返乡的夫妇，在一定程度上支持了上述判断。这对夫妻虽然才 30 多岁，却有着十多年的外出务工经历，丈夫曾经在苏州某车床厂工作，妻子曾经在苏州某服装厂工作。他们 2018 年春节回到村里，就没有再外出打工，开始经营一家装修建材店，丈夫是这样描述整个过程的：

在开始搞这个装修建材店之前，我们还不清楚该怎么办、该干点什么。我们只知道想回来，不想再外出打工了，因为孩子马上要上初中了，你知道，这是个关键阶段，我们希望他能上一个好的初中，这样，以后才能上一个好高中，才有希望考上大学。我们在家的话，儿子会更听话一点，我们没那么想他，他也不会那么想我们了，都不必那么痛苦……迟早我们得回到村里来。我们负担不起在城市的生活开支，而且我们的父母在这里……所以，当我们决定待在家里不再出去打工的时候，我们就开始计划、打算找找是否有适合我们干的事情。起初，我媳妇想在镇上开一家小超市。但是，我们没有任何亲戚或朋友有经营超市的经验，也不知道该进什么货，从哪里进货便宜之类的，会有点儿冒险。正好赶上春节期间，来回走亲戚串门的，就和别人讨论讨论，适合干点啥买卖，就是不打算出去打工了……我们很幸运，后来得知我媳妇的一个远亲想卖掉他的装修建材店。我们仔细考虑了一下。在我看来，这么多年来，建这么多的商品房，而且很多还在建，装修建材店的前景可能应该不会差，然后，我们就联系了这个远房亲戚。他帮助我们开了店。我们用打工的积蓄先是买了这个房子（门市，临街，地处杨村隶属的 H 乡）……他还给我们介绍了他在装修行业的人脉关系。我第一次去山东采购建材，也是他陪我去的。和他一起走了一趟，经历了整个采买过程，也就知道大概是怎么运转的了。后期，有什么问题，我就随时咨询他……也就算这么安定下来了，也有个营生干。

**2. 受教育水平**

本研究调查对象的平均受教育水平不高。如表 4.6 显示，在接受调查的留守妇女中，46% 是文盲，30% 只完成了小学教育，但和非留守妇女之间没有区别。相比之下，丈夫的受教育程度略高于妻子。此外，研究表明，留守妇女与其丈夫之间的受教育水平的差距大于对照组的差距，留守妇女与丈夫的受教育水平的卡方值为16.189（见脚注①），在0.05水平上显著（$p=0.040$），非留守妇女组相应的卡方值为6.184，但不显著。在妇女看来，丈夫较高的受教育水平是其能够顺利外出务工的一个优势性因素。

**表4.6　　妇女及其丈夫的受教育水平状况（%）**

| | | 文盲 | 小学 | 初中 | 高中或职高 | 大学及以上 | Total |
|---|---|---|---|---|---|---|---|
| 妇女<br>（$X^2$（3）$=3.981$，$p=0.264$） | 组1 | 46 | 30 | 24 | 0 | 0 | 100 |
| | 组2 | 52 | 22 | 20 | 6 | 0 | 100 |
| | 总计 | 49 | 26 | 22 | 3 | 0 | 100 |
| 丈夫<br>（$X^2$（4）$=7.552$，$p=0.109$） | 组1 | 10 | 18 | 44 | 26 | 2 | 100 |
| | 组2 | 0 | 22 | 58 | 20 | 0 | 100 |
| | 总计 | 5 | 20 | 51 | 23 | 1 | 100 |

### 3. 农业生产以外的非农就业工作

如表4.2所示，一些妇女（33%）在村里从事农业生产以外的兼业工作，两组妇女之间差别不大（分别为36%和30%）。她们可以通过做皮球，或在西瓜蔬菜种植园、木材加工厂或小型电子厂工作，挣些钱。对于她们丈夫的职业状况，留守妇女的丈夫主要从事建筑业（82%，表4.7），每年回来两三次，总计能够在家40—60天左右（通常在两个农忙季节和春节期间回家）。非留守妇女丈夫的工作更为多样化：14%的丈夫以农业生产为主要活动，但指代的并非是种地，而是从事规模较大的养殖活动，如养鸡，规模达到数千只；还有一些妇女的丈夫除了务农之外，还在附近的建筑工地打工，或经营小商店或在村庄附近跑运输（表4.7）。

① 妇女与丈夫的受教育水平：组1，$X^2$（8）$=16.189$，$p=0.040$；组2，$X^2$（6）$=6.184$，$p=0.403$；总计，$X^2$（12）$=13.417$，$p=0.339$。

表 4.7 丈夫的职业状况（%，$X^2$（6）=27.509，$p$=0.000）

| | 只务农 | 制造业+务农 | 建筑工+务农 | 交通运输+务农 | 餐饮+务农 | 商贸流通+务农 | 其他 | 总计 |
|---|---|---|---|---|---|---|---|---|
| 组1 | 0 | 6 | 82 | 2 | 8 | 0 | 2 | 100 |
| 组2 | 14 | 8 | 36 | 4 | 12 | 16 | 10 | 100 |
| 总计 | 7 | 7 | 59 | 3 | 10 | 8 | 6 | 100 |

#### 4. 丈夫外出打工和妇女留守的原因

对于丈夫外出务工和妇女留守的原因，农村妇女有自己的理解。为孩子打工挣钱是丈夫外出打工的重要原因。这一原因主要分为两部分，一是为孩子的教育而挣钱；二是为了孩子（尤其是儿子）的婚姻而挣钱。按照当下的彩礼标准，如果想要结婚，男方父母需要在乡镇或县城为年轻夫妻买一套公寓，或在村里为他们建一套新房子。表 4.8 中的调查数据表达了这样的观念。只有 12% 的女性说，丈夫是为了养老而出去打工赚钱存钱（非留守妇女比留守妇女提到该原因的频率更高，28% >4%）。为儿子结婚挣钱（11%）和子女教育挣钱（72%）是丈夫外出务工的主要原因，两组之间没有差异。由于九年义务教育政策的实行，中小学生上学均不需要缴纳学费。然而，伴随着城市化和农村中小学布局调整政策的实施，大多数学校都离村庄的距离较远，一般都在乡镇或者县城，每天往返不方便，所以大部分学校都是寄宿制学校，看似是少了很多开支，但实际上，比非寄宿制学校给家长带来的开支更大。学生需要支付食宿费和往返的交通费，这比在家吃住的成本肯定是要高的。另外，如果孩子在初中、高中入学考试中成绩不太好，家长还要多交一些入学费，也就是择校费或赞助费，才能让孩子进入好的初中、高中进行学习。每个学生的赞助费通常在 5000—20000 元之间，这对农民来说是一个很大的压力。

表 4.8 丈夫外出务工的主要原因（%，$X^2$（3）=10.589，$p$=0.014）

| | 为了子女教育 | 还债 | 存点钱 | 为了儿子结婚 | 总计 |
|---|---|---|---|---|---|
| 组1 | 78 | 8 | 4 | 10 | 100 |

续表

| | 为了子女教育 | 还债 | 存点钱 | 为了儿子结婚 | 总计 |
|---|---|---|---|---|---|
| 组2 | 60 | 0 | 28 | 12 | 100 |
| 总计 | 72 | 5 | 12 | 11 | 100 |

至于为什么妇女会留下来，妇女们给出了不同的解释理由。看起来，挣钱是男人的任务和责任，妇女并不经常把这一点作为不外出打工的主要原因。她们经常用“照顾孩子”作为关键词来解释为什么她们会留守（41%，表4.9）。此外，她们还提到了“照顾老人”（6%）、“女性就应该在家”（7%）和“需要看家”（6%）等理由。实际上，这反映了传统性别文化及其影响下的家庭劳动分工方式。照料家庭是妇女的任务。父亲出去挣钱养活家人，母亲留在家里照顾孩子、老人和家庭。因此，当有机会外出工作时，男性劳动力优先外出务工就业，然后留下女性照顾孩子，也就自然而然地承担起了做农活的工作。

**表4.9　　留守原因（组1）**

| 原　因 | 百分比（%） | 原因 | 百分比（%） |
|---|---|---|---|
| 照顾子女/孙辈 | 41 | 照顾老人 | 6 |
| 干农活 | 15 | 需要看家/房子 | 6 |
| 外出打工难以获得和丈夫一样的收入 | 13 | 文盲 | 4 |
| 女性就应该在家 | 7 | 年纪大 | 1 |
| 身体状况差 | 7 | 总计 | 100 |

也有留守妇女指出，自己留守在家，让丈夫外出务工，是因为如果自己外出务工，很难获得和丈夫一样的收入（13%，表4.9）。此外，身体状况差（7%）和年纪大（1%）也是一些留守妇女没有外出务工的原因。

“男主外女主内”遵从的是传统文化，谁外出务工谁留守同样反映了文化规范。如前文中提及的，家庭层面性别劳动分工的历史变化（图1.2）所示，随着丈夫的外出务工，留守妇女的工作领域仍然是“内”，她们只是将工作领域扩大到了农业生产，而不仅仅是做家务和照料。而且，与非留守妇女相比，这种“范围的扩展”给留守妇女带来了更多的身心负担，也可能改变了夫妻之间的性别关系。

**5. 子女状况**

重男轻女的文化仍然影响着人们的思想。“断子绝孙”在传统文化中是很严重的事情，子和孙都指代的是男性，只有男性才被认为是能够传承家庭血脉的，没有儿子的人会被别人看不起。除了重男轻女思想的影响之外，夫妻可能想要生第二个孩子的原因在于以避免第一个孩子孤独的成长。在没有全面实行二孩政策之前，根据计划生育政策，一对农村夫妇如果第一个孩子是女孩，可以生两个孩子，否则只能生一个孩子。但是，不同的地方可以根据自己的经济和人口状况，实施不同的规定来控制生育水平。在杨村，如果第一个孩子是健康的，就不允许生第二个孩子。事实上，在杨村，许多夫妇都违反了政策，59%的被调查妇女有两个孩子，甚至有三到四个孩子（分别为19%和14%）。几乎所有的家庭（97%）都有至少一个男孩，并且92%的受访夫妇违反了计划生育政策。如果按照国家有关规定计算生育率（如果第一个孩子是女性，生第二胎是合法的），那么仍有三分之二（67%）的夫妇违反了这一政策（见表4.10）。在100个被调查家庭中，共有238名儿童，114名男性，124名女性（表4.11）。

生活史记录对象刘美和谢燕向笔者解释了她们为什么不遵守独生子女政策的规定，而选择“超生”。刘美是这样描述的：

> 生完女儿后，我们本来不打算生第二个孩子的。我不认为男孩比女孩优越、比女孩好。然而，几年前春节期间的一天晚上，我丈夫和朋友们聚会之后喝多了。他哭了，后来我知道原因是他的朋友们嘲笑他。他的朋友都有儿子，但我丈夫只有一个女儿。这让我很伤心，然后我们决定要第二个孩子。这就是为什么我这两个孩子的年龄差距是11岁……当然，我们希望第二个孩子是个儿子，但我们没有做B超检查性别，也没有打算如果不是男孩就做流产之类的。但对于很多想要男孩的家庭来说，如果B超结果是女孩的话，非常有可能会选择流产。对我们来说，我们俩当时达成的协议是，

不管这第二个孩子是男是女，我们只会要两个孩子，会同样对待。幸运的是，第二个孩子是儿子。

表 4.10　　夫妇是否违反了“计划生育”政策

（%，$X^2$（1）=3.664，$p$=0.056）

| | 违反 | 没有违反 | 总计 |
|---|---|---|---|
| 组 1 | 58 | 42 | 100 |
| 组 2 | 76 | 24 | 100 |
| 总计 | 67 | 33 | 100 |

表 4.11　　子女人数和性别比例（$X^2$（1）=0.856，$p$=0.355）

| | 男孩 | | 女孩 | | 总计 | |
|---|---|---|---|---|---|---|
| | N | % | N | % | N | % |
| 组 1 | 52 | 45 | 64 | 55 | 116 | 100 |
| 组 2 | 62 | 51 | 60 | 49 | 122 | 100 |
| 总计 | 114 | 48 | 124 | 52 | 238 | 100 |

另一位生活史记录对象谢燕在被问到此问题时，直截了当地回复说，“我想生个儿子”，她是这样陈述的：

我想要一个儿子。是的，我有一个女儿。我比我丈夫更想要儿子。别人有儿子，我们为什么不要呢？女儿将来结婚了是要去和她丈夫的家人生活在一起的。我们需要一个儿子。否则我们以后老了怎么办，和谁一起生活？

孩子比政策允许的多意味着夫妻双方的经济负担更重。夫妻双方除因违反计划生育政策缴纳社会抚养费外，还需承担子女教育和婚姻的经济负担。如前一节所述，子女的教育和婚姻负担是丈夫外出打工和妇女留守的主要原因和驱动力。被调查对象子女目前的就学/就业状况以及他们的婚姻状况从侧面支持了这一论点。38%被调查妇女的子女在上学

（表4.12），58%的子女没有结婚（表4.13）。他们需要父母的经济支持。和非留守妇女的子女就学状况相比，留守妇女的子女中正在上学的更多（分别为45%和30%，表4.12）。子女通常还没有结婚（分别占62%和53%，表4.13），这意味着调查中的留守妇女在子女教育和婚姻方面面临的压力比对照组妇女更大。

**表4.12　子女就学/就业状况（%，$X^2$（6）=15.840，$p$=0.015）**

| | 学龄前儿童 | 学生 | 非农工作 | 农民 | 无业 | 当兵 | 其他 | 总计 |
|---|---|---|---|---|---|---|---|---|
| 组1 | 10 | 35 | 46 | 5 | 3 | 1 | 0 | 100 |
| 组2 | 3 | 27 | 59 | 1 | 7 | 1 | 3 | 100 |
| 总计 | 7 | 31 | 52 | 3 | 5 | 1 | 1 | 100 |

**表4.13　子女的婚姻状况（%，$X^2$（1）=1.881，$p$=0.170）**

| | 已婚 | 未婚 | 总计 |
|---|---|---|---|
| 组1 | 38 | 62 | 100 |
| 组2 | 47 | 53 | 100 |
| 总计 | 42 | 58 | 100 |

### 6. 日常支出

村里有几家商店，妇女可以在那里购买日常生活用品、零食甚至化肥农药等农资。然而，妇女只是偶尔去这些村里的小商店买东西或去那里找熟人聊天。一般来讲，农历逢三六九的日子，H乡会有露天集市，她们会骑着电动车去购买日常生活用品，而农历逢二五八的日子，在杨村的邻村（去H乡的时候需要路过该村）会有一个相对小型的露天集市，她们也可以去购买日常生活用品。这些露天集市的商品种类比村中小商店的齐全，价格也相对便宜，附近村庄的村民也会拿着自家生产的蔬菜、鸡蛋、活禽等到集市上售卖，集市上同样也会出售必要的农业生产物资，如化肥、农药、小型的农业工具（铁锹、铲子、锄头等），并且H乡也有一些日用品商店、米面粮油店、水果店、蔬菜店、文具店和婚庆用品店等，基本能够满足村民的日常需求。

除子女教育费外，日常开支、人情往来的费用（表4.14）和农业生产费用是妇女认为开支比较多的方面。日常开支通常包括食品（如肉类、儿童零食）开支、水电费、通信费等。

**表4.14　　家庭主要开支（%）**

| | 农业生产 | 日常开销 | 子女教育费 | 医疗开支 | 人情往来费 | 其他 | 总计 |
|---|---|---|---|---|---|---|---|
| 组1 | 15 | 32 | 21 | 7 | 25 | 0 | 100 |
| 组2 | 20 | 33 | 16 | 5 | 25 | 1 | 100 |
| 总计 | 18 | 32 | 18 | 6 | 25 | 1 | 100 |

一位受访者这样描述日常开支状况：

> 看起来日常开支不多，那是因为每次你只花五块钱、十块钱买东西的时候，你不会太注意。然而，当你计算所有的小开支时，其实根本不是一笔小数目。例如，我儿子在上幼儿园。每天，我都给他一块钱零花钱，让他在幼儿园买零食。另外，每个月，我至少给他买了两箱牛奶，还有一些糖果和饼干，这些每个月至少要花300块钱。每周，我还去乡里的集市给他买点水果和肉。还要付水电费、手机费，日常开支加一起就不少了。

此外，许多妇女在调查中反映，维持人情关系的费用，让很多家庭比较有压力。一般来说，维持人际关系的费用在主要家庭支出排名第二。一些妇女指出：

> 如果按年计算，每年至少3000块钱，我说的是至少，这方面确实要花很多钱。比较近的亲属如果办喜事儿的多，开支就会更大。
>
> 现在随份子的钱比以前多多了，可能也是人们挣的钱比以前多了，毕竟很多家庭都有人在外边打工，能够挣到一些额外的收入。似乎挣的多了，随份子随的多就天经地义一样，看起来很合理，但

实际上这钱挣的不容易。

每年的春节期间，是人情往来花费最多的时候，几乎每家每户都有在外边打工的，如果平时操办婚礼啊、寿宴啊什么的，人都聚不齐，主家随出去的份子钱很有可能就收不回来，所以很多需要收回份子钱的事情，都会选择在春节期间办。当然，也有在端午节、中秋节、十一国庆节等节日办婚礼、寿宴的，但春节的时候最多。而且年底了，在外边打工的人一般都能把收入带回家，手里基本都会有些钱。

至于医疗费用，一些妇女提到这是因为她们自己或公婆的身体状况不佳。杨村的村民都参加了“大病统筹”等医疗保险计划。2003 年，国家在部分试点地区实施新型农村合作医疗制度，保障农村贫困人口大病医疗费用。到 2010 年，政策覆盖了所有农村人口。调查发现，约从 2006 年左右，杨村村民开始加入新农合，在 2017 年，继续加入改名后的城乡基本医疗保险，所有村民全部参加，他们对相关政策的评价也是非常积极的，但不可否认的是，尽管新的医疗制度覆盖了一些疾病的费用，但对于一些慢性病以及很多大病需要的治疗药品以及治疗方式的花费等是不能够报销或者报销比例比较低的，因此，很多患慢性病或大病的村民，需要支出的费用依旧不少。

## 三 生活史记录对象的基本情况

除了 100 份问卷调查，笔者为了深入地了解被调查对象的生活，并对收集到的问卷资料进行必要的检验，在问卷调查的基础上，根据年龄、外出务工经历、受教育程度、婚姻类型、家庭经济状况等标准选择了六名留守妇女做生活史的记录。因为，在后续的分析中，将会使用这些生活史记录的片段，为了方便读者更好地理解后续章节中的相关内容，笔者在此部分对每一位被记录生活史的对象的基本情况做一个概述。

**1. 生活史记录对象一：刘美**

刘美，37 岁，来自沭阳县南部的乡镇（杨村位于该县北部），初中二年级没有读完就停止读书了。刘美有两个孩子，女儿（16 岁）在沭阳县城读初中，平时寄宿在学校，儿子（5 岁），目前在临近的 S 镇上幼儿园（刘美认为 S 镇幼儿园的教学质量优于 H 乡幼儿园的教学质量）。刘美的丈夫，40 岁，仅完成了小学教育，是名木匠，目前和村里的一些村民一起在山东打工。在每年的两个农忙季节（收割和种植）和春节会回到家里，如果没有其他特殊情况的话（如家人生病等），每年总计回来家里三次左右。刘美的丈夫每月大概有 5000 元左右的收入。相对于其他干零活儿的村民，刘美的丈夫相对更具有经济头脑，他和几个村民联合在一起承包项目或者转包一些工地中的项目，这样挣得的收入能够相对更高一些，尤其是多于那些“独自”揽活儿的农民工。即便都是挣 5000 块钱，但包活儿一般可以自己调整工作时间，如果早干完，就可以找下一份活儿，找不到就可以休息，因此相对收入更高。

刘美拥有外出务工经验。婚前，刘美在沭阳县城打过工，这是她第一次在外打工的经历。当时，因为她不想再读书了，但限于初中二年级的文化水平，在她看来，去外地找工作比较困难，就决定在当地找找工作碰碰运气，随后，她在县城的餐馆找到了一份服务员的临时工作，并在那里遇到了丈夫。当时刘美的丈夫是那家餐馆的厨师。慢慢地，他们相爱并结婚了，这在当时是个例外。刘美说，她父母不同意这桩婚事，因为她公婆家当时的经济状况很差（直到现在，刘美父母的经济状况也比公婆的经济状况好），但是刘美没有遵从父母的意见，也没有同意家人安排的另外一个结婚对象。在访谈过程中，笔者能够深切地感受到，刘美在谈论自己的婚姻经历时，颇为自豪，她认为自己很幸运能够选择自己爱的男人结婚。婚后，她和丈夫一起去北京打工，她丈夫还是做厨师，她本计划也找一份工作，但没过多久，她发现自己怀孕了，不能再打工了，就陪同丈夫在北京待了一段时间。在生产之前，她回到了杨村，和公婆一起居住。生完孩子、断了母乳之后，刘美又再次外出到宁波市打工，当时是在一家制衣厂工作，她把女儿留给了公婆照顾。然而，几年后，刘美决定回到杨村照顾女儿，不再外出打工，因为当时她女儿的学习成绩很不好。

现在，刘美在家种地、照顾孩子，公婆的身体状况还好，不需要照顾。她种了 20 亩地，其中 5 亩是自己家的，其他 15 亩是从村民处租来的，在村民的眼中，她也是个有经济头脑、能干的人，是村庄里为数不多的种地较多的普通农民。当提及为什么丈夫不在家还要种这么多地的时候，刘美指出，是她自己主动提出要多种地的，感觉能够应付得过来，而且种得多了可以雇人帮忙，她的提议得到了丈夫以及公婆的支持。其实，刘美在婚前是不会种地的，所有种地的知识和技术都来自于公公的经验传授。现在，每年，她至少能从 20 亩地的种植中获得 1 万元的纯收入。在村民的眼中，她是个合格的农民，她关心农业，除了种地，没有在附近打零工，虽然很多时候她会去村里的小商店看别人打麻将、听别人聊天，但也能获得很多相关的信息，例如什么化肥好用，哪家的农药便宜，等等。虽然她种了很多地，即便是非农忙的时候，每天也会花时间去地里查看一下庄稼的长势，但在刘美心里，照顾好孩子才是她在家（而不出去打工）最为重要的任务。她是个爱社交、爱聊天、爱交朋友的人，在和刘美一起居住的时间里，经常有村民来她家找她“玩”（主要是聊天、看电视等）。

刘美在生活方面没有太大的金钱压力。她家里有一张银行卡（有活期和存款功能）。她说，没有必要让丈夫每个月都转钱回来，因为家里的钱够用（往年打工赚的钱和种地的收入）。以前，丈夫没有银行卡，加上承包小工程也不是每个月都结算，所以一般都是年底带现金回来再存入银行卡，后来，为了安全，就在外地直接把钱打到银行卡里，这张卡是刘美保管的。刘美家的房子在村里不算新、不算气派，是院落比较大的平房，也没有装修得很好，因为，她计划在 H 乡或县城买一套公寓，她不打算再往这个村里的房子投入更多钱了，而且目前居住的房子已经有了 15 年的历史。不过提到房子，刘美更加自豪，据她描述，当时盖房子的时候，丈夫也没有回家帮忙，都是刘美自己张罗盖起来的，她说丈夫和公婆都比较相信她的能力。自然，她做得很好，没有让家人失望。而家里所有的家用电器，如洗衣机、电动自行车和床都是刘美买的。她认为她可以管理家里的一切事务，没有微信的时候，她每天都用手机和丈夫打电话或发信息，有了微信之后，每天都保持和丈夫视频聊天。她希望女儿能上一所好高中，然后有机会上大学。她对儿子也是同样的希望。她计划在她儿子要去的寄宿学校工作，如当一名生活老师，尽力给儿子最好的照顾。

**2. 生活史记录对象二：庄洁**

庄洁是笔者做生活史记录对象中最年轻的受访者，29 岁，但最后也成为最为不幸的受访者，最后死于一场意外的交通事故。庄洁有一儿一女，女儿 10 岁，在 H 乡中心小学读书，平时寄宿在学校，儿子 7 岁，在 H 乡读幼儿园，计划是随后也会和他姐姐读同一所小学。庄洁的丈夫，42 岁，在江苏省镇江市或常熟市的建筑工地打工，基本就是在两个城市间流动，哪里有工作就在哪里工作。他是个泥水匠，每月能够挣 5000 元。庄洁在家耕种了 8 亩地，其中 3 亩地是她从其他村民处租过来的。除了做农活和照顾孩子外，庄洁还需要照顾身体状况不好的 68 岁的婆婆（公公在调查前刚刚去世）。由于 2010 年底“新农村建设”政策的实施，张已经搬到了新的居住地点（两层的房子）。因为搬家，她目前还欠银行 5 万元的债。她家里没有新的家用电器。床、沙发、电视机、衣柜都是旧家具。

庄洁的婚姻对她来说是痛苦的经历与回忆，因为她是贩卖人口违法行为的受害者。在杨村，还有大约 10 名妇女有类似的经历。她的家乡在贵州，她在贵州省一个城市打工时，遭到了人贩子的胁迫。那时，她 18 岁，随后被卖到了杨村，由比她大 13 岁的现任丈夫以 5000 元的价格买下。庄洁在生女儿之前一直受到严密监视。女儿出生后，她有机会、也曾经打算逃跑。然而最后，她放弃了这个想法，因为她想为女儿而活。她慢慢学会了当地语言，开始学做农活，有时还到附近的工地做临时工挣钱。她对这桩婚姻感到不满意，但由于孩子的关系，她选择接受。实际上，她不想生第二个孩子。然而，这不是她自己能决定的。她说：

> 我不能自己决定。他们（丈夫和婆婆）想要一个男孩。我能做什么？我的身份很特殊，我是他们买来的，买我来的原因很大部

分就是为了传宗接代，我在家里没什么发言权。最后，想继续好好过下去了，就这样吧。

庄洁喜欢看关于爱情的电视剧，她直接告诉笔者她倾向于从电视剧中获得真爱的感觉。丈夫在外打工期间，庄洁很少主动联系丈夫，她说她不知道该对他说些什么（实际上，笔者认为她说这话的意思可能是她不想和丈夫说话）。她和婆婆也没有太多交流，她认为她们之间没有相同的兴趣，也没有共同关心的事情。庄洁有一些和她有相似经历的朋友，她相信只有这些人才能理解她的感受。庄洁没有把自己的不开心告诉父母，因为她不想让他们伤心。

庄洁是一个非常善良的女人。尽管由于婚姻类型的原因，她遭受了很多痛苦（除了感情之外，农活、语言和不同的饮食习惯都给她带来过困扰与困难），但她对她生病的婆婆还是很好的，她也很负责地照顾孩子们。丈夫在外务工期间，她承担了家里所有的工作，尽管她和丈夫之间的关系不太好，但她对家庭有强烈的责任感。两个孩子是她生活的中心，也是她活下去的理由。她不喜欢种地。她说，等婆婆身体状况好转后，她想在乡里开一家小店卖日常生活用品，也方便可以同时照顾两个孩子，但还没有等这些愿望实现，2018 年 11 月她在骑电动车接孩子放学的途中遭遇车祸去世。

**3. 生活史记录对象三：谢燕**

谢燕，31 岁，是土生土长的杨村人，丈夫也是本村人。谢燕只上过三年的小学。由于原生家庭繁重的劳动负担，她就不上学了，她也从来都是没有出去打过工，除了务农，也没有在家附近打零工。谢燕有一个 9 岁的女儿，在沭阳县城一所小学寄宿读书，儿子 3 岁，暂时还是由谢燕照顾。谢燕的丈夫在县城的建筑工地寻找工作，他每天骑摩托车往返，每天能挣 150—180 元，每月能挣 5000 元左右。从此角度而言，谢燕是组 1 中为数不多的非留守妇女，虽然丈夫每天往返，但农业生产活动还是由谢燕主要完成的，所以严格意义上，她是本研究所指的“农业生产中的主要劳动力”，而不是辅助劳动力。

谢燕家种了 4 亩地，家里的农活还是由她主要承担，但在她看来，她的主要任务是照顾儿子。当她提到与她儿子有关的事情时，她非常高兴，可以说，她有比较严重的重男轻女的观念。她说，她丈夫对生儿子没有强烈的愿望，但她有非常强烈的生儿子的打算。她认为他们需要一个儿子，她不想被其他村民瞧不起。她还指出，女儿最终会成为别人家的人。因此，当她第二次怀孕时，她去了两家医院做 B 超以确定孩子的性别、确保她能生一个儿子，比较幸运的是，她怀的二胎确实是个男孩。谢燕一家为儿子支付了约 5 万元的社会抚养费。

谢燕对她的生活条件很满意。丈夫每天都能回家，她很开心，因为距离父母家比较近，当有不开心的事情的时候，也可以很容易地回到父母家，步行回娘家只需 5 分钟，这点也让她非常满意。有空的时候，她经常回去和妈妈聊天（爸爸也在外打工），帮妈妈做一些家务。在农忙时候，两家人互相帮助。谢燕说即便她承担下了家里的大部分农活，但她不喜欢种地。关于未来的计划，谢燕希望儿子上小学之后，她能够在附近找个工作、打打零工。

**4. 生活史记录对象四：张芳**

张芳，50 岁，有两个儿子（分别是 28 岁和 25 岁）和一个女儿（18 岁）。两个儿子都已经结婚，目前都和妻子在郑州打工。女儿在 H 乡中学读初中，平时寄宿在学校，每周回来一次。除了照顾女儿外，张芳在家里还要照顾大儿子的儿子，即孙子。她是需要同时照顾两代人的典型案例。张芳的丈夫也是一名农民工（53 岁，砖匠），他在沭阳县城工作，每天骑电动自行车往返。他每天挣 150 元左右，每月的收入在 5000 元左右，也是按照工程的规模和工期，完成工作后，一次性获得收入。

张芳没有外出务工经验，这并不是因为她的文化水平低。实际上，她受过八年的教育，她在初中二年级时停止了学习。她说她很幸运，因为她的三个哥哥（张芳有七个兄弟姐妹，三个哥哥和两个姐姐，两个弟弟）不想学习，也没有取得好的学习成绩。所以，她的父母把接受良好教育的希望寄托在她的两个弟弟身上。父母就让她陪两个弟弟上学，照顾他们。所以，张芳也有了机会接受良好的教育。当时家里所有的劳动都是由三个哥哥和两个姐姐承担的。从两个儿子和丈夫的打工经历来看，张芳不希望女儿以后也外出打工，她希望女儿能继续学习，至少能考一个技校，拿个文凭，找个相对稳定的工作。

张芳现在的生活没有那么大的压力，因为小儿子也已经完成了婚姻大事，张芳把自己住的房子让给了大儿子和大儿媳，而她和丈夫在同一个院子里盖了一个偏房。经过这么多年的努力，也为二儿子盖了一栋新房子，就在大儿子房子的旁边。虽然张芳住在偏房，但她为自己能够让两个儿子顺利结婚而感到骄傲。她认为已经尽了自己的责任，两个儿子都结婚了，别人就不会看不起她了。

此外，让笔者记忆颇深的是，张芳对土地问题的抱怨颇多。笔者仍然记得，第一次见到张芳，想了解她对农业生产的看法时，她一度把笔者当作某公司/企业的代表，以为笔者是帮忙来购买土地的。她说她不想再失去土地了。2017 年以前，她有 4.4 亩农田。2017 年，她“被迫”将 0.9 亩土地出售给开发商建了一栋商品房，并“被迫”出租 2 亩农田给西瓜蔬菜种植园。2018 年，她只剩下 1.5 亩农田。访谈中，她多次强调自己是农民，种地对她和家人都很重要。

> 我们老了，当我丈夫不能再出去打工挣钱的时候，我们能怎么办？我们需要土地。我们不想成为孩子们的负担。我想有一些土地，等我们老了，种点地，还能有点吃的。只要能动，就不需要依赖孩子。

张芳是农村妇女的典型形象，几乎一辈子都在为子女的教育和婚姻开支而奋斗。为了子女上学、结婚，夫妻二人都付出很多；为了儿子结婚能有个好的住处，自己住在偏房，即便儿子儿媳妇常年在外务工基本都不会住她们让出来的好房子。

**5. 生活史记录对象五：李芬**

李芬，43 岁，是一个非常勤奋的留守妇女。李芬总是忙着干活，她会在访谈的时候做皮球、喂鸡、收拾院落、下地干农活等，给人的感觉是她的工作多到让她停不下来。李芬有两个孩子，大儿子（19 岁，在沭阳县城高中读书）和小女儿（5 岁，在幼儿园读书）。除了在一块

5亩的农田上做农活外，她利用一切空余的时间做皮球（打零工的方式之一，在家做皮球代工），为家里多挣点钱。她丈夫在苏南的镇江市工作，每月能挣4000元。据李女士说，平时她做皮球挣的钱可以满足儿子、女儿和自己在家里的日常开支。当儿子需要交寄宿费等花钱多的消费的时候，丈夫直接把钱转给儿子，而儿子拿着家里唯一的银行卡，李芬不知道银行卡的密码。

李芬很节俭，她尽量用最少的钱使家庭成员的生活过得最好。相对于其他村民而言，她家里的经济状况和她的身体状况都不好。她患有高血压、糖尿病，因为长期做球，手腕、背部和腰部也经常疼痛。虽然自己养了鸡，但她说她很少吃鸡蛋，鸡蛋要留给孩子和丈夫。丈夫或儿子不在家时，她只做一道菜，为了给女儿补充必要的营养。为了省钱，她会做干粮给女儿当零食，从不在商店里买。她也从不在市场上买米，主要原因在于价钱贵，虽然自己种的大米口感不好，但还是吃自己种的，省钱。李芬指出，两个孩子的教育和儿子以后结婚需要的钱，让她感到压力很大。她希望儿子能在高中毕业后继续上大学，这需要钱。她也想在乡里或县城给儿子买一套公寓或新盖一栋房子，为儿子的婚姻做准备，这也需要钱。所以，她工作很努力，总是说“苦钱不容易”①。

李芬的生活在某种程度上会让人感受到痛苦和不容易。由于原生家庭经济状况不好，她的哥哥、姐姐和弟弟都有机会上学，但她没有。她被父母选出来在家里干活、贴补家用，而“被选择”的原因，李芬自己也说不清，也没有问过父母。她说12岁左右就开始正式下地干农活了。后来，她的父亲死于肺结核，她家里的生活越来越糟。哥哥没有钱结婚，所以在她19岁的时候，她被“交换”给丈夫，以换取丈夫的妹妹嫁给自己的哥哥（两个贫困家庭的交换婚姻），丈夫比李芬大7岁。李芬说当时自己是不愿意的，但没有办法，别无选择，母亲为她做了决定。

结婚几年后，李芬慢慢接受了自己的命运，才和丈夫同房，然后生下了儿子。在怀上儿子之前，她很少和丈夫交流，也不喜欢谈论她的生活。然而，她的悲惨生活似乎并没有结束，后来她哥哥死于肝病，李芬

① 苦钱，当地的俗语，意思接近于“挣钱不容易”，但“苦”字更能体现挣钱的辛苦。

强烈地感到她的努力与付出是徒劳的。后来，女儿的“不得不”出生给她带来了更大的压力。她是不打算生第二个孩子的。但她意外怀孕后，去医院检查，医生告诉她不能堕胎，因为她有严重的心脏问题。如果堕胎，她会有生命危险。这一意外怀孕给她的家庭带来了更大的经济负担，因为她需要交罚款（社会抚养费），由于没有交齐社会抚养费，后来在2019年她家的耕地被占用的时候，村委会就扣了她家的补偿款。家里几乎没有存款，钱都用在子女的教育上了。然而，李芬对未来有着美好的愿望，她相信儿子工作后她的生活会变好。

可能痛苦的生活，使得她必须找到一个出口，她说自己有大概25年的信教历史，并且她还是当地教会的小领导，因此，她也有机会去其他城市的教会去“演讲”、去交流，她说自己去过江苏省的淮安市和连云港市。李芬从她的信仰及相关网络中得到了安慰、自信与快乐。

**6. 生活史记录对象六：王娟**

王娟给笔者的第一印象是她很乐观，看起来比实际年龄小。王娟，46岁，她是调查对象中唯一戴着首饰（项链和耳环）的人。她家里的家用电器比其他人家里的要时髦一点。在笔者看来，这与她丰富的外出务工经历有关，她卖过鱼、种过蘑菇、养过猪，在餐馆和建筑工地工作过。

王娟有一个女儿（27岁，已婚）和一个儿子（25岁，已婚）。王娟的丈夫，56岁，在河北打工（月收入5000—6000元），每年回来三次。儿子结婚生子后，王娟放弃了种地以外的各种营生，和儿媳一起在家照顾孙子。“照顾孙子是我最重要的任务”表明了她当下的人生状态。从观察来看，王芬与儿媳关系不错。她在处理这段关系时很明智，用她自己的话来说：

> 我需要把她当成自己的女儿，我们是一家人。以后我会和他们（儿子和儿媳）住在一起，一起生活。

王芬家有5亩农田，目前自己种3亩，另外2亩地已经租给西瓜蔬菜种植园使用。在她看来：

如果孩子需要照顾，我既能种地，又能照顾孩子，互不耽误。如果孩子上幼儿园的时候有空余时间，我还想出去打打工，种地并不划算；干点啥营生，半年都能挣到种地一年的收入。

王娟认为她种地比别人种得好，这在村里也比较出名。在调查问卷中，有这样一个问题："如果你种一亩地，能产 600 斤水稻，或者你种两亩地，能产 1000 斤水稻，你选哪一个？"她并没有选择问卷给出的两个答案，而是信心满满地回答笔者："我会选择这 2 亩地耕种，但我相信我能种得很好，怎么能就产 1000 斤粮食呢，我种产量肯定会到 1200 斤。"给笔者留下了深刻的印象，她是 100 个受访者中，唯一一个给出如此答案的人。除此之外，王娟也是唯一一位对村组织提出希望的被访者。她说：

我希望有组织能帮助村民每月至少聚会一次。特别是，应该有一些人能够相互分享，我可以和他们分享如何与儿媳妇保持良好关系的感受和想法等等。大家都认为婆媳关系复杂，能处理好的人不多。我觉得我处理得挺好，家庭关系挺好。

提到将来的计划，王娟想在县城开一家小餐馆，但因为孙子的缘故，她必须把这个愿望往后推几年。

## 四 小结：妇女生计策略的一般性变化

在这一章中，笔者描述了杨村一般性的社会、经济和政治关系，并对研究对象的基本情况作了介绍。总的来说，杨村正在经历现代化和城市化的后果，这种后果的积极和消极方面并存，例如失去更多耕地的风险和当地各式工商业行为为人们提供的非农就业机会。

就被调查者的总体特征而言，大体有两种生计策略。对于杨村的大多数家庭来说，男性外出打工，女性则留下来做农活、照顾子女（甚至

孙辈）。在另外一些家庭，男性不外出到距离家较远的地方打工，但他们也会在村庄附近寻找其他的非农工作机会，或经营自己的小生意，作为除农业以外的主要生活手段。种地不是唯一的生计，也不是大多数家庭的主要经济来源。从事多种职业是农村家庭的主要谋生方式。对于丈夫不外出务工的家庭也是如此。除了务农外，他们每天往返于村庄，去附近的乡镇或县城打工。并且，部分留守或不留守的妇女在务农、照料和家务劳动的同时，也都承担着非农兼业工作。

关于六个被生活史记录对象，笔者有一种强烈的感觉，她们不是为自己而活，而是为孩子而活。当孩子们的处境发生变化时，她们会改变她们的生计策略。准确地说，她们是为孩子们的教育需求和婚姻需要而活的。无论是为了挣更多的钱而外出打工，还是从事农业以外的兼业工作，都取决于她们是否需要照顾子女或孙辈，以及照料活动到底需要多少时间和精力。她们会根据实际状况随时调整自己的生计策略，比如，李芬在家做皮球做了很多年，都没有换过“工作”，直到2019年女儿在H乡中心小学读书，她就在镇服装厂找了份工作，既方便接送女儿上下学，也能挣一些生活费。谢燕的生计策略在回访时也发生了变化，起初她没有打零工，即便杨村附近有较多的就业机会，但儿子上了幼儿园后，她开始在家给衣服缝装饰珠子挣钱（家庭代工）。

# 第五章

# 农业生产空间的性别实践：农业女性化对农业生产的影响

随着相当一部分男性劳动力的乡城务工转移，世界上人口最多、农民最多国家的农业生产劳动力构成正面临着重大变化。这导致农业生产活动越来越依赖妇女的劳动投入：她们正在成为维持和促进中国粮食安全的主要劳动力。妇女在农业生产中承担更多工作量的过程被定义为农业女性化。一些学者认为这会对粮食生产产生负面影响。本研究的目的之一即在于，从“当事人”的视角出发，去审视这一问题。因此，在现有文献的背景下，主要关注农业女性化（确切地说，是劳动女性化）对农业生产造成的影响，从农业妇女参与农业生产的实际情况出发，探讨农业女性化的真正含义。本章“以行动者为导向的方法”为基础，旨在全面了解农业劳动女性化是否会导致农业生产的衰退。其次，从妇女的角度探讨了农业在家庭中的作用，探讨了妇女能够继续种地、好好种地的影响因素。在本章的最后部分，综合讨论了妇女在农业生产劳动中遇到的困难和期望，力图为相关农业政策的制定做出积极贡献。

农业劳动女性化不是中国特有的现象，联合国粮农组织、世界银行和国际农业研究协商小组（CGIAR）的相关研究都表明，妇女在农业中的参与有所增加，特别是在亚洲、拉丁美洲和非洲的发展中国家（de Brauw，2003；Deere，2005；Katz，2003；Lastarria Cornhiel，2008）。一般来说，这一现象被称为“农业女性化”，尽管其在世界各地表现出来的多样性和强度各不相同。自20世纪80年代以来，中国也出现了这一明显的趋势，即越来越多的农村男性劳动力从农村转移到城市务工，农村妇女越来越多地从事农业生产的大部分工作（Chang et al.，2011；Mu and de Walle，2011；Song et al.，2009b）。

现有的关于“妇女在农业生产中发挥日益重要作用”的文献非常丰富，通常被认为是农业女性化的一个主要指标。然而，关于女性在农业生产中的行为表现和女性化对农业生产效率的影响研究相对较少（Fok and Wang，2011；IFAD，2005），研究结论也比较模糊、没有达到统一。如第二章所述，一些学者指出，没有足够的证据证明劳动力构成的变化会对农业产生不利影响（如孟宪范，1993；文华成，2014；Zhang et al.，2006b），也有学者指出女性化对土地要素和农业机械要素的投入有积极影响（向云等，2018）。然而，大多数学者认为，由于各种原因（如女性的受教育程度低于男性、体力不如男性、获取资源的机会不如男性、社会网络也不如男性宽泛），女性的农业生产效率相对较低（如 Chikwama，2010；Peterman et al.，2010；Quisumbing，1994；Quisumbing，1996；Saito et al.，1994；UNDP，2003），并且进一步判断女性更多地参与农业生产劳动可能对农业生产和发展产生负面影响（如程绍珍，1998；范水生、朱朝枝，2007；Goldstein and Udry，2008；李旻、赵连阁，2009；李文，2009；Udry，1996；韦加庆，2016；赵文杰、丁凡琳，2015）。

无论是在普通农户层面还是在国家层面，农业生产对于粮食安全而言都是至关重要的问题。随着农村男性劳动力的转移和农业劳动力构成的变化，探索农业生产中真正发生的问题变得越来越重要。农业女性化真的会导致农业生产的衰退吗？作为家庭农业生产主要劳动力，留守妇女对自己从事农业生产会造成“农业生产衰退”有何看法？本章旨在回答这些问题。此外，本章也探讨了留守妇女在农业生产劳动中遇到的困难和对相关问题的期望，即讨论农村妇女自己所感受到的困难和期望。准确地说，本章旨在从以下三个方面研究农业女性化对农业生产的影响：第一，从妇女的角度研究农业劳动女性化是否会导致农业生产的衰退。第二，探讨女性自身对农业生产的重视程度以及影响女性继续务农意愿的因素。第三，了解妇女从事农业生产活动的困难和期望。本章采用比较研究的方法，探讨了在家庭农业生产中，作为主要劳动力和辅助劳动力的妇女在从事和理解农业生产劳动方面的变化和差异。具体而言，本研究采用了以下问题的解析来说明农业劳动女性化对农业生产的影响：

（1）农业劳动女性化会导致农业生产的衰退吗？这一部分主要从妇女的角度，分析了男女两性在农业生产劳动中的差异。在实际操作层面上，妇女成为农业生产主力之后，种植作物类型和种植面积有何变化？产量有差异吗？农业生产资料的使用和投入（数量和质量）是否有差异？在思想观念层面上，她们认为谁种地种得更好？哪些因素决定谁种地种得更好？

（2）妇女对农业生产作用的看法。思想观念影响着妇女种地的实践行为。在观念层面上，通过以下几个问题来探讨和说明她们对农业的看法：妇女如何看待农业生产？她们认为农业生产在家庭中的作用是什么？她们喜欢种地吗？当她们有其他可替代的生计策略时，她们会放弃种地吗？她们愿意继续种地的影响因素是什么？

（3）种地的困难和期望。除了了解当前妇女对农业生产的实践和评价外，从政策制定的角度探讨妇女在农业生产中遇到的困难和对相关问题的期望，也有助于保障粮食安全。问题包括，她们种地有困难吗？她们对农业有什么期望（如培训、贷款等）？

## 一　农业女性化会导致农业衰退吗？

正如本章引言部分所述，一些学者认为农业女性化会导致农业生产的衰退。但是，研究发现，从留守妇女的角度看，她们认为自己和丈夫的耕作方式没有区别，农业生产没有衰退。如果农业女性化导致农业生产衰退的假设是正确的，那么在种植方式、种植面积、农业生产资料投入或产量方面应该存在差异，然而实际是并不存在差异。以下四个方面可以支持留守妇女的说法，即农业生产的衰退与她们没有关系，她们也并没有造成农业生产的衰退：第一，她们并没有改变耕作面积和种植作物类型。第二，农业生产资料投入的数量和质量与对照组没有差别，与以往丈夫种地时候也没有差别。第三，由妇女主要承担农业生产劳动家庭的农业产量和其他家庭的农业产量基本相同。第四，一个人能否做好农业工作，要看其在种植经验，与性别没有直接关系。

**1. 种植作物类型和耕作面积**

在气候和地理条件等因素的影响下，妇女可能会对现在耕种的作物类型进行调整。但总体而言，留守妇女并没有主动发起这种改变。杨村所处的地理位置适合一年两季作物生长，按常规，每年 6 月到 10 月种植水稻；11 月到次年 5 月种植小麦。在这方面，妇女作为主要农业劳动力和辅助农业劳动力的家庭没有区别，留守妇女更多地参与农业生产，并没有改变作物的耕种类型，也没有调整种植时间，按照被访者的语言来讲，即："种什么是根据这么多年的经验和气候地理条件决定的，政府也会给予一定的指导，不会轻易改变种植作物的类型。想要调整作物的种植时间，更是不可能，气候条件土壤条件不允许。"

至于作物的耕种面积，有一些增减。然而，调查显示，这种土地面积上的增减和性别并没有直接的关系，种植面积的增加，多为村民之间的相互流转，家里人都外出务工的、家里有病人或老人需要照顾没有充足劳动力的，会流转土地给其他村民，而谁能够获得这些想要流转的土地，和亲属关系远近以及流转地块的具体地理位置有一定的关系，两组妇女的家庭之间，在此方面并没有差异。并且，耕地面积的增加通常是暂时性的，土地流转往往发生在家族内部，有兄弟外出打工了，那么其他兄弟就耕种他的土地，父母年纪大了，不能种地了，子女耕种父母的土地，这很常见，可能涉及少许租金，也可能以实物租金的形式（如粮食）给付。流转的土地通常面积较小，从 2 亩到 4 亩不等，租种成本，2017 年是 500 元/亩；2018 年是 1000 元/亩。而耕种面积的减少，多和当地政府的经济发展计划相关。为了吸引外来开发投资，当地政府征用农民的土地修建道路和厂房。这是杨村农户耕地面积减少的普遍原因。如前文提到的，根据《中华人民共和国土地管理法》规定，国家为了公路、水利设施、国防建设等公共利益的需要，可以依法对土地实行征收或者征用并给予补偿，农民讨价还价的余地很小。

综上所述，以妇女为主要农业劳动力的家庭和辅助劳动力的家庭，在种植作物类型和种植面积方面没有差异，由妇女主导的种植作物类型和种植面积的变化很少发生。在她们看来，当丈夫在外地工作时，她们不会撂荒。此外，如果她们没有其他稳定的农业以外的兼业工作，或者她们的身体状况能够应付农业生产活动，她们不会主动提出减少耕地。一般来说，如果由于农业种植面积的减少而导致农业生产出现衰退，这不是妇女主动发起的，更与城市化的发展思路相关。如果说妇女更多承担农业生产劳动的行为引发了农业衰退的话，调查资料可以证明，起码不是种植的作物类型和种植面积的变化引发的。

**2. 农业生产资料投入的质量和数量**

除了种植面积和种植作物类型的变化外，农业生产资料投入方面的差异也可能导致农业生产的衰退。在大多数情况下，两组妇女在投入的农业生产资料的购买地点、质量、使用数量方面没有区别。

首先，杨村村民购买农业生产资料的主要地点基本都在乡镇农资商店或者本村的小商店（也代理、销售农资），而这些商店销售的农业生产资料的种类几乎没有差别。表 5.1 的数据表明，无论妇女是主要农业生产劳动力的家庭，还是辅助性农业生产劳动力的家庭，在购买农业生产资料的地点选择上没有差别，也就意味着他们使用的农资差别不大。

**表 5.1　购买农业生产资料的地点（%，$X^2$（2）=2.526，$p$=0.283）**

| | 本村 | 本乡 | 县城 | 总计 |
|---|---|---|---|---|
| 组 1 | 12 | 86 | 2 | 100 |
| 组 2 | 16 | 76 | 8 | 100 |
| 总计 | 14 | 81 | 5 | 100 |

对于选择在哪里购买农业生产资料，产品价格、运输成本以及基于之前购买行为建立起来的信任关系，都是决定性因素。正如一位被访妇女所解释的：

通常，我们在本村或者乡镇的农资商店里购买种子、化肥和农药等农资。乡里的农资商店离这儿也不远。骑电动自行车15分钟就到了，价格要比村里商店卖得便宜些，自然，比县城里卖得要贵一些。县城的可选农资的种类一定更多。但除了考虑农资本身的成本之外，还需要考虑运输成本啊。一袋化肥是便宜了，但运输回来的成本可能就高了，去一趟县城，往返车票是20元，买多了也背不动。并且，村里的、镇上的，还是熟人多一点，以前基本都买过，可能就不会骗你，买到假农资的风险没有那么高。大家都认识，乡里乡亲的，骗我们一次，我们就传开了，那他们生意可就不好做了，他们一般就不会骗我们。县城太大了，农资商店也多，和店老板也不熟，有时买完了，想再去买，都记不清在哪里买的了。并且，如果后续需要一些什么服务之类的，和他们联系也不方便……买回来可能就忘记怎么用这个化肥、怎么用这个农药了，到底兑多少水啊，记不清了，就得问问吧，还是镇上和村里的农资店会更方便一点……有的时候人家可能直接来村里给其他人家送货，就捎带着到你家来给指导一下了。

其次，质量是大多数农民在购买农业生产资料过程中考虑的最重要的因素。表5.2中的数据证实了这一点，在家庭中承担主要农业生产劳动的留守妇女与对照组之间没有差别。因为，农资的质量会影响最终的产量。正如一位留守妇女所说：

保证产量是种地的首要目的。如果你不选择高质量的种子、化肥、农药，这意味着最终你的产量可能就会降低……所以，在购买农业生产资料时，你必须把质量因素放在第一位……除了保证质量外，在购买的时候，一般还可以和老板讨价还价，货比三家么，尤其是同样的商品，没有人愿意付更多的钱……事实上，某一种产品的价格基本都差不多是一样的，尤其是在小地方，比如镇上的商店，就那么几个商店，距离也不远，谁家卖多少钱，彼此心里也都差不多知道的。如果某家的东西太贵，肯定没有人会从那里买。

表 5.2　　购买农资时考虑的最重要的因素（%）

| | | 价格 | 价格与质量 | 质量 | 其他① | 总计 |
|---|---|---|---|---|---|---|
| 购买种子 | 组 1 | 2 | 14 | 78 | 6 | 100 |
| （$X^2$（3）=5.225，$p$=0.156） | 组 2 | 4 | 6 | 90 | 0 | 100 |
| 购买化肥 | 组 1 | 12 | 10 | 72 | 6 | 100 |
| （$X^2$（3）=3.292，$p$=0.349） | 组 2 | 4 | 12 | 82 | 2 | 100 |
| 购买农药 | 组 1 | 6 | 10 | 82 | 2 | 100 |
| （$X^2$（3）=2.671，$p$=0.445） | 组 2 | 2 | 18 | 76 | 4 | 100 |
| 购买农业机械 | 组 1 | 4 | 26 | 68 | 2 | 100 |
| （$X^2$（3）=5.540，$p$=0.136） | 组 2 | 6 | 47 | 45 | 2 | 100 |

表 5.3　　农资投入数量方面，自己和丈夫的差异（%）

| | | 自己用更多 | 没有差别 | 丈夫用更多 | 总计 |
|---|---|---|---|---|---|
| 化肥 | 组 1 | 8 | 90 | 2 | 100 |
| （$X^2$（2）=5.161，$p$=0.076） | 组 2 | 0 | 100 | 0 | 100 |
| 农药 | 组 1 | 4 | 94 | 2 | 100 |
| （$X^2$（2）=1.334，$p$=0.513） | 组 2 | 2 | 98 | 0 | 100 |

至于农资在农业生产中的使用数量，一些学者认为，妇女在农业生产劳动中倾向于“减少投入”，而男性会倾向于在农业生产劳动中更多地“扩大投入”以提高产量、增加收入（Ley and Kobayashi，2005）。然而，在杨村，只有一名妇女在调查中表示，她会使用较少的化肥和农药，因为她想降低成本。大多数妇女辩称，她们没有改变农业生产资料投入的数量。投入多少农业生产资料（见表 5.3）取决于作物的种植面积和生长阶段，不能多投入，也不能少投入，在此方面，女性被访者认为，她们在农资投入数量、使用数量方面，和男性（她们的丈夫）没有差别。笔者在陪同一名留守妇女下地检查作物长势、洒农药的过程

① 表 5.2 中的“其他”表示在这种情况下没有自己决定这件事的家庭。例如，有一个家庭的亲戚从事农业生产资料的销售，那么，这个家庭通常让这个亲戚来决定和选择用哪种农业生产资料，而不是他们自己决定。这个家庭更信任更“专业”的亲戚，相信亲戚可以通过平衡产品的质量和价格来选择更合适、性价比更高的农业生产资料。

中，提到了这个问题，她如是说：

即使你想获得更高的产量，你也不能使劲儿下种子、农药、化肥呀，都是根据实际情况，看看需要多少，就用多少。如果种子下多了，苗就会很小，最后也长得不好，因为争氧气、争肥料的，产量也不会高，最后还得拔掉一部分，不是浪费么……如果你用的肥料超过作物所需，会导致作物死亡……你注意到田里有些发黄（色）的庄稼了吗？一个可能的原因是那家人用化肥用多了……至于杀虫剂、除草剂，多用自然也没有问题，凭自愿，也可以少用。少用的话，就多出点儿力，自己锄草呗，但我觉得多用没啥必要，是在浪费钱。

此外，尽管大多数妇女认为在农业生产资料的投入使用上没有性别差异，但有必要指出，65%的妇女认为她们使用了越来越多的化肥，72%的妇女认为她们在过去几年中使用了越来越多的农药。这对食品安全无疑是有害的，需要引起重视。如，有学者指出："中国的许多食品安全问题可以追溯到家庭农场层面，因为一些农民仍然严重依赖使用高毒性的农药来应对各种生产问题。"（Calvin et al.，2006）研究发现，虽然几乎所有农民都知道大量使用农药是有害的，但在现实的农业生产实践中，他们仍然使用越来越多的农药，看似有些荒谬，但站在农民自身的视角上去思考，又是可以理解的。例如，一些农民在访谈中提到了使用如此之多的化肥、农药的原因：

是的，在农作物上使用大量杀虫剂是有害的。我们知道。然而，如果我们不用的话，就得用大量的人工，人工更贵啊，而且现在家里也没有那么多的劳动力，种这么点儿地也不挣钱，计算下来，还是用农药、化肥更划算。关键可能有的地，你不用这些化学品也不行了，之前都用了，不用，虫子就更多，控制不住……还有，有害就有害吧，我们自己也不吃，自己家吃的用的肯定少，这都是卖给你们这些城里人的（看着笔者，微笑着说）。

的确，他们对待自己食用的粮食和市场化粮食的方式是不同的，特别是对菜园里的农产品，基本不会使用农药，会使用农家肥。不过，从长远来看，他们不会从中受益。大量使用杀虫剂和其他化学品会导致土地严重污染（Bian，2004），迟早也会对他们自身有害。不过，需要看到，目前的立法及相关制度无法保护消费者免受食品污染的影响，需要制定和实施更加详细和严格的法规以保障食品安全。

**3. 农业产量**

与农业生产资料的投入相比，产量是更为直接、更有说服力的能够评价农业生产性别差异的一个指标。调查显示，主要靠自己种地的妇女和与丈夫一起种地的妇女的平均产量几乎没有差别，水稻产量和小麦产量都没有差别（见表5.4）。两组家庭的水稻和小麦平均亩产分别在500公斤和350公斤左右。此外，他们以相似的价格出售农产品，这意味着平均收入也没有太大差异（水稻：每亩约1100元；小麦：每亩约670元）。当然，产量与他们的农资投入量有关。

表5.4　　　　水稻和小麦的产量（%）

| | 产量（公斤/亩） | 450 | 470 | 480 | 490 | 500 | 510 | 520 | 530 | 550 | 总计 |
|---|---|---|---|---|---|---|---|---|---|---|---|
| 水稻（$X^2$（8）=3.842，$p=0.871$） | 组1 | 1 | 1 | 5 | 8 | 22 | 7 | 4 | 1 | 1 | 50 |
| | 组2 | 3 | 1 | 3 | 9 | 20 | 6 | 5 | 0 | 3 | 50 |
| | 总计 | 4 | 2 | 8 | 17 | 42 | 13 | 9 | 1 | 4 | 100 |
| | 产量（公斤/亩） | 310 | 320 | 330 | 340 | 350 | 360 | 380 | 390 | 400 | 总计 |
| 小麦（$X^2$（8）=2.755，$p=0.949$） | 组1 | 3 | 6 | 2 | 11 | 9 | 9 | 3 | 3 | 4 | 50 |
| | 组2 | 2 | 5 | 3 | 16 | 5 | 10 | 3 | 3 | 3 | 50 |
| | 总计 | 5 | 11 | 5 | 27 | 14 | 19 | 6 | 6 | 7 | 100 |

此外，为了保证产量，近四分之三的妇女种植了一种以上类型的小麦，即选择了集中不同的小麦种子同时耕种（表5.5），两组妇女之间没有差异。

表 5.5 小麦种子的使用种类数（%，$X^2$（3）=1.251，$p$=0.741）

| | 一种种子 | 两种种子 | 三种种子 | 四种种子 | 总计 |
|---|---|---|---|---|---|
| 组 1 | 24 | 62 | 12 | 2 | 100 |
| 组 2 | 29 | 61 | 10 | 0 | 100 |
| 总计 | 26 | 62 | 11 | 1 | 100 |

很多妇女都这样解释到:

好吧，如果认为我不会种地，那为什么我家的产量和那些夫妻一起在家种地的家庭的产量没有差别呢？自然，人家是男人是农业生产的主要劳动力。

是的，我没有那么多来自书本上的科学知识，没什么文化，没接受过几年教育，不过，我既然在家种地，我就想种好，就想产量高，那就能卖更多的钱，获得更多的收入……我也担心产量不好，所以我种了不止一种种子，以减少风险。

在选择种子、肥料或杀虫剂之前，我会先问亲戚和/或村民，看看什么品牌的好。当然，我不会只买一种，尤其是种子，得多选几种，到最后，至少有一种品种可以保证有收成、保证产量。

**4. 谁种地种得更好——男人还是女人?**

本节的前三部分主要讨论了妇女在农业生产中的实践，以支持她们在农业生产中的劳动量增加并没有导致农业衰退的论点。思想和行为是相互影响的，本章的这一部分将着重从思想层面探讨妇女对相关问题的看法。在操作层面，笔者试图通过以下问题来实现这一点：和男性相比，她们认为谁种地种得更好？影响谁能种地种得更好的因素有哪些？

表 5.6 中的数据表明，妇女在农业生产中的作用与其对“谁种地种得更好，男人还是女人”的看法之间存在着显著的相关性（卡方值为 9.470，在 0.01 水平上显著）。此外，虽然 0% 的留守妇女和 50% 的非留守妇女认为男性比女性种地种得更好，但更有意义的是，有 22% 的留守妇女认为女性比男性种地种得更好，只有一名非留守妇女同意这一说法。

表 5.6　妇女对谁种地能种得更好的看法

（%，$X^2$（2）=9.470，$p$=0.009）

| | 男人种得更好 | 同样好 | 女人种得更好 | 总计 |
|---|---|---|---|---|
| 组 1 | 40 | 38 | 22 | 100 |
| 组 2 | 50 | 48 | 2 | 100 |
| 总计 | 45 | 43 | 12 | 100 |

进一步的多元回归分析表明，妇女是否喜欢种地的直观感受，会影响到她们对“谁种地种得更好，男人还是女人”的看法，如图 5.1 的多元回归分析图所示，如果妇女不喜欢种地，她们倾向于同意男人比女人种地种得更好，偏回归系数为 +0.36，并且，和丈夫一起从事农业生产劳动的妇女，倾向于认为男性种地种得更好，偏回归系数为 +0.25。

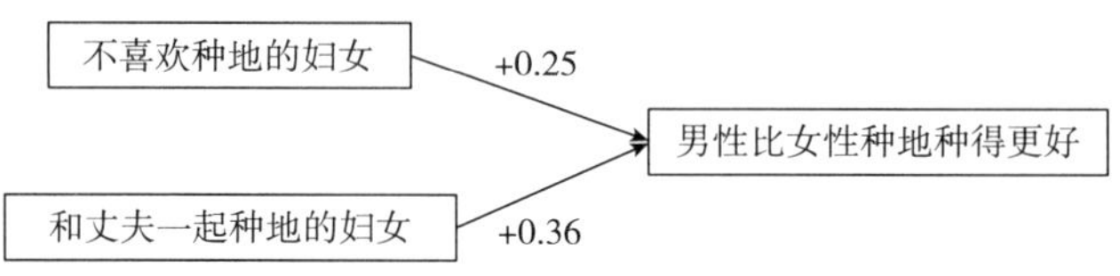


图 5.1　100 名妇女对“谁种地种得更好”的看法的回归分析图（$R^2$ =0.13）

然而，图 5.1 中的结果可以从另一个角度看出来。也就是说，那些喜欢种地、自己干农活更多的妇女（留守妇女），往往认为自己比男人种地种得更好。通常，当人们喜欢某件事时，他们对做这件事更感兴趣，而且他们有更大的可能性把它做好。对于留守妇女而言，干更多的农活，意味着能够积累更多的经验，也就不难理解她们倾向于认为自己种地种得更好。在她们看来，从日常农业生产实践中积累的经验是影响谁种地种得更好的决定性因素。她们在调查中给出了如下解释：

谁能种得更好？这不取决于你是男人还是女人。有一些男人比女人更会种地，也有一些女人比男人会种地。如果你坚持种几年地，而且你不笨，你就能种好。和男女的关系不大，主要看积累的经验。

种地是一种经验积累的活动，正如生活史记录对象王娟所说的：

你给它（庄稼）喂得好，它才能给你喂得好。干几年农活，你就能干好农活了。

“边干边学”是农民在农业生产中获取知识或积累经验的普遍模式。近60%的妇女（在两组中分别占比58%和54%）表示，她们自己的农业生产知识是建立在日常实践的基础上的，或者她们是从她们的父母（公婆）那里习得的（在两组中分别占比为32%和34%）。如果她们在种地方面遇到困难，通常会与其他村民交流经验或信息，和/或咨询农资商店的工作人员。当她们不知道农作物得了什么病时，可以把病作物的样本拿给通常能帮助她们解决问题的销售商（农资店的工作人员）。大多数留守妇女的丈夫，一般都有在外地工作达到十年以上的经历，这意味着，近年来，她们，而不是她们的丈夫，是农业生产的主要劳动力。她们主动和/或被动地积累了比丈夫更多的农业生产经验。相比之下，丈夫没有妻子积累那么多种地的经验，因此，可以理解的是，留守妇女倾向于认为她们自己比男性种地种得更好。正如一些留守妇女所说：

他（丈夫）不知道怎么种地。十多年来，他没有种过地，只有在农忙/收获季节，他才回来帮我忙几天，有些活儿我干不了，例如开拖拉机，他还能帮忙做些体力活，而怎么种地，我了解的比他多。

前文提到的刚返回杨村开了装修建材店的年轻夫妇，从另一个角度证实了种地确实是经验性活动的观点：

我们不知道怎么种地，过去的这些年，我们和种地没有任何关系。当我们决定不再上学之后，我们就离开村子，出去打工了，我们没有任何种地的经验。当然，在农忙的时候，我们有时会回来帮

> 父母的忙。但是，我父亲经常骂我们俩，说我们干啥都干不好（指种地种不好），因为我们经常犯低级、愚蠢的错误。

一般来说，谁在家里干农活干得多，谁就能比家里其他人种地种得更好。也有妇女从细心等角度强调她们比男人更擅长种地：

> 女人比男人细心、节俭，甚至这种节俭会体现在种地方面，例如，大田里边边角角的地方，妇女可能都会种上庄稼，或者间种点蔬菜什么的，男的就很少有这么做的，男的比较粗心。如果你从这个角度来比较，也许我们妇女的耕作方式可以有更高的产量。为什么说我们种地不如男人种得好呢？为什么说我们种地可能导致农业衰退呢？

## 二　农业生产在家庭中的作用

行动和思考是相互影响的。图 5.1 的回归结果提供了支持性的例子，即喜欢种地的女性倾向于确认她们比男性做得更好，她们是更合格的农民。本部分笔者将继续关注妇女在思想意识方面对农业生产的态度。妇女对农业生产活动的判断会影响她们的耕作实践，反之亦然。这一部分正是通过分析以下三个问题来展开讨论的："在妇女看来，农业生产在家庭中的作用是什么？""她们喜欢种地吗？"和"当有了其他生计策略时，她们会放弃种地吗？"

正如许多研究表明的那样，外出务工对家庭经济的贡献大于农业生产（如 Osella and Osella，2000；Valentine et al.，2009）。外出务工收入的增加意味着农业生产不是大多数家庭的主要经济来源，这也是杨村的现实状况。对大多数家庭来说，非农就业工作（主要由丈夫完成）的收入是家庭主要的经济来源。农业生产对家庭收入的贡献相对较小。正如被访妇女所说：

每年在家种地的纯收入等于在外面打工两三个月的收入。

种地是不能使家庭变富裕的，只能使家庭成员维持着基本的生活。如果想有更多的钱用于子女的教育、婚姻或有更多的存款，我们就应该外出打工，挣一些农业以外的收入。

调查表明，农业以外的兼业工作的净收入绝对高于种植农作物的净收入。然而，这并不意味着农业收入对家庭并不重要。相反，农业生产和非农业生产之间是互补的关系。大多数家庭都需要农业生产和非农业生产活动同时进行，也就是说，夫妻双方共同维持着家庭的运转。100个被访妇女家庭中，92 个家庭中妻子的收入确实低于丈夫的收入。然而，这种情况并没有计算妻子做的各种家务，如做饭、洗衣和照顾儿童以及老人的工作的价值。用金钱来计算家庭中所有这些任务的价值是不可能的，这也不是本研究讨论的重点。但重点是，妻子和丈夫的角色是互补的，农业生产和非农业生产活动也是互补的。此外，有必要指出，在 100 名受访者中，有 8 名女性的收入高于丈夫。2 名妇女来自第 1 小组，她们在农业生产活动之外，都从事着兼业工作（制作皮球和在村里的西瓜蔬菜种植园工作）。其他 6 名妇女来自对照组，其中，3 名妇女在经营村里的小商店，1 名妇女在西瓜蔬菜种植园工作，1 名妇女在给半成品衣服缝制配饰，最后 1 名妇女是教师。一般来说，在农业以外有一份兼业工作有助于提高妇女在家庭中的经济地位。

农业生产对家庭至关重要，妇女也为家庭作出了重大贡献。妇女所从事的农业生产活动为家庭成员提供食物和/或金钱，为外出务工的丈夫提供庇护所，毕竟工作有一定的不稳定性和风险，为自身年老时避免成为子女的负担提供保证。妇女从农业生产和/或农业以外的兼业工作中获得的收入支撑了家庭的基本支出，这也使得丈夫的收入得以节省下来，用于家庭中的其他大事的花费。没有妇女的工作和收入，丈夫的收入就不能存起来，丈夫就不能放心地在外工作。妻子和丈夫在一起生活，他们每个人对家庭都起着重要的作用。然而，当讨论转向看法与态度时，65% 的妇女指出，农业生产只在家庭中起辅助作用（表 5.7）。她们往往低估自己对家庭的贡献，并且，两组妇女之间没有区别。

表 5.7　农业在家庭中的作用（%，$X^2$（2）=3.740，$p=0.154$）

| | 辅助性作用 | 和其他经济活动一样重要 | 主要作用 | 总计 |
|---|---|---|---|---|
| 组 1 | 72 | 14 | 14 | 100 |
| 组 2 | 58 | 12 | 30 | 100 |
| 总计 | 65 | 13 | 22 | 100 |

从理论上讲，农业生产和非农就业对家庭的作用是相同的。然而，在现实中，即使是女性自己也认为这是不同的。女性认为男性对家庭的贡献更大，因为男性比女性获得的货币性收入更多。这种观念深受劳动力和生产生活资料商品化的影响（叶敬忠、吴存玉，2019）。她们还认为男人的工作比自己在家的工作更重要。认为妇女只是承担家庭里的工作，是不重要的，这样的想法略显荒谬。现实自然不是这样的，夫妇两人是共同在维系生活的。而问题在于，女性对于自身在家庭中工作重要性的认识程度不够，她们仍然认为自己在家里做的事情不那么重要。这是传统性别观念在她们意识形态中的体现。即使从理论上讲，丈夫的外出务工为妇女获得与男子更平等的性别关系提供了空间，但在实践中，妇女似乎仍然继续遵循传统的性别规范，并通过实践和意识继续巩固两性之间的不平等。

无论如何，从长远来看，无论在实际操作层面，还是在思想意识层面，农业生产在家庭中的角色和地位似乎对农业生产本身而言都构成了威胁。外来务工收入相比农业生产收入而言，对家庭的经济贡献更大，这可能会引发一个新的问题。农村男性劳动力，特别是年轻劳动力，不想再务农了。他们不喜欢种地，有些人甚至不想再种地。杨村的调查也支持了这种判断。31%的妇女不喜欢种地（表 5.8），32%的妇女认为如果她们有其他的生计策略（表 5.9），她们可以停止种地。农业女性化背景下农村妇女农业生产意愿确实不容乐观（蔡弘、黄鹂，2017a）。

表 5.8　妇女是否喜欢种地（%，$X^2$（3）=14.363，$p=0.002$）

| | 喜欢 | 一般 | 不喜欢 | 总计 |
|---|---|---|---|---|
| 组 1 | 18 | 36 | 46 | 100 |
| 组 2 | 44 | 40 | 16 | 100 |
| 总计 | 31 | 38 | 31 | 100 |

表 5.9　妇女对“抛荒”的态度（%，$X^2$（1）=0.735，$p$=0.391）

| | 不会抛荒，是一种保障 | 如果有其他的工作机会或者能够挣得足够的钱，会抛荒 | 总计 |
|---|---|---|---|
| 组 1 | 64 | 36 | 100 |
| 组 2 | 72 | 28 | 100 |
| 总计 | 68 | 32 | 100 |

令人感兴趣的是，表 5.7、表 5.8 和表 5.9 中数据的波动变化情况，似乎在某种程度上存在关联。特别是，两组妇女对“是否喜欢种地”的看法有着明显的不同。主要靠自己从事农业劳作的妇女往往不喜欢农业（分别占 46% 和 16%，表 5.8），她们对农业生产在家庭中的作用表现出更消极的态度（分别为 14% 和 30%，表 5.7），主要靠自己种地的妇女，比其他人更经常地表示，如果她们有其他谋生机会或者能够挣得足够的钱，她们会抛荒（分别为 36% 和 28%，表 5.9）。在实践层面上，在家庭中承担大部分农业生产劳动的妇女与她们在思想观念层面上是否喜欢种地之间存在着显著的相关性，卡方值为 14.363，在 0.01 水平上显著（表 5.8）。留守妇女在家里做更多的农活，她们为农业做出更多的贡献，但她们不喜欢种地、不喜欢这样的生活状态。她们对自己所从事的工作的满意度很低，似乎种地对她们来说是一件苦差事。这与已有研究表明的“男工女耕下务农妇女的生活满意度较高”（蔡弘等，2019a）的结论相反。

为什么留守妇女对种地这种工作的满意度低？影响两组妇女对农业生产看法差异的因素有哪些？一个可能的解释是：对于那些主要靠自己种地的妇女来说，在种地的过程中，遇到困难时，她们必须独自面对、自己解决。然而，对于对照组的妇女来说，她们与丈夫一起务农，丈夫可以解决问题，至少可以和妇女一起解决问题。因此，与和丈夫一起种地的妇女相比，留守妇女更不喜欢种地。另一个原因可能在于：即使从妇女自身的角度来看，她们对农业的贡献也没有得到适当的重视和承认。丈夫外出务工带来的更多收入使妇女感到更加沮丧和压力，而且她们不能像男性那样挣那么多钱，这巩固了一些原本就有的、不平等的性别话语和观念，如，在妇女心中一般会认为她们在家庭中所做的工作不如男性所做的工作重要。

从家庭和国家层面的粮食安全角度来看，更为积极的是看到更多的妇女表示她们不会抛荒（68%，表5.8），然而，我们不能忽略的事实是，超过三分之一的妇女（32%，表5.8）表示，如果她们有更多的钱或其他工作机会，她们会放弃农业生产活动。从长远来看，这种态度对我国农业生产是一种潜在的风险，探讨其深层次原因具有必要性。

对所有被访妇女和两组妇女关于是否会抛荒的态度的多元回归分析显示，她们对种地的态度与其是否会抛荒之间有较强的相关性。对于两组妇女而言，则有不同的因素在影响着她们继续种地的意愿。

对于所有被访者，图5.2中的数据表明，较年轻的妇女往往不喜欢种地，并倾向于放弃农业生产活动，即抛荒。该图也可以从另一个角度来解读，也就是说，年长的妇女倾向于喜欢种地，倾向于坚持种地，有学者的研究得出了类似的结论（蔡弘等，2019b）。这反映了中国农村的现实。我国农村老年人福利制度还不完善。大多数老年人没有像城市居民一样有养老保险。在身体状况允许的情况下，农村老年人会自己种地养活自己。农业是他们年老时的主要经济来源。以前，土地是家庭的支柱，为整个家庭提供食物和一些经济收入。当然，那时没有机会，或者说没有那么多机会外出打工赚钱。一般来说，土地/农业意味着生命与生存。现在，与其他生产经营活动的经济贡献相比，土地失去了在家庭中的首要地位。

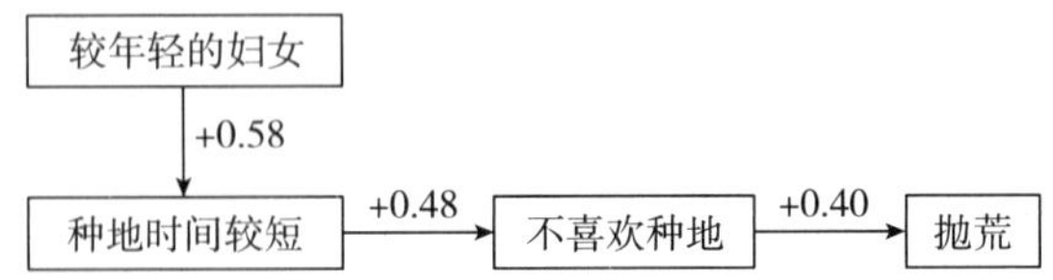


**图5.2　所有被访者对有关“抛荒”问题的看法及影响因素回归分析图（$R^2$=0.36）**

老年人深刻认识到了不同年龄阶段的农民对土地的情感变化，如杨村村民丁某在访谈中说：

> 年轻一代不像我们这样对土地有强烈的感情。他们似乎不关心土地和农业。你能想象吗？1990 年，我有机会参加高考，我当时成绩还挺好的，几乎当时我所有的老师都相信我能考上大学。但是你知道发生了什么吗？六月是考试的时间，也正是农忙的时候。我要在家帮忙收庄稼，这在当时被认为是更重要的事情，所以我没有去考试。其实，到现在，我也不后悔，如果我当时不在家帮忙种地，家人都会饿死（五口人，丁某，丁某的妻子，两个女儿和一个儿子）……对我父母来说，土地在他们心里的分量更重。过去生产粮食、种地的意义比现在更加明显。他们饱受饥荒之苦，他们相信即使没有钱，如果他们能从土地上获得吃的，也不会有灾难。钱不是万能的，如果没有人生产粮食，钱有什么用呢？

研究发现，对于留守妇女来说，如果她们除了种地没有从事兼业工作，她们可能倾向于会放弃种地，偏回归系数为 +0.32（图 5.3）。但是，也可以从另一个方向理解这种相关。也就是说，在农业之外有一份兼业工作有助于妇女继续从事农业生产活动。如第四章所述，杨村妇女的兼业工作是指在村里或村庄周围的临时工作，如在西瓜蔬菜种植园、村木材加工厂打零工或在家里做皮球或玩具（家庭代工）。这些兼业工作的收入基本可以支付家庭的日常开支，主要包括食品费、水费、电费、煤气费，以及（孙）子女的零花钱。

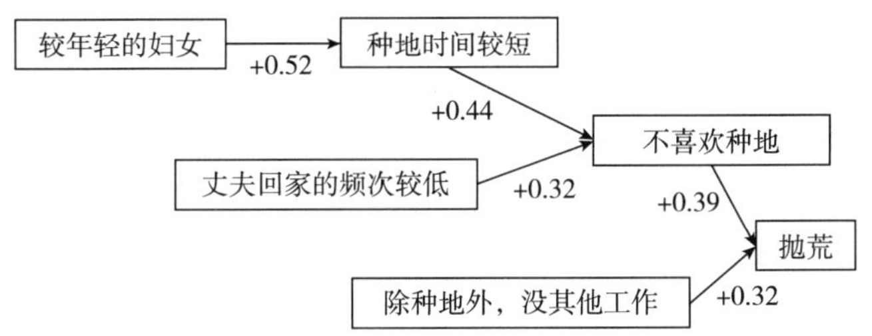


**图 5.3　留守妇女对“抛荒”的看法及影响因素回归分析图（$R^2=0.30$）**

此外，种地时间长短和外出务工丈夫回家的频率也是影响妇女是否喜欢种地的因素。分析结果表明：种地时间较短的留守妇女对农业的厌恶程度较低，偏回归系数为 +0.44（图 5.3）。如果在外打工的丈夫不经常回家，留守妇女往往不喜欢种地，偏回归系数为 +0.32（图 5.3），身体和情感负担较重可能是根本的原因。毕竟经常回家的丈夫可以帮助妇女完成繁重的农业生产劳动，也可以帮助减轻妇女的消极情绪。需要指出，累计种地的年数与被调查者年龄显著相关，偏回归系数为 +0.52。

至于对照组妇女，她们的种地年数与是否喜欢种地没有相关性。图 5.4 中的数据表明，从事农业生产劳动的年轻妇女往往不喜欢种地（偏回归系数为 +0.49），继而往往会放弃种地（偏回归系数为 +0.30）。而对照组中文化程度较高的妇女也倾向于抛荒（偏回归系数为 +0.27）。这也是中国农村的一种现实，高学历的人既不想回农村，也不想种地。

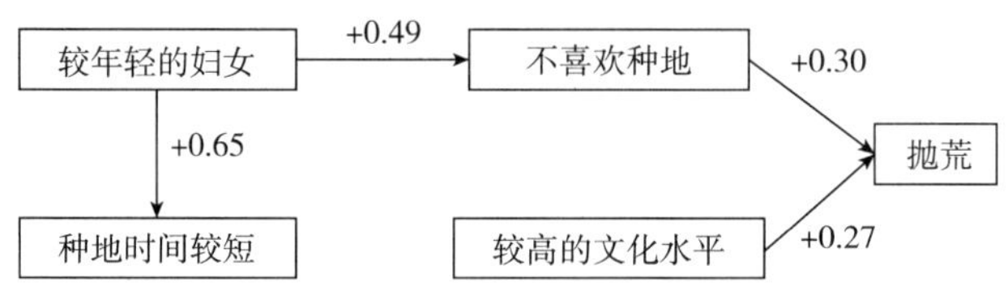


**图 5.4　对照组妇女对“抛荒”的看法及影响因素回归分析图（$R^2=0.19$）**

从上述三个因素分析图中，至少可以推断出一条对中国类似杨村的村庄未来农业和农村发展的建议。除了种地，有一份兼业工作，比如在家里做皮球或玩具，在西瓜蔬菜种植园或村里的木材加工厂打零工，与留守妇女愿意继续从事农业生产活动密切相关，也有学者在已有研究中表达了类似观点（van der Ploeg and Ye，2002）。因此，农村分散的产业有助于激发妇女的种地意愿。事实上，分散的产业不仅可以为更多的农村妇女提供农业以外的就业机会，还可以吸引男性劳动力返乡工作。然而，需要强调的是，地方政府应该认真关注产业的特点，需要以长远和全面的眼光考察产业的破坏性与可持续性。

此外，三个因素分析图的回归结果也表明，年轻女性在有其他谋生机会的情况下不愿意种地，也不想继续种地。而图5.4也表明，文化程度较高的女性倾向于放弃种地。那么，“如何避免这些对农业生产和农村发展的消极倾向？如何激励青年和文化程度高的人留在农村继续种地？继续为农村发展做出贡献？”可能是社会各界都应该深入思考的问题，这不仅是粮食安全问题，更是农村发展的长远问题，需要在政策制定层面给予更多的考虑。

## 三 从事农业生产的困难与需求

本部分将从政策制定的角度，说明妇女种地的困难和期望，并提出一些建议。人们在种地过程中遇到的困难和需求会影响农业生产。研究发现，妇女在种地过程中遇到的困难和相关需求主要集中在以下三个方面：农忙季节劳动力短缺、农业资源有时缺乏（如水、信贷、培训）、农业与非农业活动的土地利用冲突。

**1. 农忙季节劳动力短缺**

60%的被访者认为农业生产中没有困难，36%的妇女指出劳动力短缺是农业生产中最大的困难（表5.10）。这种情况在两组妇女中没有区别。劳动力短缺主要发生在农忙季节，大多数妇女的丈夫都会回来帮助她们。如果丈夫不能回村里帮忙收割、整地（主要是用拖拉机耕地），她们通常会雇人来做。有学者指出，在男性缺席的情况下，雇用农群体有效解决了劳动力短缺的问题（蔡弘、黄鹂，2017b），但笔者认为，这要取决于家庭经济状况。

**表5.10 农业生产中最困难的事情（%，$X^2(3)=1.6000$），$p=0.659$）**

| | 购买生产资料 | 劳动力短缺 | 其他 | 没有困难 | 总计 |
|---|---|---|---|---|---|
| 组1 | 2 | 30 | 2 | 66 | 100 |
| 组2 | 2 | 42 | 2 | 54 | 100 |
| 总计 | 2 | 36 | 2 | 60 | 100 |

对一些妇女来说，劳动力短缺的困难也可能发生在非农忙季节，特别是有小孩需要照顾的时候，干农活和照顾小孩之间存在一定的冲突。一般，五岁以下的小孩在杨村不会被送去幼儿园，都是由母亲或者祖父母照顾，因此，当需要照顾小孩子的时候，就会影响干农活的进度与质量，甚至还可能发生生命危险。如生活史记录对象李芬（儿子在读高中，女儿在上幼儿园）回忆道：

> 她（女儿）小的时候，我生活很难。公婆身体不好，不能帮我照顾孩子。2017 年夏天，我必须得下田给水稻喷杀虫剂了，不能再拖了，又没有人照顾她，我就把她带到田里了。她很听话，我把她放在稻田边上，叫她待在那儿，开始时我还时不时回头看看她，发现都挺好，后来干起活来也就忘了，大概半小时后，我喷完药回到田边，发现她已经在水田边睡着了……当时，突然害怕起来了……旁边就是水田，掉水里，睡着，可能就出事了……类似的事情，在村里发生过。一个男孩，奶奶照顾，也是带着下地干活，没看住，孩子偷吃了农药，药死了。

此外，农忙季节劳动力短缺的问题，还有一个根本原因，就是妇女不能也不会使用农业机械。传统意义上，使用、管理农业机械是男人的工作领域。研究发现，杨村没有一个女人能开农机耕地，也没有妇女能开拖拉机把粮食从田间运到家里。如果女人能像男人一样使用农机，肯定能缓解她们在干农活方面的困难。农业机械又大又重，是妇女参与使用、管理农业机械的主要障碍。现有的农业机械是为男性的身材和体型而设计的，因此对女性来说相对较大、较重。许多受访妇女在调研中都提到，在农忙季节她们不能开拖拉机是她们种地的最大障碍和困难，因此，她们的丈夫才不得不在农忙季节回家帮忙。并不是说丈夫不应该在农忙季节回家帮忙，而是研究发现了一个潜在的、被忽略的影响，即，由于丈夫在农忙季节的帮助，留守妇女往往否认自己对农业生产的贡献。如果有一种农业机械可以很容易地由妇女操作，无疑将有助于两性的性别平等和妇女福祉的提升。

研究中，也发现了类似的例子，很好地改善了性别关系、促进了性别平等。在2005年之前，杨村的妇女基本都是骑自行车去赶集、走亲戚，而2005年左右开始，电动车流行了起来，因其设计考虑了女性的身体特点，杨村的很多妇女开始学习使用电动车，慢慢地，她们的流动性越来越强，甚至会骑电动车到附近的乡镇买东西或探亲访友，最近几年，一些富裕家庭的妇女开始考驾照、开汽车了。交通工具的演进，扩大了妇女活动的地理范围和社交网络，在一定程度上促进了两性平等。农业机械如若能够改进，也会是类似的状况、产生类似的效果。

**2. 农业资源有时缺乏**

除了种子、化肥和农药，很少有妇女提到其他农业资源，如水、信贷、补贴和保险等。调查显示，杨村不存在灌溉用水困难，大多数妇女（70%，表5.11）可以在庄稼需要时获得水进行灌溉，但也有28%的妇女表示种地用水不容易，原因在于家里田地的地势较高或地理位置距离村水电站较远。两组妇女在水资源获得方面没有区别，可以肯定地说，在此方面，留守妇女在丈夫外出务工后，没有被“歧视”和“欺负”。然而，许多妇女指出了水电站所有权私有化是一个问题。2008年以前，杨村的两座水电站是该村的公共财产。然而，村委会把它们卖给了两个村民管理。从那以后，村民们每次需要灌溉农田都要交20元钱。在大多数杨村村民看来，这给他们带来了另一种经济负担。

**表5.11　妇女在需要耕作时是否能够容易地获得农业资源（%）**

| | | 不容易 | 不知道 | 容易 | 不需要 | 其他 | 总计 |
|---|---|---|---|---|---|---|---|
| 水资源（$X^2$（2）=2.143，$p$=0.343） | 组1 | 30 | 0 | 70 | 0 | 0 | 100 |
| | 组2 | 26 | 4 | 70 | 0 | 0 | 100 |
| | 总计 | 28 | 2 | 70 | 0 | 0 | 100 |
| 贷款（$X^2$（4）=5.901，$p$=0.207） | 组1 | 22 | 36 | 12 | 30 | 0 | 100 |
| | 组2 | 24 | 44 | 18 | 12 | 2 | 100 |
| | 总计 | 23 | 40 | 15 | 21 | 1 | 100 |

贷款也是一种农业资源。在杨村，从来没有人从信用社获得过农业

贷款。21%的妇女（表5.11）表示种地不需要贷款，有被访者这样表述：

> 农业生产的投入是分成小块儿的，每次都不会花很多钱。比如，给水稻上农药，每亩地的花费大概在20块钱左右。不是大面积的种植，不会是特别大的负担，是没有必要申请贷款的……而有能力种很多地的人，可能也不需要贷款了吧。

还有23%的被访妇女指出，她们知道从银行获得贷款并不容易，不仅是为了农业生产需要，而且几乎是为了所有事情的贷款都不容易拿到。一些妇女这样说：

> 要获得贷款并不容易。除了提交房产证，还需要另外找三个人来担保你的贷款申请，抵押他们的房子。这意味着如果我不能按时归还这笔钱，这三个人将不得不替我还钱。所以，很难找到担保人……一般人不会轻易给你担保的。想贷款也就贷不成了。

然而，在杨村，农民可以不交钱先使用农业生产资料，在卖方处赊账，等卖了粮食再付钱，这似乎成了一个惯例，也就减少了他们向银行申请贷款的需要。熟人之间的信任促成了这种模式，买卖双方也不需要签任何的合同或收据。一些妇女表示：

> 如果你手头没有现金，你可以不用马上付款就拿到化肥或农药。老板（农资店）会记录交易，他们会在收粮食的时候来取钱。他们知道你卖粮食时肯定会有钱的……没有必要签合同，彼此都认识。没有人想坏名声，因而没有人会欺骗或背弃交易。如果你卖了粮食还不给钱，明年就不会有人赊给你农药、化肥了。

关于对农业补贴政策和农业保险政策的知晓状况的调查结果显示，没有一个妇女能够清楚地说明这两项政策的内容（表5.12），只有一些人记得她们获得或支付了多少补贴或保险。实际上，从村干部处了解到，杨村所有农民都购买了农业保险，但对照组中58%的妇女认为她们没有购买（表5.13）。农民每年按每亩2元的标准缴纳了农业保险费，以防冰冻、洪涝等自然灾害造成大面积减产。农民能得到多少补偿取决于灾情的严重程度。2017年，杨村夏天下了一场冻雨，毁了一些小麦，每亩地被补偿了100元左右。

**表5.12　妇女是否清楚了解农业补贴政策和农业保险政策（%）**

| | | 不知道 | 只知道交了多少钱，但不了解 | 总计 |
|---|---|---|---|---|
| 农业补贴政策（$X^2$（1）=0.000，$p$=1.000） | 组1 | 56 | 44 | 100 |
| | 组2 | 56 | 44 | 100 |
| | 总计 | 56 | 44 | 100 |
| 农业保险政策（$X^2$（1）=0.000，$p$=1.000） | 组1 | 86 | 14 | 100 |
| | 组2 | 86 | 14 | 100 |
| | 总计 | 86 | 14 | 100 |

**表5.13　是否购买了农业保险（%，$X^2$（2）=55.200，$p$=0.000）**

| | 否 | 不知道 | 是 | 总计 |
|---|---|---|---|---|
| 组1 | 0 | 52 | 48 | 100 |
| 组2 | 58 | 0 | 42 | 100 |
| 总计 | 29 | 26 | 45 | 100 |

政府也给农民发放农业补贴，种粮食、购买农机等都有补贴，如粮食直补、良种和农机补贴、农资综合直接补贴等，但调查显示，杨村的妇女很少有人清楚到底自家拿到的补贴种类和金额。许多妇女在提到农业补贴问题时说：

> 我不清楚它是如何运作的，我只知道每年都能拿到一些钱。每户都有一本银行存折，与政府合作的银行会把补贴打到账户里，之后可以去提取。在提取的时候，能够打印出来补贴记录等信息，但我不记得是什么补贴，大概能知道是多少钱。

对于补贴“粗心大意”的原因，妇女给出了两点原因：一是每年农业补贴金额不多；二是政策宣传力度不够，因此很多村民都不太清楚农业补贴的基本状况，对大多数被访者而言，“多点钱总比什么都没有好，农民得到多少补贴取决于政府给予多少”是更为普遍被表述的观点。

**3. 农业与非农业活动的土地利用冲突**

相对而言，土地是农业生产中最重要的农业资源。如果没有土地，就没有产量。的确，在有圈地的地方，就会有农村抵抗、叛乱甚至革命（Borras Jr and Ross，2007）。在杨村，土地利用冲突的情况也存在，农作物种植与其他产业发展（例如，建设商业住宅或与招商引资相关的厂房）的冲突和矛盾突出。在田野调查中，笔者目睹了杨村几次农业与非农活动之间的土地利用冲突。如前文所述，当地政府鼓励村民将越来越多的土地出租给西瓜蔬菜种植园或出售给其他商人，以建造商业住宅或工业厂房。这种工业化和现代化的发展趋势在中国许多农村都能看到。

面对耕地面积的减少，农民几乎没有能力阻止这一过程。对于那些能从外来务工或其他活动中获得收入的家庭来说，将土地转租或出售是件好事。一些被访妇女对此持肯定态度：

> 把农田转租给老板是件好事。每年每亩能给我们1000元，几乎相当于我们种植庄稼的纯收入。关键是，我们不需要在（种地）这方面投入任何时间和金钱。我们还可以打点零工，比如在家里做玩具（代工）或者在蔬菜大棚之类的给别人打工，赚点钱。总体上，负担小了，收入相对增加了。有人能租我们的土地给我们合适的租金，是好事。

但是，对于那些不能从其他渠道获得足够收入的家庭，或者那些逐年失去耕地的家庭，或者那些只有老年人的家庭，他们看到了租地和卖地的负面影响，生活史记录对象张芳就是一个典型的支持性案例。2017年以前，张芳家共有4.4亩农田，2017年，村委会“鼓励”她家把0.9亩地卖给一个商人盖商品房，张芳因此得到了1.4万元的一次性补偿。2018年，村委会“鼓励”她把2亩农田租给村里的西瓜蔬菜种植园种蔬菜，每年张芳能够拿到1100元的租金，合同有效期为5年。回访发现，2019年，另一名商人向张芳家买了1亩农田盖商品房，从2019年开始，张芳自家耕种的农田只剩下0.5亩。在调查中，她表示自己非常担心耕地面积继续减少，她说：

> 现在，我家几乎没有农田了。这种情况安全吗？我51岁，我丈夫54岁了。他还能在外边打工几年？挣几年钱？他不能出去打工的时候，我们又没有地种了，我们该怎么办？没有哪个老板愿意雇老人工作，都觉得老人没用。我们也不想依赖儿子。如果我们能自己种地……是的，别人租地给的租金和种庄稼的收入差不多，但问题在于我们自己就没有粮食了啊，什么都得买，成本太高了，感觉也不一样……我是真心不想别人再占用我的土地了。但是，如果政府要征地，我们什么办法都没有……我们手里应该有点地，自己种，这是一种保障。

剩下多少比拿走多少更重要。当越来越多的土地被“夺走”时，越来越多的农民会像张芳一样担心未来的生计问题。种地是农民应对危机的有效途径（Rosset，2011），如何保护农民的土地使用权，平衡发展农业和其他经济活动，已成为我国农村发展的核心问题。

## 四　小结：谁是更好的农民和性别无关

“2008年粮食价格的大幅上涨和金融危机导致饥饿人口的空前增加，让人们再次呼吁对农业进行投资……无论普通民众、捐助者还是学者，都必须承认，在谈到2050年养活世界的问题时，小农的声音是最为重要的。然而，令人难以置信的是，他们的声音被忽视了。相对于日内瓦、布鲁塞尔、华盛顿特区或是西雅图的高层们（以盖茨基金会为例）提出的何以养活世界的计划，更为根本的解决方案必须来自小农自身。问题和解决方案都在小农自身。”（Vermeulen，2010）本章即从从事农业生产活动的妇女的角度探讨了与农业生产有关的三个主要问题：第一，妇女参与农业生产的增加是否会导致农业生产的衰退；第二，妇女对农业生产作用的看法及其继续从事农业生产活动意愿的影响因素；第三，妇女在从事农业生产活动中面临的困难和相关需求。

综上所述，妇女不同意她们更多地参与农业生产劳动，会导致农业生产的衰退这一论点，本调查结果与一些学者的研究结论一致（如 de Brauw et al.，2012）。在丈夫外出务工后，她们承担起了农业生产劳动，但她们没有改变以往的耕作方式，种植面积、农业生产资料的投入和农业产出方面的调查结果都强有力地支持了上述观点。首先，丈夫外出务工后，留守在家的妇女很少主动地发起增加或减少种植面积的行动，增加耕种面积的状况多发生在家族内部，而减少耕种面积主要在于商业与政府资本的介入。其次，根据调查，留守妇女在农业生产资料的使用种类和使用数量上（如种子、肥料和杀虫剂），和丈夫在家的时候没有本质差别，用多少农业生产资料是根据土地的状况以及已有的经验进行的。再次，两组被访对象在农业生产的产出和收入方面没有差别，则更是有力地证明了妇女更多的从事农业生产活动的行为不会导致农业生产的衰退。最后，在人们对于种地相关问题的思想意识层面上，有些妇女认为她们能像男性一样做好农活，也有些妇女认为她们比男性种地种得更好。在她们看来，能否做一个更好的农民取决于种地的时间和经验的积累，常年在外务工的丈夫，相对于常年留守在家种地的妻子而言，农业生产经验更少。

尽管家庭中的农业生产和非农业生产活动是相辅相成的，都为家庭生计作出了贡献，但留守妇女并没有给自己从事的劳动所作出的贡献足够的认可。在她们看来，与丈夫外出打工的收入相比，农业生产的经济贡献不大，因此她们倾向于否定自己劳动的价值、隐形化自己的贡献。也有一些被访妇女表示，如果有其他工作机会，她们会放弃种地。这不仅是对家庭粮食安全的威胁，也是对国家粮食安全的威胁。本研究进一步的多元回归分析发现，维持妇女继续务农意愿的影响因素较为多元。一般来说，喜欢种地的妇女倾向于继续种地，年龄较大的妇女比年龄较小的妇女更喜欢种地。当妇女表示她们喜欢种地时，她们往往倾向于确认她们比男性更擅长种地。自然，如果丈夫经常回来帮忙，这有助于提升妇女喜欢种地的意愿。此外，对于留守妇女来说，有一份额外的非农兼业工作有助于提升她们继续种地的意愿。因此，分散的农村产业不仅有利于保障农民的粮食安全，也有利于维持国家的粮食安全。自然，多功能、开放式、综合性为方向的“大农业”发展可能使农业被隐藏的价值显化（宁夏，2019），更可能提升妇女的地位。

农忙季节的劳动力短缺是妇女在从事农业生产过程中的最大困难。不能使用为男性设计的农业机械成为了解决她们在农忙时期劳动力短缺问题的障碍。设计和生产方便妇女使用的农业机械，可以解决这种困难，更可以在一定程度上促进两性的性别平等。此外，完善农业补贴和农业保险政策的信息沟通与宣传机制，也可以从长远的角度巩固妇女对自身在农业生产中贡献的认识，进而造福于农业生产。此外，如何平衡农业生产与其他经济活动之间的土地利用矛盾，不仅需要学者们的判断，也需要地方政府更多谨慎的思考。

# 第六章

# 家庭与村庄空间的性别实践：农业女性化对性别关系的影响[①]

理论上，“女性化”一词指的是妇女在某些领域的参与和权威的增加。“农业女性化”主要是指妇女在家庭中从事农业生产活动的比例越来越大，在农业经营决策中的作用越来越大的现象。前者称为劳动女性化，后者称为管理决策女性化。正如本书第二章所提到的，不同的学者对农业女性化有不同的理解。也就是说，对于农业女性化概念的理解，有些学者强调的是妇女在农业生产中的工作量的增加；还有一些学者特别注重妇女在农业生产活动中的决策权是否增加的问题。由于对农业女性化的理解不同，也就导致了学者们对中国是否已经处在农业女性化的阶段，有了不同的判断与结论，这与其所使用的概念密切相关，是单独强调了劳动力参与，还是在强调决策与管理，这取决于妇女在农业生产中所承担的具体活动及其决策程度。现有的研究主要集中在劳动女性化问题上（如高小贤，1994；康芳民，2008；孙秋、周丕东，2008；文华成，2014），相对而言，对于管理决策女性化的部分相对较少被提及，尤其是从正在经历这一现象的女性的角度来看，但也有一些例外情况（如 Song and Vernooy（2010）的研究）。不管怎样，人们都认为女性化正在对两性性别关系产生影响。本章将对这种情况进行剖析。

---

① 笔者曾撰写文章《农业女性化对家庭性别关系的影响》，发表于笔者参与主编的编著《中国农村留守人口：反思发展主义的视角》（叶敬忠、吴惠芳、孟祥丹主编，社会科学文献出版社 2015 年版）中，在该文章的基础上，本章内容有一定修改与深化。

传统意义上，农业生产劳动主要被视为男性的工作，家务劳动则被视为女性的工作。妇女也从事农业田间劳动，但她们的劳动是辅助性的，她们不是农业生产的主要劳动力。20 世纪 80 年代以来，随着中国城市化和现代化进程的加快，由于户籍制度的放宽，农村居民有更多的机会到别处工作。随着男性劳动力的外出务工转移和非农就业，女性开始在农业生产活动中发挥主要作用，这是一个巨大的变化。在中国不同地区进行的其他研究（Chang et al.，2011；Démurger et al.，2010；高小贤，1994；Mu and de Walle，2011；Song et al.，2009b）也充分说明了这一变化，尽管不同地区和不同妇女群体之间存在差异。

丈夫的外出务工不仅给家庭带来了额外的经济来源，而且也为留守妇女提供了机会和空间，使她们能够决定家庭内部和农业生产的相关事情，这可能会影响夫妻之间的性别关系（如 Hugo，2000；Radel et al.，2012）。关于丈夫外出务工对两性性别关系的影响，有两种相反的观点，即，改善了性别关系、促进了性别平等和恶化了性别关系、加剧了性别不平等。例如，有学者指出，"劳动力的外出务工转移……可以作为一个外部变化因素发挥作用，它可以发起、促进或催化对他人的赋权过程"（Hugo，2000：5）。付少平（2003）也强调，丈夫的缺席，使得妇女在农业生产决策中获得了更多的权力，这使她们更有信心，提升了她们的家庭地位，增加了她们在农村公共事务中的影响力。但是，也有学者认为，由于丈夫的外出务工，会导致妇女和丈夫之间的收入差距比以前更大，妇女参与农业生产劳动的程度增加反而会导致其家庭地位下降（李新然等，2000；张凤华，2006），并且，妇女把更多的时间和精力花在干农活上，不但承受的负担比以前更重，还减少了她们的受教育机会（袁玲儿，2006；张励仁，1999；朱爱萍，2001），并增加了对男性的依赖（高小贤，1994；李新然等，2000；Wang，1999），从而加剧了性别不平等（邓赞武，2008；赵惠燕等，2009）。

社会性别是"一个社会建构的概念，它将不同的社会角色和身份归因于男性和女性……性别间普遍的分工导致男性和女性在权力、威望和财富方面处于不平等的地位（Giddens，2006：467）"。社会性别从一般意义上意味着男女两性之间不平等的权利和地位关系，意味着妇女在生活中的权利和地位较低，而且受文化规范的影响。一般来说，性别在实践/物质层面和思想/象征层面都起作用。在物质层面上，两性性别关系是关于男女两性在特定背景下如何行动的现实状况，而这种性别关系如何维持正当性则属于象征层面上的含义。提及农民的性别关系，需要关注的方面体现在农业生产、家庭事务和村庄一般性公共事务的劳动参与和决策方面，本章的前半部分将对这些问题进行讨论，而人们在思想意识层面又是如何理解农业、家庭事务和农村公共事务中现有的分工和决策，及其影响因素，将在本章后半部分进行分析。

本章以男性劳动力外出务工转移为背景，探讨男女两性性别关系的变化、女性在家庭中与丈夫之间的两性平等意识，以及制约女性追求两性平等意识的因素。本章的分析主要包括以下四个问题：第一，丈夫外出务工后，妇女在增加农业生产劳动工作量的同时，在农业生产中的决策方面是否发生了变化？第二，如果妇女在农业生产决策方面的权力发生了变化，那么这种变化是否会导致家庭事务决策权也随之发生变化？第三，这是否会进一步引发妇女在村庄一般公共事务中角色与权力的转变？第四，影响妇女对两性平等的认识的因素是什么？具体而言，以下指标被用于反映农业女性化对两性性别关系的影响：

（1）农业女性化对农业生产空间中性别关系的影响：基于对家庭农业生产中劳动与决策分工的描述，探讨和分析农业生产中妇女决策权的变化，农业生产中“谁做什么”和“谁决定什么”是最为关切的问题。

（2）农业女性化对家庭事务空间中性别关系的影响：农业生产决策权的变化是否会导致家庭事务决策权的变化？准确地说，谁拥有日常开支的决策权？在诸如子女教育或婚姻等大事上，谁有决策权？谁在管钱？妇女自己的收入和丈夫的收入，在使用用途上是否会有差别？

（3）农业女性化对农村公共事务空间中性别关系的影响：如果男性在家，一般男性会去参加村庄公共事务。现在男性在外务工，这种身体缺位和妇女在农业生产中决策权的变化，是否会导致妇女在农村公共事务领域中决策权的变化？具体而言，谁参加并决定参加村干部选举和村民会议？谁在维持人情往来活动？妇女成为家庭中农业生产的主力后，是否有更多的决策权？

（4）性别关系的认识、意识以及影响农业生产和家庭事务中两性性别平等意识的潜在因素：关于思想意识层面，妇女对农业生产中的性别关系的认识与意识，笔者用“如何看待丈夫不种地，但却在农业生产中决定更多事情”和“你认为谁对农业做出了更多贡献”两个问题指标来剖析，而“谁对家庭做出了更大的贡献”这个问题被用来探讨妇女在家庭事务中的性别意识。此外，笔者用多元回归分析方法，对影响性别平等意识的因素进行了挖掘。

## 一　农业生产中的性别关系

本研究所讨论的农业生产包括菜园种植、家禽养殖和大田农作物种植（即轮作水稻和小麦生产）三种类型，而三种类型农业生产体现出的性别关系不尽相同。

**1. 菜园种植**

传统意义上，菜园种植被认为是家庭“内”部的工作，经常被当成妇女家务劳动的一部分。有学者的相关研究表明，在过去的几十年中，有关菜园种植的性别劳动分工没有发生变化，它绝对是妇女的“领地”（Yuan，2010：158—163）。这似乎是一种根深蒂固的家庭性别分工模式，并且，也有学者发现相对男性而言，农村妇女比较关注菜地的产出（Sachs，1996）。严格意义上讲，中国学者对此问题的关注并不多，可能源自其在农民生活中的作用并不如大田种植或外出务工所带来的直接经济收益高，从而菜园种植的活动与意义一直被忽视。然而，从性别研究的视角出发，这是极少数存在的妇女几乎完全“控制”的生产劳动领域，其对性别关系的影响不可忽略。本研究的发现也证实了这一点：菜园种植依旧是妇女的“领地”。在杨村，85%的被访妇女家都有菜地，所有菜地都是由妇女种植、管理的。

在人民公社时期，菜园的作用更为重要。在那个时代，所有的土地都属于公社所有，由生产队集体管理，农户靠耕种集体的土地和赚取工分以换取粮食、维持生存，想要多获得粮食，就要付出更多的劳动，并且，即便付出更多的劳动，获得多少粮食也取决于集体总收成的多少。而房前屋后的菜地则是当时农民唯一的一块私有土地，可以自己耕种，继而，“由于菜地管理的不同，也就造成了家庭收入的不同”（Van Luong and Unger，1998：64；Wertheim，1973）。目前，与外出务工的工作和大田作物生产相比，菜地种植的意义自然没有人民公社时期那么凸显，也明显少于前两项收益，就连被访妇女自己也不认为蔬菜种植是家庭生计策略的重要组成部分。如果笔者不提及此问题的话，很少有被访者会主动把菜地种植算作农业生产的一部分。“自己种的菜够自家消费了”“不用再花钱买菜了”“就一小块菜地”是人们对菜园种植的一般性判断。

从被访妇女的陈述来看，菜园里进行的蔬菜种植似乎并没有在家庭中发挥重要作用。然而，实地调查表明，菜园所发挥的重要作用是不言而喻的，但妇女在管理与种植菜园中的作用却在很大程度上被她们自身以及他人忽视了。研究发现，菜园的经营在家庭中扮演着重要的角色与作用，具体体现在：能够提供一些健康的蔬菜供家人食用，节省一部分日常开支；在大田作物育苗阶段（水稻秧苗），能够为培育秧苗提供合适的苗床，方便照料并能够保证育苗质量；所产蔬菜除了自家食用，还能作为礼物以维持亲戚、朋友间的人情关系，即如图6.1所示。然而，总体上，虽然菜园是妇女在种植、管理的，即便是没有外出务工的丈夫也不会过多干预，但它发挥的作用，却没有得到应有的承认。

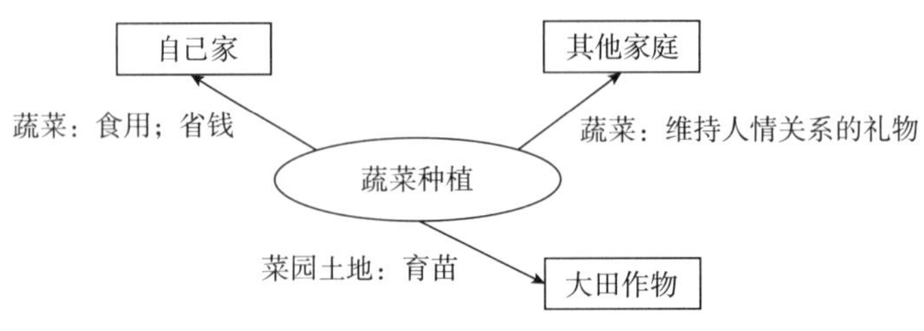


**图6.1　菜园的功能**

第一，菜园种植可以节省家庭日常开支，为家庭成员提供更安全的蔬菜。杨村村民的菜园面积从0.1亩到0.5亩不等，86%的被访妇女家中的菜园面积小于0.2亩。似乎只是一小块地，但几乎所有的被访者（98%）都表示这一小块地的蔬菜产量足以满足家庭的日常消费需求，她们不需要到市场上再买蔬菜（不能种植的本地蔬菜除外）。妇女可以决定种什么蔬菜，两组妇女之间没有区别。当然，她们在决定种哪种蔬菜时会考虑到家庭成员的饮食偏好。从某种程度上说，气候和地理条件决定了村民种植的蔬菜种类差别不大，包括卷心菜、辣椒、茄子、胡萝卜、红薯、豆类、黄瓜、南瓜、西红柿、韭菜、芹菜、冬瓜等。除了为家庭节省了开支，自家种的蔬菜还为家庭成员提供了更安全的食物。78%的妇女（见表6.1）表示，“菜园里种的菜都是家里人吃的，不用农药”，22%的妇女表示，“偶尔会用点杀虫剂，杀死害虫，能不用农药就不用，反正比农田里的庄稼用的农药少多了。”两组妇女之间在此问题上无差异。妇女清楚地将菜地里的产出明确为自家食用的产品，不同于要出售的农产品。

**表6.1　自家菜地是否使用化学物质（%，$X^2$（1）=2.182，$p=0.140$）**

| | 不用 | 用 | 总计 |
|---|---|---|---|
| 组1 | 71 | 29 | 100 |
| 组2 | 84 | 16 | 100 |
| 总计 | 78 | 22 | 100 |

第二，菜园的作物种植类型与空间使用具有一定的灵活性，这种灵活性也为其更大价值的实现提供了更多的空间，尤其是在水稻育秧季节（每年5月），菜地中的一块土地会被用来育秧。几乎所有杨村的村民都是在自家的菜园进行水稻秧苗的培育，一方面，育秧所需的面积不大，对蔬菜种植的影响不大；另一方面，在房前屋后育秧，在时间与距离方面，都有很大的灵活性与自由度去照顾、管理秧苗，这也就是村民会将育秧活动选择在菜园进行的主要原因。正如一位妇女所说：

> 水稻育秧占不了太多土地，一块儿地就够了，要种 10 亩地水稻的话，只需大概 0.2 亩的土地育秧就够了……在家附近种秧苗更方便照顾和管理。你可以时不时地检查其生长情况，必要时可以浇水灌溉。当大风或恶劣的天气来临时，还可以盖个塑料布啊之类的及时保护秧苗。自然，秧苗育得好坏肯定是会影响后期的水稻长势以及产量的。

一般而言，家里菜园面积较大（如超过 0.2 亩，占被访妇女的 14%）的家庭，蔬菜种植并不会用掉所有的面积，就已经够家庭内部食用了，因此，妇女常常会将菜园中剩余的土地用于种植小麦、水稻，而这些小麦、水稻产出的去路也和大田里的小麦、水稻不同，多会被留下来供自家食用，因而，这些作物的种植同样也会很少使用杀虫剂、除草剂、农药等化学物质，家人也因此能够获得高质量的食物。

菜园一直是妇女的领地，而水稻的育秧也多在菜园中进行，在男性外出务工后，妇女便承担起了这项重要的劳动。水稻秧苗的质量是最终水稻产出的基础，优质的秧苗能够带来更高的产量。然而，被访妇女并没有意识到自己劳动的重要性，参与式观察与访谈证明，没有妇女强调自己的育秧劳作在农业生产中的重要性，即便这是件显而易见的重要的劳动，但妇女本人以及其他人都忽视了她们在此方面的重要作用，似乎育秧只是农业生产劳动中的一个普通环节。

第三，菜地种植是维持亲友关系、人情往来的有效工具，与“用农药等化学品少”的特征有关。杨村和全国其他农村一样，也在经历着城镇化、城市化的进程，有一个明显的趋势是，越来越多的商品房出现、越来越多的农民或想要或计划或已经在乡镇或县城购买商品房，做着向城流动。与以前的邻居、村民、亲戚保持联系的方式有很多，在传统节日期间打电话和拜访就是其中一种，而在拜访中以自家种的蔬菜作为礼物，则是非常受欢迎的方式，毕竟让人放心的、绿色的、有机的、低农药含量的蔬菜是稀有的、珍贵的。生活史记录对象李芬提道：

> 我今年没种那么多蔬菜，因为就我一个人在家，吃不了那么多……有时候，（本村的）亲戚、邻居会送给我点，我种的也会送给他们点……一小块菜地就够一家人……往年，我种得多的时候，吃不完，我就会送给县城的亲戚，你也知道，他们没地，我也不用农药杀虫剂的，他们也知道自家种的供自己食用的很少用农药，他们都很喜欢我送的蔬菜。超市里市场上卖的可没有咱们自己种的让人放心，也并不一定是有钱就能够买到的。

有研究指出，乡村集市中卖主往往都是妇女（管田欣，2015），然而，杨村的调查发现，即便有剩余的、食用不了的蔬菜，也很少在市场上出售，而是当作礼物送给亲戚、朋友，因为，应季的蔬菜一般价格不会高，相对于以礼物送人产生的“效果”更有吸引力。例如，有被访妇女指出：

> 种菜，一般都会多种点，也就会有点剩余，但我从不拿出去卖，大家种的品种、时间都差不多，收获时间也差不多，所以即便有剩余的蔬菜，价格也不是很高，因为家家户户可能都种了一些。如果要是距离县城近的话，到县城去卖，可能还划算点（路费和收益），否则不值当。自然，有些老人会到附近的市集上卖，或者家庭经济状况不太好的，或者是家里没什么事儿可做的，也偶尔去卖。但仔细算下来去卖，又不是大规模的种植，不划算，可以在家多做个皮球或玩具（代工）、多给衣服缝个珠花，赚的钱比卖那点蔬菜多。吃不了就送给亲戚、朋友、邻居吧，礼轻情义重嘛，关系还能处得好。

总体而言，妇女在菜园种植方面的劳动付出被认为是家务的一部分，是理所当然的，而其劳动所蕴含的价值并没有得到应有的重视，也很少有被访对象认为这是对家庭乃至农业生产而言很重要的事情，也是妇女所能控制的少之又少的、非常具有性别特色的劳动领域之一。

此外，有学者指出，同为女性的婆媳二人在菜园种植、家禽养殖和家务劳动等方面的工作关系密切："儿媳和婆婆在这些家务劳动中不是相互独立的，而是相互配合的，受教育水平是婆媳各自分担多少家务以及分担什么家务的决定性因素……在农村家庭中，受教育程度较高的儿媳妇可能拥有能够获得其他收入的工作，婆婆就会承担种菜、养家禽等劳动；或者，可能是儿媳妇下地干农活，而婆婆留在家里做家务……婆婆很可能帮儿媳妇照顾孩子，以支持儿媳妇可能获得的其他有收入的工作。"（Chen，2004）有学者对人民公社时期老年妇女和年轻人之间的密切的工作关系做了研究，得出了类似的结论，即家庭中的老年妇女会承担起管理菜地等家务劳动，而年轻人则可以全身心地投入到集体劳动中以赚取更多工分，养活家人（Unger，1998；Wertheim，1973）。然而，杨村的调查并没有显示出类似的特征，主要在于杨村年轻一代人很多在结婚之后就和父母分家，儿子儿媳和父母是两个独立的家庭，儿媳和婆婆从而在管理菜地、分担家务方面没有相互配合的密切关系。自然，在部分没有分家的家庭中，依旧存在上述的家务劳动配合分工协作的关系。在农忙的一段时间里，婆婆可能会短暂地帮助儿媳妇照顾孙辈和菜园。但总体看来，在男性劳动力外出打工之后，在菜地管理方面没有表现出大的变化，两组被访对象的实践也没有表现出区别。

**2. 家禽养殖**

杨村的家禽养殖包括两种类型：以市场为导向的养殖活动和以自我消费为导向的养殖活动。在妇女是农业生产主要劳动力的家庭中，家禽养殖主要是为自我消费而进行的，而对照组的妇女通常和丈夫一起从事以市场为导向的养殖活动，将其作为一种谋生手段，养殖规模相对较大，以获取经济收入。研究发现，在对照组家庭中，46%的家庭在从事大规模的养殖（以养鸡为主，数量从3000—6000只不等）活动。而在留守妇女家庭中，只有一名妇女养了1只母猪和13只小猪仔（32%的留守妇女在从事家禽养殖活动）。大多数从事养殖活动的留守妇女（94%）养的都是家禽，以鸡、鸭、鹅为主，数量从5—20只不等。"给家人（尤其是孩子）补充营养"是她们养殖家禽的主要驱动力。生活史记录对象王娟（2017年开始照顾孙子）如是说：

我养了8只鸡，去年开始养的，这8只鸡下的鸡蛋就够我孙子吃了……我们都是散养，就是你们城里人叫的土鸡，比养鸡场养的肉食鸡好吃，鸡蛋也比市场上买的鸡蛋质量好、营养价值高。

一般而言，家里如果从事的是市场化的、规模化的养殖活动的话，基本上就是夫妻两人共同进行，调查也证明了这一点，如对照组的案例就是体现。在这些家庭中，丈夫往往是养殖活动的主要劳动力，而妻子扮演着辅助者的角色。一名被访者如是说：

他掌握的技术知识多，我就是帮忙的。他负责给鸡打疫苗、买饲料、按配方调饲料、联系经销商、跑销售……他给鸡打疫苗的时候我帮着抓鸡，他调好饲料，我帮忙喂食，平时还会帮着打扫打扫鸡舍。在家里，我的主要任务就是洗衣服、做饭、打扫卫生，养鸡场的事儿，他安排啥我就干啥。

在所有被访者家庭中，如果饲养家禽主要是供自我消费，该活动会主要由妇女承担，两组妇女间无差别。两种养殖活动的决策方式也表现出了性别差异，以市场为导向的养殖活动通常是夫妻二人共同决定，而以自我消费为导向的养殖活动则主要由妇女自己决定。

**3. 大田农作物种植**

从理论上讲，如许多研究所表明的，男女两性农民在从事农业生产活动方面存在差异。例如，有学者指出，尽管男性农民和女性农民都想为社区和农业产品多样性做出贡献，但在具体的实践过程中，常常表现为非常不同的状况，比方说，女性农民更关注的是如何“减少开支”，而男性农民则更关注如何“增加收入”，并且女性农民较男性农民更注重家庭生活的质量和精神性（Chiappe and Flora，1998）。也有学者指出，女性农民较男性农民更有意愿和动力从事农业旅游业相关活动（McGehee et al.，2007），并且女性农民主导的农场在农作物疾病控制方面的投入成本较高，但在灌溉方面的投入成本较低（Fok and Wang，2011）。

在男性劳动力外出务工之前，农业生产活动主要由男性劳动力承担。男性劳动力外出务工转移之后，妇女成为一些家庭农业生产的主要劳动力。相对而言，留守妇女根据自己的意愿或兴趣，在具体如何从事农业生产活动方面，有了更多的空间。她们可以将种植粮食作物改为种植经济作物，可以增加或减少耕种面积，也可以采取和丈夫不同的方式进行耕种，本研究对可能发生的变化，如种植作物类型、种植面积、购买农业生产资料和销售农产品等方面给予了关注。

（1）妇女没有按照自己的意愿改变种植作物类型

杨村村民主要从事的是小麦和水稻的轮作生产。杨村地处平原地区，由于地理和气候条件的影响，夏季雨水充沛，有时甚至出现洪涝灾害。十多年前，农民主要种植玉米，但由于玉米的根系不能吸收大量水分，当地政府开始鼓励村民种植水稻和小麦，以规避可能出现的水灾对农业生产的影响。现在，只有少数被访妇女（10%）在自家地势较高的土地上种一些玉米（平均种植面积约1亩，从0.2—2亩不等）。研究发现，妇女成为从事农业生产活动的主要劳动力之后，并没有根据个人意志改变种植作物类型，她们继续种植着和丈夫没有外出务工之前的农作物，小麦和水稻，并且，两组妇女之间没有区别，相对于个人喜好，气候状况、地理条件、市场需求和政府规划是影响种植作物类型的主要原因。一些受访者表示：

> 即便我们想改变种植作物类型，但我们不能。我们应该遵循自然规律。每年夏天都会下很多雨，除了种水稻以外不能种其他庄稼，种了也会被涝死。
>
> 没有人会种其他东西……为什么不？如果种这种作物的人不多，收获也就少，就不会有人来家门口收购了，还需要自己找市场。水稻和小麦的销售市场是比较稳定的。
>
> 村里倡导我们种小麦和玉米，这么多年都是这么建议我们的，应该是上级政府的建议，而且大家都种小麦和玉米，形成规模，也好销售，现在都有市场需求的，不能够轻易想种什么就种什么。

从对村干部和乡镇领导的访谈结果来看，地方政府根据地理和气候条件，在引导当地农民的种植作物类型方面起到了一定的作用。不过，这种作用不仅体现在对农作物的规划方面，也体现在对经济作物的发展方面。如前文所述，杨村有个西瓜蔬菜种植园，严格意义上讲，该蔬菜种植园是招商引资吸引回来的工商业资本所主导的经济作物生产，其生产效益高于粮食作物，无论是蔬菜瓜果，还是花卉种植，特别是温室反季农产品，收益都更高。很多村民对此都心知肚明，但改变种植结构是需要成本的，对于普通家庭而言，很难独自实现种植结构的转变。概言之，丈夫外出务工之后，留守妇女通常不会也没有改变种植作物类型，劳动力、技术、知识、经济资本和市场需求都是改变种植作物类型之前需要分析考虑的问题与障碍。与前一部分提到的家禽饲养活动类似，如果想做大规模的以市场为导向的饲养活动，或想将粮食种植改为经济作物种植，一般都需要夫妻共同完成，而一旦是共同完成的活动，妻子往往会处于辅助性的位置，而非主导性的位置。

（2）妇女主导的种植面积增减不多

在种植面积变化方面，留守妇女家庭与对照组妇女没有差异。五分之一（21%，表6.2）的受访者增加了农业种植面积，从2亩到4亩不等，多增加的是亲戚（通常是丈夫家庭中在外务工的兄弟的土地或年迈父母的土地，62%，表6.3）或其他外出务工村民的土地。土地流转通常首先发生在家庭或家族内部，在杨村这似乎是一种常态。假设一个家庭的成员想要外出务工，留守的人不想耕种土地或没有能力耕种土地，或者这个家庭中的主要劳动力一起外出务工，就会把土地“免费”或以少量租金（或粮食等实物租金的形式）给家庭或家族中的其他成员耕种，如若“流转”不成功，才会给其他村民耕种。换言之，面对“增加”的种植面积，存在优先序的问题。这种家庭或家族内部的小规模土地流转或土地代管，在杨村普遍存在。

**表6.2　种植面积的变化（%，$X^2$（2）$=0.500$，$p=0.779$）**

| | 增加 | 没有改变 | 减少 | 总计 |
|---|---|---|---|---|
| 组1 | 22 | 38 | 40 | 100 |
| 组2 | 20 | 45 | 35 | 100 |
| 总计 | 21 | 41 | 37 | 100 |

**表 6.3　　增加种植面积的原因（N & %）**

| | 种亲戚的土地 | | 从其他村民处租地 | | 总计 | |
|---|---|---|---|---|---|---|
| | N | % | N | % | N | % |
| 组 1 | 7 | 64 | 4 | 36 | 11 | 100 |
| 组 2 | 6 | 60 | 4 | 40 | 10 | 100 |
| 总计 | 13 | 62 | 8 | 38 | 21 | 100 |

亲属甚至村民内部土地流转成本较低。种亲戚家的地，一般不支付租金，而是在亲戚年底回来的时候给一些自己收获的小麦和大米，这种实物租金的形式更为常见。正如大多数被访妇女所表述的：

> 他（丈夫）兄弟也外出打工了，他家的地，就是我在种，不需要给钱，他们打工能挣更多钱，也不想种地，我帮他照顾，等年底，他打工回家，就送点大米、小麦粉之类的过去……也从不向我们要钱。土地还是人家的，啥时候人家想种了，就给人家还回去。

杨村也存在种植大户，例如，有个村民从几个村民那里租了大约15亩地耕种，这几个村民家庭的基本情况也是或者外出务工了，或者留守的人不愿意耕种土地。家里种多少地是相对较大的事情，几乎所有的被访留守妇女都指出，如果想要耕种更多的土地，是需要和在外打工的丈夫一起讨论、“一起商量”决定的，而影响最终决定的因素包括：增加种植面积、留守妇女的身体状况、留守妇女是否能够找到收入更高的兼业工作以及是否能够兼顾照顾孩子和老人的责任。在农业生产中，无论是谁提出耕种更多土地的想法，了解决策过程中都是非常重要的，因为这一过程能够体现家庭性别关系状况。生活史记录对象刘燕增加种植面积的过程就是一个案例，在与丈夫商量增加种植面积的过程中，刘燕表现出了更大的能动性与主动性。她表述道：

> 我想多种一些地。当我听说有人（村民）打算出租土地时，是我首先提出了想要租地的想法的。一开始我丈夫不同意，他认为

> 我一个人种这么多地会很困难。我要照顾儿子，不能出去打工。我相信我能种，实在忙不过来的话，我就雇人帮我呗，并且，租地的租金不高……我们村大多数情况是，丈夫在外打工的妇女也就是种5亩左右的地，有的妇女种10—20亩，有人能行，我觉得我也可以，后来，我从三户人家租了地。其中两户是两口子一起出去打工了，另外一块地是一对老两口的，他们只有一个在外打工的儿子，自己身体不好，老两口无法种地。

有增加耕地种植面积的情况，自然也就存在减少种植面积的情况，37%的被访妇女的家庭耕地减少了（见表6.2）。究其原因，主要与杨村的城市化和现代化进程有关。杨村和很多其他中国村庄的发展思路一致，当地政府都希望能够通过招商引资来获得更多的工商业资本，以发展当地经济，而杨村村民耕地面积的减少与之密切相关，研究发现，65%的杨村村民耕地面积减少的原因来自于新建的道路和厂房。

耕地面积减少的另一个原因是将土地出租给当地商人从事经济作物生产（35%），这也是在当地政府的建议与指导下完成的。与粮食生产相比，经济作物的生产，如花卉或西瓜蔬菜，对当地经济的贡献更大。当一些商人/村民想租用土地从事经济作物生产发展时，当地领导会帮助他们从农民手中征得土地。本书中反复提到的西瓜蔬菜种植园就是一个例子。两位有经济实力的杨村村民想要租一片土地种西瓜和反季节蔬菜，村干部和当地政府给予了支持，因为这种活动更能够刺激和发展当地经济，从他们的视角看来，既可以给农民提供和种地收益差不多的租金，让农民有更多的机会出去打工增加收入，西瓜蔬菜种植园又可以提供工作机会给当地村民以增加收入。因此，当地政府帮助种植园向其他村民租地，租金根据市场行情每年调整，例如，2017年的租金为500元/亩；2018年为1000元/亩。因为沭阳县的颜集镇、新河镇、庙头镇是花木之乡，其成功的发展具有一定的辐射作用，2019年，又有人打算在杨村搞鲜花种植，村领导和当地政府也帮助其租用了村民的土地。对于想要外出务工、身体状况良好、年轻的村民，他们是不愿意种地的，他们更希望能够把土地以合理的价格租出去，例如，每亩1000元的租金和种地的纯收益差别不大。但是，也有一些农民不愿意把土地出租出去，特别是那些没有能力从其他营生中挣钱的人，例如老年人和体弱多病的人。然而，资本对土地的占用不是容易抵抗的，即便有村民不想流转土地，但往往也改变不了结果，因为资本和权力往往是结合在一起的。调查中，一位被访妇女带有些许怨气地表达到：

> 我家现在几乎没有土地可种了。2017年，村委会让我们租了2亩地出去给人家种了西瓜；2018年，村委会又动员我们租了1亩地给人家种花……我是不同意租出去的，但对此无能为力……现在没有那么多人喜欢种地，因为他们可以通过外出打工赚更多的钱。因此，当村干部提议时，他们就很愿意把地租出去。但对我来说，我家穷。如果我们能种点儿地，起码还有吃的，能够省点钱，也就是付点粮食加工费，现在基本没地可种了，以后的开支肯定就会更大的……你要是不把地租出去给人家种花，村干部就会不停地来找你，动员你，关键你周围的邻居都把地租出去了，你不租出去，以后你也没办法种。你就想想，周围都种花了，就你家种田，收割什么的，机器都开不进去，不好操作。而且，邻里关系还可能搞得不好了。

从资本和权力对土地使用的介入角度而言，不仅是妇女，即便是她们的丈夫，也很难有话语权、决策权。总体上，虽然理论上讲，在丈夫外出务工后，留守在家的妇女，既然承担着农业生产的劳动，是有空间进行更多有关农业生产的决策的，例如调整种植面积和种植作物类型，然而，表6.2的数据以及访谈表明，留守妇女和非留守妇女组之间没有差别，这种结果意味着两种状况，第一，农村土地流转市场上没有那么多闲置的土地资源，妇女即便有意愿流转别人的土地，也没有机会，因为杨村农户的平均种植面积为5.5亩，小规模的流转虽有发生，但多集中于家族或家庭内部之间。第二，无论作为家庭农业生产主要劳动力的妇女，还是和丈夫一起从事农业生产活动的妇女，都没有改变种植面积和种植作物类型，可能的原因在于她们认为农业生产不再重要，维持现状即可，并且也只想维持现状。

表6.4中的数据表明，79%的妇女认为家里最重要的工作就是照顾（孙）子女，种地只是在照顾孩子之外的附带活动，既能给家里提供点收入与粮食，也能给外出务工的丈夫提供一种未来的保障，待他们年老而不能再外出务工时，还可以回来继续种地。家庭再生产任务在女性劳动中具有明显的优先序，农业生产实际上是其承担家庭再生产责任时的一种顺势行为（梁栋、吴惠芳，2017）。

大多数被访者在提及此问题时，给出如下表述：

当然，家里最重要的任务就是照顾孩子。种地也很重要，但不如照顾孩子重要。如果没有孩子需要照顾的话，就可以把地租给别人，之后到外边打工……不是农忙季节的话，还可以，种地没有很忙，但农忙的时候就有点困难，可能劳动力不够，尤其是插秧，实在忙不过来就雇人……我们可以一边照顾孩子，一边种地。

种地，可以挣点钱、收获粮食……当我们老了，他（指外出务工的丈夫）就不能再外出打工了，我们还得靠种地来养活自己。如果年纪太大、种不了地，就把土地给儿子种，儿子每年给我们点粮食、够我们吃就行了。留守在家主要是为了照顾孩子（在上小学），不耽误种地。土地能够给我们提供最起码的保障……我们没有增加种植面积……村里没有那么多可用的土地，我们也没有能力种更多的地，能够维持目前的生活状态就可以了。

**表6.4　家里最重要的工作（%，$X^2$（3）=1.977，$p$=0.577）**

| | 照顾子女（孙辈） | 种地 | 家务 | 其他 | 总计 |
|---|---|---|---|---|---|
| 组1 | 82 | 14 | 0 | 4 | 100 |
| 组2 | 76 | 20 | 2 | 2 | 100 |
| 总计 | 79 | 17 | 1 | 3 | 100 |

（3）留守妇女在购买农业生产资料和销售农产品方面有更大的决

策权

如前文所述，农业女性化包括劳动女性化和管理决策女性化。已有文献表明，中国很多农村地区的妇女承担着家庭中的主要农业生产活动，如山东（Judd，1994）、四川（Jacka，1997）、云南（Bossen，2002）、福建、江苏、山东和陕西（高小贤，1994），然而，“承担”非常可能意味的是“做”或“干农活”，而非决策，也就是说，妇女具体承担的是农业生产的哪些活动，承担具体活动的程度如何？能够做多少决策？这些细节很少被讨论。

根据调查，在水稻和小麦的种植方面，在农业生产中起主要作用的妇女几乎做了所有与之相关的决策管理工作。这包括育秧、播种、插秧、喷洒农药和除草剂、施肥、收割（平坦土地靠机械、其他土地用人工）等，和丈夫一起承担农业生产劳动的妇女也做这些工作，但她们承担的工作量比留守妇女少，也比她们的丈夫少。组 1 的妇女什么农活都以自己做为主，她们的工作量明显比那些和丈夫一起种地的妇女的工作量要重。具体来说，与对照组的妇女相比，留守妇女在购买农业生产资料（如种子、化肥和农药，见表 6.5）方面的参与程度相对较高，农产品的出售也经常由她们完成。数据进一步表明，在外务工的丈夫相对来说更多地参与农产品的销售活动（40%），而较少参与买农药（8%）、种子（10%）和化肥（18%）等农业生产资料的活动。

**表 6.5　　相关农业生产劳动谁来承担①（%）**

| | | 丈夫 | 大妻共同 | 妻子 | 其他人 | 总计 |
|---|---|---|---|---|---|---|
| 购买种子 | 组 1 | 10 | 2 | 80 | 8 | 100 |
| （$X^2$（3）=47.659；$p=0.000$） | 组 2 | 76 | 4 | 16 | 4 | 100 |
| 购买化肥 | 组 1 | 18 | 6 | 62 | 14 | 100 |
| （$X^2$（3）=33.771；$p=0.000$） | 组 2 | 76 | 2 | 18 | 4 | 100 |

① 表 6.5 和表 6.6 中的“其他人”主要是指在该方面有优势的人，这个“其他人”多和被访者有亲属关系。例如，在购买种子方面，有些被访者的亲戚就是从事农业生产资料（包括种子）销售活动的，所以被访者会听从这个“其他人”的建议。

续表

| | | 丈夫 | 夫妻共同 | 妻子 | 其他人 | 总计 |
|---|---|---|---|---|---|---|
| 购买农药 | 组 1 | 8 | 2 | 84 | 6 | 100 |
| （$X^2$（3）=46.453；$p$=0.000） | 组 2 | 74 | 2 | 20 | 4 | 100 |
| 卖粮食 | 组 1 | 40 | 10 | 50 | 0 | 100 |
| （$X^2$（3）=24.627；$p$=0.000） | 组 2 | 70 | 22 | 6 | 2 | 100 |
| 购买农机具 | 组 1 | 70 | 22 | 2 | 6 | 100 |
| （$X^2$（3）=5.6；$p$=0.133） | 组 2 | 80 | 8 | 0 | 12 | 100 |

相对于购买种子（80%）、化肥（62%）、农药（84%），留守妇女更少参与“卖粮食”（50%）。调研发现，原因主要在于，收获粮食、销售粮食的时间就是农忙季节，外出务工的丈夫一般会回到家里帮忙，鉴于粮食存储条件的要求和管理成本等因素，粮食收获之后被直接出售的情况较多。被访妇女表述道：

农忙的时候他（丈夫）回来帮我。主要就是收小麦，犁地，再种上水稻……粮食基本就会很快卖掉了，有人来收，价格差不多的话，就卖了，他在家，也更方便……家里也没有地方存粮食，卖掉就不操心了。

小麦收获了，就直接卖掉了，也会留点自己吃。放家里一是没那么大的地方，而且也不好保存，怕老鼠吃了，也怕温度高，通风之类的处理不好，腐烂什么的。

粮食收了，就卖了，我家的位置刚好是村子旁边，不太安全，被偷过粮食。粮食放家里的话，就得有人经常在家，否则真的有被盗的可能……现在村里几乎没什么年轻力壮的人，即便盗窃的事情不多，但也应该注意。收完了就尽快卖出去，就不用担心了。

关于在农忙季节收获了粮食就销售的现象，调查表明，还有如下一些原因。一些妇女看不懂收购粮食的称，担心自己卖粮食会被欺骗，因为即便丈夫外出打工不在家，也可以找亲戚邻居帮忙销售，所以此种原因被提及的较少，但不得不承认这是妇女独立从事农业生产活动的一个现实障碍，在相关的农业培训中可以加入相关的知识。一些妇女没有给出解释，她们认为丈夫卖粮食是非常正常的，事情就应该是这么做的，丈夫外出务工之前，就是丈夫销售粮食，既然农忙时丈夫回来了，就应该还是丈夫的事情。也有一些妇女给出的原因，并不和性别关系相关，而是有关粮食的口感与质量，因为杨村所处的地理位置适合一年两季作物的生产，相对来讲，水稻的光照时间不如东北水稻的长，口感上也会有一定差别，随着人们生活水平的提高，很多村民不会留本地生产的水稻供自家食用，因而也就收获了即销售出去，自然，此种情况的出现，与家庭经济状况密切相关。此外，一般人们会认为妇女擅长讨价还价，也许会对粮食销售有一些积极的影响，然而，调查发现，农民和粮食收购商之间讨价还价的空间很小，粮食的价格会根据其质量上下浮动，但浮动幅度不大，不同家庭生产的粮食价格基本没有差别。

杨村的农业机械化程度不高。大型农机只用于农忙季节的整地和收割，这也是外出务工的男性劳动力很多都会在农忙季节返乡帮忙的原因。他们会在5月底6月初回到家里，帮忙收割小麦、整地、种上水稻，再外出务工。一般情况是，平整的地块，他们会雇用收割机和脱粒机帮忙收割，收割之后，自己开拖拉机把小麦从田间运回家，之后开农机整地，再和妻子一起种上水稻秧苗。

农机是一项长期投资，而且相对昂贵。与化肥和种子等其他生产投入相比，它的成本相对较高。大约15年前，杨村农民开始购买拖拉机，到现在，90%的农户家中至少有一台拖拉机。这是家里的大事，丈夫比妻子参与、决策得多。表6.5中的数据也表明，几乎没有妇女（分别为2%和0）可自行决定购买农机，比例明显低于参与购买其他农资的比例。“购买农机是大事”和“购买农机需要经验”是妇女自述的购买农机参与度低的原因。被访妇女如是表述：

一台农机至少要几千元。他（丈夫）是户主，应该做这些决定。他也比我更了解机器，所以他决定买哪个就买哪个。

男的也比我们有更多的机会从外部获取不同品牌机器的信息，

并对信息进行评估。他可以和他的同事、朋友讨论或咨询该买什么牌子的机器。我什么也不懂，听他的就可以了。

值得强调的是，组 1 中的夫妻比组 2 中的夫妻有更多的“共同”购买农机的行为（22% >8%，表 6.5）。并且，组 1 的妇女也更多地参与购买农机的决策过程，夫妻共同决策购买农机具的比例为 74%，比对照组的夫妻共同决策所占的比例 24%（表 6.6）高很多。这意味着，在农业生产中起主要作用的妇女除了劳动量的增加之外，在某些方面的决策权也在增加，从表 6.6 中的卡方值来看，尤其是与对照组的妇女相比，留守妇女在购买种子、化肥、农药、农机具以及销售粮食方面都具有更大的决策权。

**表 6.6　　　　相关农业生产决策谁来做（%）**

| | | 丈夫 | 夫妻共同 | 妻子 | 其他人 | 总计 |
|---|---|---|---|---|---|---|
| 购买种子 | 组 1 | 14 | 4 | 80 | 2 | 100 |
| （$X^2$（3）=44.625；$p$=0.000） | 组 2 | 74 | 8 | 14 | 4 | 100 |
| 购买化肥 | 组 1 | 24 | 8 | 66 | 2 | 100 |
| （$X^2$（3）=28.475；$p$=0.000） | 组 2 | 74 | 6 | 16 | 4 | 100 |
| 购买农药 | 组 1 | 14 | 4 | 80 | 2 | 100 |
| （$X^2$（3）=44.625；$p$=0.000） | 组 2 | 74 | 8 | 14 | 4 | 100 |
| 卖粮食 | 组 1 | 36 | 24 | 40 | 0 | 100 |
| （$X^2$（3）=19.981；$p$=0.000） | 组 2 | 64 | 30 | 4 | 2 | 100 |
| 购买农机具 | 组 1 | 20 | 74 | 0 | 6 | 100 |
| （$X^2$（2）=25.279；$p$=0.000） | 组 2 | 64 | 24 | 0 | 12 | 100 |

综合表 6.5 和表 6.6 的数据，可以得出以下结论。第一，和对照组妇女相比，留守妇女在承担农业生产日常管理工作（如施肥、洒农药）之外，在购买农业生产资料（如种子、化肥、农药、农机等）和销售农产品方面，参与较多。第二，在农业生产中，尽管有微小的百分比波动，但总体上，谁在做某项具体活动与谁在决策某项具体活动，这两者之间是一致的关系。第三，如果把劳动分工和决策状况作为衡量农业女

性化程度的两个因素，表6.5和表6.6的数据表明，不同农业生产活动的农业女性化程度不同，每项活动的分工与决策都有不同的因素在影响，农业女性化相对复杂，并不是简单的、单一的线性过程。例如，购买化肥的农业女性化程度低于购买种子和农药的农业女性化程度，这与肥料的重量有关。许多被访妇女指出：

> 这东西（化肥）太重了，自己买，就得自己运，整不动，所以他（丈夫）要是回来的话，就会尽量帮我存一些，反正也不容易坏。如果不够的话，我之后也就是再少买一点就够了。村里的商店也有卖的，价格稍微贵一点点，买得少，也能接受。

第四，妇女能否独立决策，要看事情的“大”“小”。妇女把家里的事分成大事和小事。对于购买农机等大事，她们无法自主决策，因此这方面相对于其他农业生产资料购买活动而言，农业女性化程度较低。

研究表明，杨村农业女性化至少意味着农业劳动女性化，留守妇女确确实实成了家庭农业生产劳动的主要劳动力，对比非留守妇女，也确实干了更多的农活，总体上看，做着更多农活的留守妇女，也更多地参与了购买农业生产资料和销售农产品的决策过程，但不得不说，劳动女性化的程度高于管理决策女性化的程度，并且，不同农业生产活动中的女性化程度不同。

## 二　家庭事务中的性别关系

本章的第一部分，笔者讨论了农业生产中的劳动分工和决策问题。这一部分着重于家庭事务中夫妻之间更广泛的性别关系。确切地说，本部分讨论了家庭内部事务的决策和资金使用问题。一般来说，妇女在“家庭大事”中仍然没有重大的决策权，年龄、受教育程度和丈夫的外出务工地点是影响妇女在家庭中追求平等决策权的因素。

**1. 话语中存在的性别不平等：家庭大事和小事**

杨村妇女通常把家庭事务分为两类，大事和小事，来看待。小事主要是指家庭日常生活支出、满足家人的日常需要，如购买蔬菜或肉类、支付电费、煤气费或水费等。对大多数妇女来说，大事是指需要更多的钱或对家庭产生长期和重要影响的事情，主要涉及子女教育、子女婚姻（尤其是儿子）、盖房子或老人的疾病，甚至丧葬支出等（见表6.7）。

**表6.7　家中“大事”指代的内容（%）**

| | 子女结婚 | 子女教育 | 盖房子 | 农业生产 | 疾病/葬礼 | 家用电器 | 人情往来 | 花钱多的事儿 | 借钱给别人 | 没有大事 | 总计 |
|---|---|---|---|---|---|---|---|---|---|---|---|
| 组1 | 22 | 22 | 15 | 8 | 8 | 3 | 9 | 6 | 2 | 5 | 100 |
| 组2 | 18 | 20 | 14 | 9 | 8 | 10 | 9 | 6 | 2 | 4 | 100 |
| 总计 | 20 | 21 | 15 | 8 | 8 | 7 | 9 | 6 | 2 | 4 | 100 |

在农村，子女的教育和婚姻（尤其是儿子）是家庭中最大的事情，也是农村男性劳动力外出务工的主要原因。子女的教育费用主要包括寄宿费、择校费[①]（或叫赞助费）与基本生活费。子女婚姻的主要花费包括聘礼、彩礼、购买或建造新房以及购买家用电器（如电视、洗衣机和冰箱）等费用。它们是家庭最大的开销。而家庭的“大事”基本和“花多少钱”密切相关，具体每个家庭对花多少钱会被算作大事的标准略有差异，大多数被访者指出，一次性花费“一千元以上”的事情，或者“比日常开支多的事情”在她们看来就是大事。

那么，在家庭性别关系中，“谁管钱?”“谁能决定大事的开支”就成了关键问题。调查发现，34%的妇女在管钱（见表6.8），但只有6%的妇女能够决定家庭中大事的开支，49%的妇女需要听从丈夫对大事开支的决定（见表6.9）。作为家庭主妇，妇女通常有权安排和管理家庭成员日常生活的一切。如果钱是用于必要的日常家庭开

① 择校费，有的地方也叫赞助费，一般是因为按照学习成绩不能够免费进入某所学校就读，而产生的费用。每个学校的择校费会根据其教学质量等因素，分成不同的等级。如果成绩较低的学生，想要就读相对好的学校，可能要花费数万元的择校费。

支，例如购买食品，则不需要与丈夫讨论或向丈夫报告，无论丈夫是在外务工还是在家和妻子一起从事农业生产劳动。至于大事，就不一样了。

**表 6.8　　家里谁管钱（%，$X^2$（3）=2.247，$p$=0.523）**

| | 丈夫 | 夫妻共同 | 妻子 | 没钱可管 | 总计 |
|---|---|---|---|---|---|
| 组 1 | 24 | 22 | 40 | 14 | 100 |
| 组 2 | 22 | 30 | 28 | 20 | 100 |
| 总计 | 23 | 26 | 34 | 17 | 100 |

**表 6.9　谁决定家里大事的开支（%，$X^2$（2）=2.841，$p$=0.242）**

| | 丈夫 | 夫妻共同 | 妻子 | 其他 | 总计 |
|---|---|---|---|---|---|
| 组 1 | 46 | 44 | 10 | 0 | 100 |
| 组 2 | 52 | 44 | 2 | 2 | 100 |
| 总计 | 49 | 44 | 6 | 1 | 100 |

“我决定小事，他决定大事”是妇女对家庭事务决策问题的普遍回答。女人决定小事，男人决定大事，是家庭事务的一般决策模式，看起来似乎是合理的，然而，性别不平等已经存在于大、小事务性别分工的话语之中。为什么女人决定小事，男人决定大事？的确，孩子的婚姻和教育是家庭中的大事，但每日的日常生活为何被定义为小事？没有小事的对比，何来“大事”？毕竟如果人的日常生活需要都满足不了的话，人们是无法生活的。而话语中对性别劳动的区分及其对劳动重要性的解读，会产生可能负面的影响，如，导致妇女忽视和否认自己对家庭的贡献。

**2. 留守妇女的兼业收入巩固了其在家庭大事参与中的性别不平等**

研究发现，留守妇女在农业生产中做更多的决策，并不会导致她们在家庭大事中拥有更多的决策权。即便有些留守妇女除了种地之外，还有一份在村庄附近的兼业工作，但这种兼业工作所带来的“额外收入”并没有为她们带来家庭地位的提升，笔者以“额外收入”为切入点对留守妇女家庭的收入支配情况进行的分析（即图 6.2 和图 6.3）支持了这一点，即便有些留守妇女有农业生产之外的“额外收入”，这部分钱仍然被用于家庭事务中的“小事”，这巩固了现有的家庭收入支配模式。

对照组家庭中，从社会性别角度看，夫妻二人的收入与分配支出没有做明显的区分使用，她们和丈夫一起生活在村子里，和丈夫一起进行农业生产，即便都有兼业工作，也会把收入放到一起，进行支配，基本不存在刻意区分“谁的钱如何使用”的分类情况。但对于留守妇女来说，丈夫外出务工所带来的身体缺席为她们提供了更多的机会来决定家庭内部的事情，当然包括“如何使用这笔钱”。如表 6.9 所示，留守妇女在“家庭大事”上没有更多的决策权。然而，访谈发现，除了务农以外，有额外收入的留守妇女家庭与没有额外收入的留守妇女家庭有很大的区别。

图 6.2 和图 6.3 是基于访谈信息整理绘制的“社会性别视角下的家庭收入支配情况”。图 6.2 显示了除了务农还有一份兼业工作的留守妇女的家庭收入支配情况，图 6.3 表示那些只从事农业生产，没有其他兼业收入的留守妇女的家庭收入支配情况。在 50 名留守妇女中，有 18 名有兼业工作（如在村西瓜蔬菜种植园、村木材加工厂打零工或在家里做皮球或玩具代工），她们都表示自己的兼业收入首先会用于日常支出。她们会将丈夫的收入作为存款，以用于可能发生的“家庭大事”。在她们看来，丈夫的收入是家庭最主要的收入来源。她们应该先用相对较少的“零钱”（包括自己的收入），把丈夫挣得的更多的收入花在“大事”上。然而，令人鼓舞的是，如果留守妇女有兼业收入，她们会把自己的收入投入到农业生产之中（图 6.2）。如图 5.3 所述，喜欢农业和在农业之外有一份兼业的工作是影响妇女继续从事农业生产活动意愿的因素。尽管在统计分析中，并没有发现妇女对“是否喜欢种地”与她们从事农业以外的兼业工作之间直接的联系，但她们对如何支配收入的定性描述（图 6.2）可能支持“妇女在可以投资农业的情况下倾向于喜欢种地”的判断。

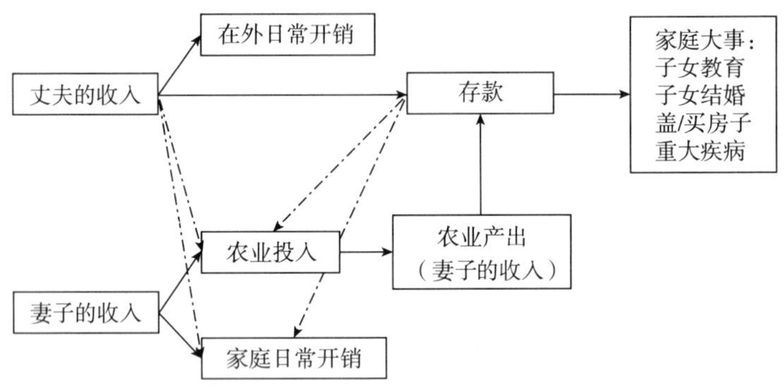


**图 6.2　留守妇女家庭收入支配情况（妇女有兼业收入）**

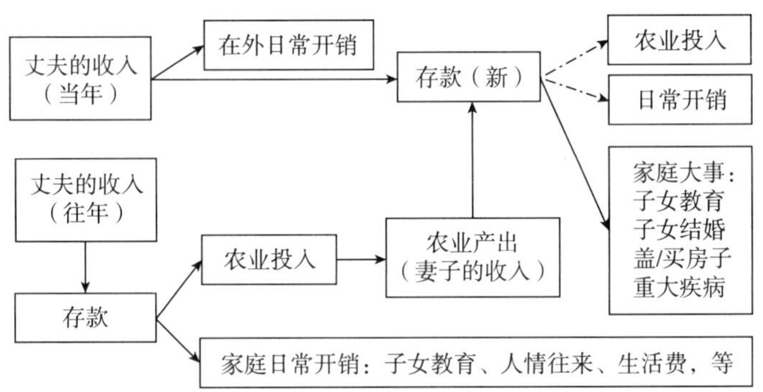


**图 6.3　留守妇女家庭收入支配情况（妇女没有兼业收入）**

妇女的收入被用来支付日常开支意味着性别关系没有发生本质改变。这是因为，从上述家庭内部事务的讨论来看，日常开支在家庭中被视为一件小事。也就是说，妇女的额外收入仍然用于支付家庭中小事的开支。并且，在女性兼业收入的支持下，外出务工丈夫的收入对家庭大事的作用会越来越明显。至少，当家庭有其他收入来源时，丈夫不需要经常把钱汇回家，他会更倾向于把钱存起来，在家里需要的时候或者年底一起汇回家或带回家，这样，相对较多的“一笔钱”就会被存起来，用于日后家庭大事的支付。这在一定程度上刺激了家庭收入使用支配过程中对“大事”和“小事”的进一步清晰的划分，这一过程无形中巩固了丈夫在家庭中相对较高的地位，也就相当于损害了妇女的权益。

必须指出的是，家庭内部收入支配方式的这种性别划分与外出务工丈夫的工作特点和家庭的经济状况相关。一些研究指出，丈夫的汇款对家庭的作用很大，丈夫会在家庭需要时把钱汇回家，用于家庭日常开支或重大事务（Adger et al.，2002；Du et al.，2005）。本研究也证实了这一点，然而，杨村的调查显示，外出务工的丈夫在汇款方式上有一些变化。常见的情况是，近年来，越来越多的家庭有了自己的存款或伴随着资本下乡留守的妻子也有了兼业收入，所以丈夫不需要每个月都汇款，尤其是不再需要为了家庭的日常开支而汇款，储蓄或妻子的兼业收入成为家庭开支的首选来源。并且，丈夫是否每月都要汇款，也与其工作特点相关，杨村很多男性劳动力都是在建筑工地打工，通常这种工作并不按月发放工资，而是按照工程的完成情况发放工资。

一般来说，虽然妇女的兼业收入并不多，特别是与丈夫的外出务工收入相比，但是，她们的收入基本可以支付留守妇女及其子女的日常开支，如食品（肉类）消费、水电费使用，偶尔也包括农业生产资料（如除草剂、杀虫剂等）的购买等。相对“不公平”的是，即便妇女承担着这些开支，她们仍然认为自己仅仅支撑的是家里的小事开支，并没有认识到自己兼业收入的作用。“大事”和“小事”是相对的，零碎的收入积攒到一起，也可以变成可观的收入，一笔可观的收入也可以零散地用在小事情上。例如，如果某人有2000元钱，花在一件物品的购买上，一般会被记住，不仅记得物品的价值，甚至会引发对于挣取金钱艰难过程的思考，然而，如果该人把这2000元，花在每次花费都不多的小事儿上，如100元、50元、10元甚至1元的小事儿上，可能感觉就不会很强烈，也不会有支付压力等问题。虽然最终都支付了2000元，但给人心理带来的压力与感受是不同的。农业生产收入和兼业收入是肉眼可见的货币性收入，严格意义上，在男性劳动力外出务工后，农业生产收入应该主要归于留守妇女，如若加上留守妇女从事照料等家务活动的收入，其能够挣得的经济收入并不一定少于外出务工的男性，如若按照市场价格，收入可能比丈夫的收入还多；至少，留守妇女的经济贡献不可能“小”很多，但留守妇女的兼业收入依旧被用于家庭“小事”的收入支配方式及其所创造的无酬劳动价值的“经常性”被忽略，无形中巩固了家庭中已有的性别不平等关系。家庭“大事”和“小事”的性别划分，弱化了妇女对家庭的贡献，也削弱了妇女的权利。

此外，需要强调的是，虽然除了农业以外，妇女的兼业收入无助于改善家庭中的两性平等，但与其他在村里没有兼业工作收入的妇女相比，她们感到更自在，不仅体现在其对家庭“琐事”的安排上，也体现在其精神状态方面。研究发现，普通村民对于有兼业工作的妇女的评价都比较积极，她们通常被视为“年轻（至少健康）”“有用”和“有能力”以及经济生活水平更好的村民。

**3. 影响家庭大事决策的不同因素**

表6.8和表6.9的结果表明，留守妇女和对照组妇女在“谁管钱”和“家庭大事决策”方面没有差别，继而，留守妇女更多地参与农业生产劳动及相关决策并不会直接导致其在家庭大事上更多的决策权。然而，进一步的多元回归分析发现，在不同的群体中，有不同的因素影响着妇女对家庭大事的决策。

图6.4和图6.5分别展示所有被访妇女和留守妇女群体中，影响其在家庭大事决策权方面的因素。在所有被调查者中，年龄较大的妇女更倾向于参与家庭大事的决策，偏回归系数为+0.43（图6.4）。然而，在两组妇女的单独分析中，笔者并没有发现这样的关系，对照组妇女相关问题的多元回归分析显示，年龄与家庭大事的决策之间不存在相关关系；而在留守妇女组中，该关系为负数，即年轻女性更倾向于参与家庭大事的决策（偏回归系数为+0.41，图6.5）。对于留守妇女而言，除年龄外，丈夫工作地点与家庭的距离、妇女与在外务工丈夫联系的频率也是妇女参与家庭大事决策的影响因素。如果丈夫在远离家乡的地方工作，留守妇女在家庭大事上的决策权往往更大（偏回归系数为+0.41）；如果丈夫与留守妻子的联系较少，留守妇女在家庭大事决策方面表现得更积极（偏回归系数为+0.30），这当然也显示了丈夫和妻子之间的信任。从某种程度上说，这一数字还表明，丈夫的外出务工为妻子在决定家庭大事时提供了更多的独立空间与机会。此外，在对照组因素分析中发现，文化程度较高的妇女参与家庭大事的决策较多（偏回归系数为+1.00）。

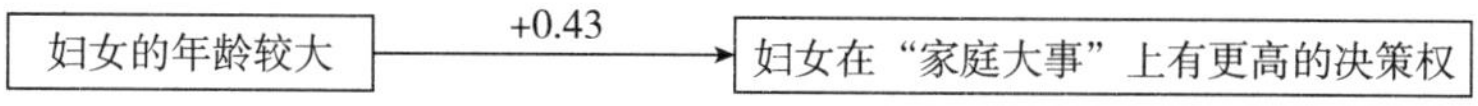


**图 6.4　"家庭大事决策"影响因素回归分析图**

**(所有被访者，$R^2$ = 0.18)**

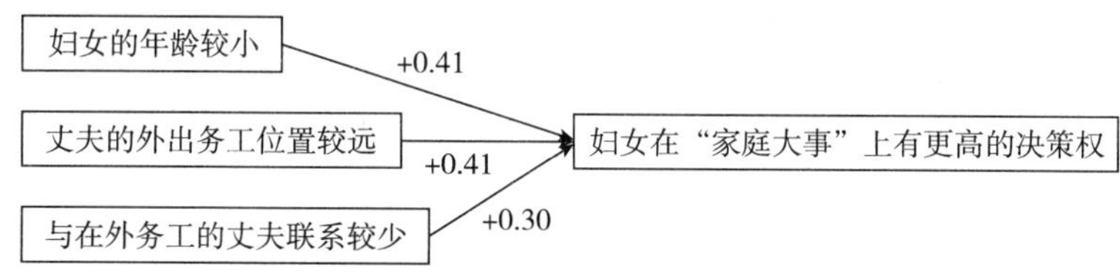


**图 6.5　"家庭大事决策"影响因素回归分析图（组 1，$R^2$ = 0.38)**

从对"家庭大事决策"影响因素的分析可以得出三个结论：第一，一般来说，年长的、相对更有经验的妇女，在家庭大事中更有发言权。这反映了传统父权制中性别关系的延续，俚语"多年的媳妇熬成婆"在一定程度上反映了这一点。在传统的性别关系与家庭地位关系之中，刚结婚的妇女在夫家没有任何权力，她只能听从丈夫的一切决定，生儿子后，她的家庭地位有所提高，但仍低于丈夫和儿子，儿子结婚后，她的地位不再是家里最低的了，因为儿媳妇的位置取代了她原来的位置，从那时起，她在家里有了一定的发言权。

第二，在留守妇女群体内，年轻、与丈夫沟通少、夫妻地理距离远，都有助于妇女更多地参与家庭大事的决策。这反映出中国农村年轻一代女性比年长一代更清楚自己在家庭中相对平等的地位和权利。此外，它还反映了中国农村年轻一代相对独立的个性。外出务工的丈夫与留守妇女联系较少，这可能意味着他们对留守妇女独立处事能力的信任，从而给了留守妇女更多的空间处理家庭事务，自然，也可能意味着妇女更为积极独立的个性为其自身创造了更多的机会。

第三，对于在家和丈夫一起从事农业生产劳动的女性来说，如果她们有较高的文化教育水平，她们在家庭大事上往往有更多的发言权。与留守妇女相比，对照组妇女每天都和丈夫住在一起，她们挑战传统性别规范的空间相对较小。然而，较高的文化教育水平为她们提供了改变两性性别关系的机会。正如一些学者指出的那样，“教育是获得权力的有效途径”（Kabeer，2005），“从个人角度来看，妇女如果识字、受过教育、具备生产技能、拥有获得资本的途径、具有自信心，等等；她们更可能获得权力”（Longwe，1998）。

综上所述，不同群体的“家庭大事决策”影响因素的多元回归分析表明，目前还没有一个适合所有情况的具体解决办法，不同类型妇女的性别关系正在沿着不同的轨迹变化。尽管男女两性平等地拥有在决定家庭大事上的发言权还不是主流，但仍有不同的驱动因素（如年轻、有较高的文化教育水平、外出务工丈夫距离家的地理位置较远，较少与在外务工的丈夫联系）刺激了家庭现有两性性别关系的变化，使妇女变得更加独立、使两性性别关系变得更为平等。

## 三　村庄公共事务中的性别关系

丈夫没有外出务工之前，村委会选举、村民会议、村集体劳动等村庄公共事务，若有发生，基本都是丈夫参加，作为户主，丈夫还经常参加其他社会活动，如婚礼、葬礼、探亲、节日拜访等。当然，妻子有时也会参加一些社会活动，但基本局限于与娘家亲戚相关的活动范围之内。参加社会交往活动是维持和建设社会网络、获取社会资本的必要条件，尽管有些活动会给人们带来一定的经济负担，但不可否认这是一个建构社会资本的过程，而其影响也是深远的。本部分主要讨论两方面的内容，一方面是“公”领域，即在村委会选举、村民会议和村集体劳动等村庄公共事务中，妇女在丈夫外出务工后的参与和决策情况；另一方面是“私”领域，即妇女在丈夫外出务工后，或参与或决策人情往来等活动。

**1. “公”领域：妇女在村庄公共事务中的参与、决策并未增加**

1988 年 6 月 1 日，《中华人民共和国村民委员会组织法》开始试行，随后在 1998 年、2018 年进行了两次修订，《组织法》对村委会选举、村民会议的流程与要求等做了明确的规定。例如，

第十一条："村民委员会主任、副主任和委员，由村民直接选举产生。任何组织或者个人不得指定、委派或者撤换村民委员会成员。村民委员会每届任期五年，届满应当及时举行换届选举。村民委员会成员可以连选连任。"

第十二条："村民委员会的选举，由村民选举委员会主持。村民选举委员会由主任和委员组成，由村民会议、村民代表会议或者各村民小组会议推选产生。"

第二十四条："涉及村民利益的下列事项，经村民会议讨论决定方可办理：（一）本村享受误工补贴的人员及补贴标准；（二）从村集体经济所得收益的使用；（三）本村公益事业的兴办和筹资筹劳方案及建设承包方案；（四）土地承包经营方案；（五）村集体经济项目的立项、承包方案；（六）宅基地的使用方案；（七）征地补偿费的使用、分配方案；（八）以借贷、租赁或者其他方式处分村集体财产；（九）村民会议认为应当由村民会议讨论决定的涉及村民利益的其他事项。"

第二十六条："村民代表会议由村民委员会召集。村民代表会议每季度召开一次。有五分之一以上的村民代表提议，应当召集村民代表会议。村民代表会议有三分之二以上的组成人员参加方可召开，所作决定应当经到会人员的过半数同意。"

然而，村委会组织法的实行情况在不同的地方略有差异，在一些地方，村民积极参与选举，增强了地方政府的反应能力，提高了公共物品的供给水平（Luo et al.，2007；Shen and Yao，2008；Zhang et al.，2004b）。然而，也有许多学者表明村委会组织法在一些地方的实施情况不好，很多村民并没有有效参与选举等村庄公共事务，影响因素包括年龄、性别、受教育程度、经济发展水平、宗族和家庭关系、政治信任以及妇女的自身能动性等（金一虹，2019；金一虹，2016；胡荣，2006；Oi and Rozelle，2000；Tao et al.，2011；Zhong and Chen，2002）。

杨村村委会选举的执行状况不理想，基本不存在真正的民主选举。杨村的历届领导都是上一级政府指派，并通过形式化的民主选举流程而产生的。村民普遍表示不想参加选举，即便很多村民知道自己具有投票资格，但很多人选择让别人代为投票，他们内心并不认为这与自己的生活有很大关系，也有被访者指出不想招惹不必要的麻烦或者承担任何责任。如一名被访妇女所说：

通常，选举的时候我们不投票。他们拿着投票箱上门，让我们投票，基本上我们会问问他们的意思，让他们直接投，想投谁投谁……知道有这么个事儿，要是他（丈夫）在家，他也不会投票……基本谁当书记都是内定好了的，我们不想蹚这个浑水。谁当村书记、村长和我们没啥大关系。

按照被访者的说法，村委会的选举只是走一个过场，并不是村民自己投票选择出来的，即便有的村民投了票，可能也是事先沟通过的，并没有人或组织对这个过程进行有效监督。杨村目前的村书记已经任职了十多年，是乡政府委派的，在对他的访谈中，他指出：

实际上，没有一个村的选举是所有普通村民都参加的。但通常村里的党员会出席，并提出一些意见。杨村有 9 个村民小组，每个村民小组至少有 1 名代表参加。村干部必须是党员，全村共有 20 多名党员……经常参加村民会议的也是这些人。每年召开的村民会议不多，村里公共的事情也少了，以前修路啥的还得集体出工，现在基本都没有了，路也早都修好了，小修小补的用不了多少人工、多少时间。大家都在忙着赚钱。几乎所有的村委会成员都有自己的产业，大家都忙。比如，副村主任是包工头，在县城有个施工队，搞建筑；我承包了个鱼塘，可以养鱼卖鱼。当然，村委会成员不会远走他乡到外地去打工，这是成为村委会成员的前提条件。

村书记的话语解释了调查显示的 89% 的妇女认为没有参与村委会选举的原因，也在一定程度上表明了杨村的村庄公共事务比较少的事实，而近年来的村集体劳动活动，也不多见。村集体劳动出工活动可以追溯到 20 世纪 50 年代的人民公社时期，当时有生产队，大家一起劳动挣工分、挣生活，人们之间是互助、协作的。80 年代左右实行家庭联产承包责任制后，“村民小组”取代“生产队”开始发挥功能。杨村有9个村民小组，各个村民小组会承担组内的一些公共劳动，但随着国家对于农村公共设施情况的投入增加，村集体活动就慢慢减少了，伴随此过程的还有逐渐分散的人心以及慢慢崛起的个体化意识。

目前，村集体劳动指代的是修桥、修路、种树、美化生活环境方面，并且修桥、修路也仅仅是小的修补，不是重新修建，总体工作量不大。随着社会与经济环境的变化，如农村男性劳动力的乡城流动，村集体劳动的参与规则也发生了一些变化，年轻的村民更愿意用“以资代劳”的形式去完成应该参与的村庄公共事务。每年年初，村委会会向村民收取“以资代劳”和“一事一议”的费用，提倡筹资筹劳，如果不能参加村集体的必要性劳动，以缴纳一定资金的方式进行补贴。村干部如是说：

> 现在家家户户每年都要交一些钱，用于村集体劳动，比如有时修路、种树、迎接检查打扫个卫生，还是需要人工的，村子是大家的，如果都不出人也不出钱，那肯定是不行的。每家交多少钱，取决于家中有多少个成年人，应该大家一起为集体做贡献。也不多，每个劳动力每年15块钱。村里一旦有公共事务的支出，就从这部分钱里边出。这也能体现村民之间的一种公平，否则，就没人再愿意给村里做贡献了。

如前文提到的，年轻人是愿意以资代劳的，但年纪大的或者家庭经济状况不好的人，是不愿意交钱的，或者说交了钱之后，是希望村庄有公共事务，能够雇用自己来完成，但这样的机会并不多，并不是每个人都有机会把钱赚回来，所以也就导致了一部分被访者认为村庄没有任何的集体劳动。也有一部分被访者想参与村集体劳动的原因在于社会交往，可以借机会和别人聊天以排解压力、舒缓心情，也可以获取一定的信息、维持人际关系。如被访留守妇女所说：

> 现在没有集体劳动。以前，村民们一起修路。我丈夫基本都参加，他身体好，也愿意参加。他现在不在家，如果再有活儿，村干

> 部让我做，我就做，可以挣点钱，但这样的机会也不多。
>
> 村集体劳动现在不太多了，我还挺愿意参加的，可以和别人聊聊天，要不总是一个人也挺无聊的，多见面、也就熟了，再有个大事小情的，也好开口找人家帮忙什么的……有点啥挣钱路子或机会，人家也可能想着你。

对妇女在村集体劳动的劳动分工与决策的问卷调查结果显示（表6.10），确实现在村集体劳动的机会少了，89%的被调查者近年来没有参加村集体劳动活动。而丈夫的外出务工，给留守妇女提供了更多的空间与机会，26%的留守妇女表示在有村集体劳动时，自己会参加，并且大部分是自己决策的（20%），明显高于对照组妇女的相关比例。

**表6.10　　村集体劳动的劳动分工与决策（%）**

| | | 丈夫 | 一起 | 妻子 | 其他人 | 没有村集体劳动 | 总计 |
|---|---|---|---|---|---|---|---|
| 做<br>（$X^2$（2）=3.116，$p$=0.211） | 组1 | 0 | 0 | 26 | 0 | 74 | 100 |
| | 组2 | 16 | 0 | 0 | 0 | 84 | 100 |
| | 总计 | 8 | 2 | 1 | 0 | 89 | 100 |
| 决策<br>（$X^2$（4）=4.846，$p$=0.303） | 组1 | 4 | 2 | 20 | 0 | 74 | 100 |
| | 组2 | 16 | 0 | 0 | 0 | 84 | 100 |
| | 总计 | 8 | 1 | 0 | 2 | 89 | 100 |

#### 2. “私”领域：妇女更多地参与“人情往来”社会活动

除了村庄公共事务的决策与参与之外，农村家庭的公共事务还包括在日常及传统节日（如春节）期间的走亲访友、“人情往来”，如参加婚礼、葬礼、孩子满月、老人过寿等红白喜事类的社会活动，这是个人或家庭构建社会网络的一般性机会。不同的社会网络可以构建不同的关系，如亲属、邻里关系，或者姻亲关系（Christiansen，1990）。关系是村民达到社会经济目标所需的社会资本（蔡蕣、朱士群，2005）。维持传统的血缘关系和地缘关系是降低外出务工风险的主要机制之一（Mallee，1997）。发展中国家农村地区通过“正规”金融和保险市场为农民提供平稳消费的机会有限，农民通过非正式的、自愿的社会网络实现自我保护和风险分担是减少风险的重要途径（如 Coate and Ravallion，1993；Rosenzweig，1988；Townsend，1994；Udry，1994）。

有学者指出，关系的维持可以分为社会支出（social spending）和位置支出（positional spending）两种类型，前者是相对广泛的支出类别，部分是由他人的支出决定引起的，而位置支出可以算作社会支出的一种特殊类型，更侧重于寻求支出背后的深层动机——地位（Brown et al.，2011）。有关杨村妇女“人情往来”支出的调查，很难辨别清楚支出的类型，人们维持“关系”的目的时常是混淆在一起的，想要维持社会关系，就需要参与人情往来的活动，以免被孤立，而维持关系的开支，一般也很少是个人决定的，而是根据当地的经济水平、以往的礼金交往记录、亲属关系的远近、是否要表示出“地位”而定。例如，一些受访者指出：

人活着肯定要有亲戚朋友，人家有事儿的时候，你就得走动，就有支出，如果你不想被排斥或孤立，就得参加人家的红白喜事，例如婚礼、葬礼什么的。

随多少份子钱，主要看之前你自己家办事儿的时候，人家给你多少份子钱，如果之前没有人情往来，就看和他关系差不多一样远近的人一般都给多少钱。你家办事儿的时候，人家给你 100 块，你至少还回去 100 块。

随多少份子钱，与两家关系远近相关，关系近的，就得多花点份子钱，不能和普通朋友一样。例如，自己娘家的兄弟姐妹有个红白喜事儿的，肯定要比平时花的多。一般都是 500 块，我丈夫的亲戚的人情往来，基本都是 200 块……我娘家亲戚比较有钱，比他亲戚经济条件好。

如果是你想找人家帮忙办点什么事儿的，或者人家的地位相对你更高一些，一般，应该多随一点儿。自然也有一些人，想展示自己的优越性、社会地位高的，也会多随一些份子钱。

对于婚礼和葬礼，所有被调查的家庭都会详细记录支出和收到的礼物/礼金（Brown et al.，2011）。“仪式化的送礼也与制作和保存礼物清单的习俗有关，礼单是用中国传统毛笔书写的，一般用红纸制作（丧礼单用黄纸制作），它们是家庭仪式主办人收到的所有礼物的正式记录”（Yan，1996），也会成为人情往来支出成本的重要依据。

在中国农村，参加婚丧嫁娶等社会活动是男人的事，尤其是活动与妻子的亲属关系无关的时候。婚后，妇女通常被视为“泼出去的水”，一般遵从从夫居的传统进行生活，在一定程度上，她们更属于丈夫的家庭，而不是原生家庭。杨村的情况与之类似，如果夫妻二人都在村里，一般是丈夫去参加此类社会活动。然而，丈夫的长期外出务工，使得留守妇女参与相关活动的几率增加，表6.11中的内容正好说明了这一点，86%的留守妇女现在参加人情往来活动。

**表6.11　维持人情往来的劳动分工和决策分工（%）**

| | | 丈夫 | 夫妻共同 | 妻子 | 其他人① | 总计 |
|---|---|---|---|---|---|---|
| 做<br>（$X^2$（2）=33.185，$p$=0.211） | 组1 | 8 | 0 | 86 | 6 | 100 |
| | 组2 | 62 | 0 | 32 | 6 | 100 |
| | 总计 | 35 | 0 | 59 | 6 | 100 |
| 决定<br>（$X^2$（2）=21.777，$p$=0.000） | 组1 | 8 | 62 | 30 | 0 | 100 |
| | 组2 | 42 | 54 | 4 | 0 | 100 |
| | 总计 | 25 | 58 | 17 | 0 | 100 |

相对于丈夫外出务工期间，“谁来做”人情往来的活动，“谁决策”对于性别关系的探究而言更为重要。有些妇女认为没有必要和丈夫商量，她们可以自己决定（30%，表6.11），因为：

你是否参加其他家庭的人情往来活动，取决于他们是否参加过

① 表6.11中的“其他人”指代的是让别人代给礼金的情况，如文中提到的，让丈夫的兄弟或者父亲等代给礼金，妇女自己就不参加红白喜事的活动了，原因可能在于关系不熟、也可能在于恰好没有时间参与。

你以前的活动，或者他们将来是否会参加你的活动。如果他们以前参加过，你应该参加，你就得去，他（丈夫）不在家，我就去。即便和丈夫讨论，还是一个结果。不去的话，是不对的。

但是大多数妇女认为还是要和丈夫商量一下（62%，表6.11），特别是当自家可能很快也会有一些红白喜事的活动要办的时候，尤其是要讨论一些关系一般或者关系较远的朋友或亲戚的活动是否要参加，以及相应的支出金额问题。一些留守妇女如是说：

应该和他们讨论一下，例如随礼随多少钱合适或者是否要去参加，有一些亲戚或者朋友可能是以后都不想联系的了，那么可能就不去参加了，还是得商量一下的。

我儿子今年春节要结婚了。如果我们想让更多的人参加我儿子的婚礼，现在就得多参加人家的事情。如果想收回来更多的礼金，现在花出去的就多。有的时候还不只是金钱的问题，还关乎名声。如果你家里有事儿要办，来的人很少，或者给的礼金很少，是很没面子的事情。会让人觉得这家的人际网络太差，没有什么朋友，和别人相处得不好。

此外，访谈显示，有一种普遍存在的事实是，人情往来活动谁参加的更多，取决于是谁的亲属，很多被访者指出，如果是娘家亲戚的红白喜事，妻子就参与得多，如果是婆家亲戚的事情，丈夫就参与得多。如一些被访者所述：

如果他家的亲戚有事情，他就去，他不在家的话，我会去，或者可能就让我公公或者他兄弟什么的去，代我们给个礼金什么的，我们就不去了。如果是我娘家的事情，我去，自然没有任何问题。

## 四　象征意义层面的性别关系：传统与新近变化

本章的前三部分侧重于描述实践层面的性别关系，本部分将着重探讨妇女在思想意识层面上对社会性别相关问题的思考，主要强调两个方面，即妇女对自己在农业生产中作用的认识和对家庭中普遍存在的不平等性别关系的认识。

**1. 对农业生产空间中性别关系的认识**

前述分析表明，留守妇女在购买种子、化肥、农药、农机和销售农产品方面承担着更多的工作量，相对于丈夫在家的非留守妇女的情况，她们也更多地参与这些活动的决策，尽管不同活动中的女性化程度有一定差异。在进一步的调查中，留守妇女也表示，在丈夫外出务工后，自己在农业生产中的决策权确实是更多了（表 6.12），并且，两组妇女之间对此问题的明显区别也说明了留守妇女在农业生产中决策权的增加。然而，她们如何看待这种农业生产领域决策权的增加？是在农业生产中承担更多的劳动，就应该做出更多的决定吗？笔者尝试用以下问题做综合分析，探究妇女在农业生产决策中的性别意识："目前谁在农业生产中做更多的决策？""如何看待丈夫不种地，但却在农业生产中决定更多事情？""你家里谁为农业做出更大贡献？"和"你家里谁为家庭做出更大贡献？"

**表 6.12　　在农业生产中谁的决定权更多**

**（%，$X^2$（2）=31.859，$p$=0.000）**

| | 丈夫决定更多 | 互相商量 | 妻子决定更多 | 总计 |
|---|---|---|---|---|
| 组 1 | 24 | 24 | 52 | 100 |
| 组 2 | 44 | 54 | 2 | 100 |
| 总计 | 34 | 39 | 27 | 100 |

从这些分析中，笔者发现对于所有被访妇女来说，她们在农业生产中的决策权的实际情况与她们的看法是一致的（见表6.13，卡方值为17.085，在0.01水平上显著）。表6.14和表6.15中的数据支持两点，

第一，留守妇女在农业生产中承担着更多的工作，应该比丈夫拥有更多对农业生产的决定权，然而，83%（表6.14）的留守妇女认为丈夫即便不从事在农业生产中的活动决定更多也“很正常”；第二，与留守妇女相比，对照组妇女是和丈夫一起从事农业生产活动，她们起到的是辅助作用，从这个角度来看，对照组妇女的“言行”是一致的。当丈夫在农业生产中做出更多决定时，她们认为“很正常”（100%，表6.15）。综上所述，对于留守妇女而言，在思想意识方面，“谁在做”和“谁能决定”农业生产相关事务之间存在一定差距，现实劳动分工的变化并没有直接导致思想意识层面的相应变化。在某种程度上，妇女本身严格遵循传统文化规范，即男子作为户主在家庭中的一切事务都应拥有决策权，即便不参与劳作，也理应具有决策权。

**表6.13　所有被访者对“丈夫不种地，但却决定更多”的看法**

**（%，$X^2$（4）=17.085，$p$=0.002）**

| | 丈夫决定更多 | 一起商量 | 妻子决定更多 | 总计 |
|---|---|---|---|---|
| 很正常 | 82 | 56 | 59 | 66 |
| 不知道 | 18 | 5 | 11 | 11 |
| 错误的 | 0 | 39 | 30 | 23 |
| 总计 | 100 | 100 | 100 | 100 |

**表6.14　组1妇女对“丈夫不种地，但却决定更多”的看法**

**（%，$X^2$（4）=6.426，$p$=0.170）**

| | 丈夫决定更多 | 一起商量 | 妻子决定更多 | 总计 |
|---|---|---|---|---|
| 很正常 | 83 | 67 | 58 | 66 |
| 不知道 | 17 | 0 | 12 | 10 |
| 错误的 | 0 | 33 | 31 | 24 |
| 总计 | 100 | 100 | 100 | 100 |

**表 6.15　　组 2 妇女对“丈夫不种地，但却决定更多”的看法**
**（%，$X^2$（4）=12.494，$p$=0.014）**

| | 丈夫决定更多 | 一起商量 | 妻子决定更多 | 总计 |
|---|---|---|---|---|
| 很正常 | 100 | 52 | 82 | 66 |
| 不知道 | 0 | 7 | 18 | 12 |
| 错误的 | 0 | 41 | 0 | 22 |
| 总计 | 100 | 100 | 100 | 100 |

对留守妇女的访谈资料解释了现实与思想意识存在差距的原因。第一，留守妇女认为丈夫作为户主，有权决定家里的一切，即使他不工作。支持性陈述如下：

> 他是户主，大事小情都应该听他的。
>
> 他是男人，我是女人。我应该听从他的决定。一直以来都是这样的。他不在家，也得打个电话和他商量商量。

第二，农业生产在家庭中地位已经发生了变化，不如以前重要，特别是从经济角度比较丈夫外出务工的收入和农业生产的收入。自从这一变化以来，一些妇女认为任何想做决定的人都可以做出决定，即便是错误的决定，也不会导致大灾难。正如一些受访者所说：

> 种地不是什么大事。几乎所有有关种地的事儿，我都可以自己决定。他（丈夫）相信我的决定是正确的。
>
> 种地没有什么大事，如果他想决定，他就决定。他在家的时候就是他决定的，他也有经验。

第三，对于一些留守妇女而言，追求最大化的家庭利益是最终目标，这比追求家庭中的相对平等地位更重要。在她们看来，丈夫和妻子的主要目的都是为了让家庭生活变得更好，因此，即便丈夫不种地却决定更多的事情，也是出于家庭整体利益的考虑。如，一些妇女表示：

我们都可以决定农业生产相关的事情。他也是担心我买不到好的农业生产资料，所以他想参与决策过程是可以理解的。

都是一家人，离了谁都不行，他在外边挣钱也是为了这个家，我种地、照顾孩子也一样，没必要因为这一点儿小事吵架吧，毕竟是一家人。都是为了全家能够过得更好。

总的来说，“丈夫是户主”“种地不重要”和“家庭利益最大化”是妇女认为“丈夫不种地，但却决定更多很正常”的三个主要原因。尽管如此，仍然存在一些困惑值得我们进一步思考，例如，如果农业生产活动对家庭真的不重要，为什么妇女不决定一切？为什么留守妇女试图“否认”她们在农业生产中正在/已经决定更多事情的现实？似乎留守妇女在农业生产中做更多的事情和决定时，在尽量给在外务工的丈夫更多的“面子”。她们似乎否认自己对农业的贡献是为了“保护”丈夫在家庭中的核心地位。由此可以推断，留守妇女即便拥有了更多的空间决策更多的事情，但她们依旧受传统性别规范（如“男尊女卑”和“婚后从夫”）的影响与控制，并在自身的实践与思想意识中不断复制这些性别规范，在一定程度上，有不愿打破传统性别观念的嫌疑。

然而，令人庆幸的是，在这种传统思维之外，调查结果也体现了一些新思维，即“从事农业生产的人应该决定农业生产相关事务”，有一部分妇女强调，如果丈夫不从事农业生产活动，决定农业生产相关事务是错误的。进一步多元回归分析发现，丈夫外出务工地点的距离远近和妇女是否具有外出务工经历是妇女对此问题看法的影响因素。

多元回归分析表明，有过外出务工经历的妇女在农业生产决策中更倾向于表现出追求平等权利的积极态度。从图6.6和图6.7可以看出，所有被调查者的偏回归系数均为+0.37，而留守妇女组的该系数更高，为+0.44，但对照组在这方面没有相关性。有外出务工经历的妇女比没有外出务工经历的妇女，有更多机会体验和感受现代文化，如性别平等观念等，即便后期返回家乡，这种影响也会潜移默化地影响她们的生活，让她们对相关问题有相对明确的判断，对自己的家庭地位与贡献有更多的意识与认识。比如，一位留守妇女，以前在外打工，后来回来照顾儿子，开玩笑地对笔者说：

> 我在家照顾儿子，他（丈夫）应该给我发工资的。我要是在外打工，挣的钱也未必比他少，我给人家当保姆就不少挣钱。

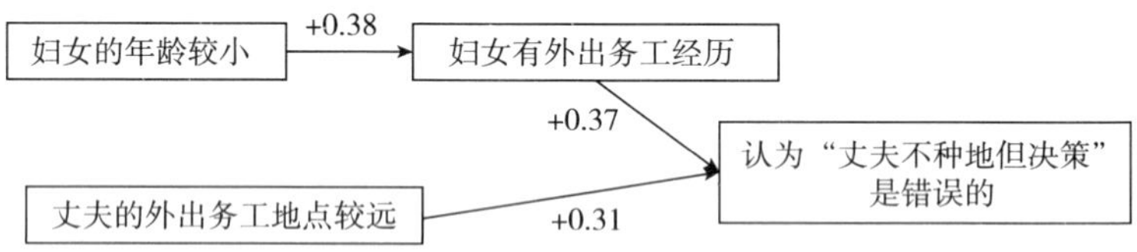


**图 6.6　所有被访者对“丈夫不种地却做决定”看法的影响因素回归分析图（$R^2=0.20$）**

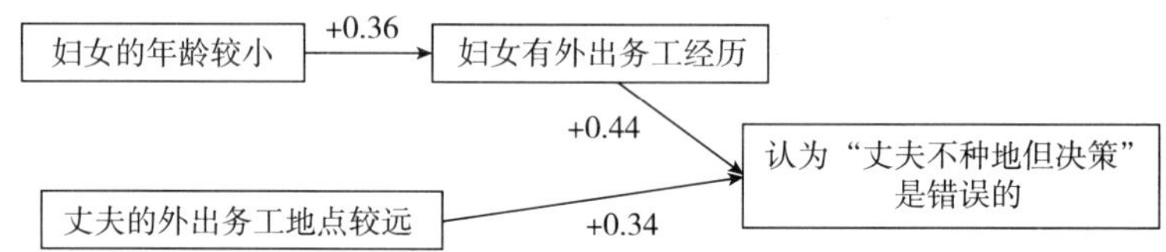


**图 6.7　留守妇女对“丈夫不种地却做决定”看法的影响因素回归分析图（$R^2=0.27$）**

多元回归分析还表明，如果丈夫在远离家乡的地方打工，妻子往往会更加确定自己在农业生产中的决策权。100 名被调查者的偏回归系数为 +0. 31，留守妇女组的偏回归系数为 +0. 34（组 2 在此方面无相关），高于所有被访者的偏回归系数。然而，这似乎与表 6. 13、表 6. 14 和表 6. 15 所示的结果相反，三个表的数据支持了留守妇女的丈夫虽然在外务工，但相对来讲，还是对农业生产的决策较多，数据也具有一定的可能和合理性。虽然 28% 的留守妇女说，她们会在电话中与丈夫讨论农业生产情况，但笔者无法评估电话沟通对农业生产决策的影响，即便是生活史记录的对象，和她们生活在一起，也很难记录此方面的内容。然而，可以肯定的是，外出务工的经历能够激发妇女在家庭中的自主决策权意识。

此外，在本研究中，笔者还运用了一个直接的问题来探讨妇女在农业生产决策权中的意识，即“在她们自己看来，谁对农业做出了更大的贡献?”承担家庭农业生产劳动较多的留守妇女应该确认自己的贡献，即，从逻辑上讲，留守妇女群体既然在做更多的农业生产劳动，应该承认自己的贡献，然而研究结果显示，近三分之一（28%，表6.16）的妇女确认的是丈夫对农业的贡献大于她们的贡献，也有28%的留守妇女指出在外务工的丈夫和自己对农业生产的贡献同样大，只有44%的留守妇女认为她们对农业生产的贡献大于丈夫。在一定程度上，这是一些学者提到的妇女对农业生产的贡献隐性化的反映（任大鹏、王俏，2019）。

**表6.16　　谁对农业生产做的贡献更多**

**（%，$X^2$（2）=20.889，$p$=0.000）**

| | 丈夫 | 丈夫和妻子一样贡献 | 妻子 | 其他人 | 总计 |
|---|---|---|---|---|---|
| 组1 | 28 | 28 | 44 | 0 | 100 |
| 组2 | 62 | 30 | 6 | 2 | 100 |
| 总计 | 45 | 29 | 25 | 1 | 100 |

研究发现，不能够承担农业生产中的“重活”是妇女否定自己在农业生产方面贡献的主要原因，有些妇女强调自己工作的重心依旧是在家务方面。很多被访者如是表述:

> 虽然平时是我在家种地，所有的农活儿都是我干，除草、施肥、洒农药，偶尔还要放水灌溉，但也有一些我不能做、不会做的农活，例如，开机器犁地，这是很重要的部分，他（丈夫）会做，所以，他对农业生产的贡献更大。

其次，在部分被访者看来，男性相对于女性而言，积累的农业生产的知识更多，因此贡献更大，智力劳动对贡献率的影响大于体力劳动。提及此观点的妇女说:

我丈夫比我更懂如何种地。在他外出打工之前，他一直在种地，基本什么都懂，他种地种得很好。现在，如果我有什么不懂的，就会打电话问他，该怎么处理。所以，整体上，还是他的贡献更大。

最后，农业生产资料的投入开支来源决定了对农业贡献的大小。如前文提及过的家庭收入的支配路径图所示，如果农业生产资料的购买资金来源于丈夫的收入，那么，妇女会倾向于去强调丈夫对农业的贡献，而非自己的贡献。有妇女如是说：

农药、种子、化肥，都是用他挣的钱买的，不是我的钱，我也没有额外的收入，投入都是人家投入的，当然收益很大一部分应该属于他，他做的贡献更多，没有他的钱买农资，就不会有产量。

**2. 对家庭空间中性别关系的认识**

上一部分着重讨论的是农业生产空间中性别关系的事实与妇女对于性别关系的认识，本部分对家庭空间中的性别关系及妇女的认识进行了重点分析。总体看来，在家庭贡献方面，挣钱多少是衡量的主要标准。表6.17 中的数据表明，在对“谁为家里做的贡献更多”这个问题的看法上，两组妇女的认识没有差别，56%的妇女认为丈夫对家庭的贡献更大，37%的妇女认为自己和丈夫对家庭的贡献一样多，只有7%的妇女肯定地认为自己对家庭的贡献更大。

**表6.17 谁为家里做的贡献更多（%，$X^2$（2）=3.886，$p$=0.143）**

| | 丈夫 | 丈夫与妻子一样多 | 妻子 | 其他人 | 总计 |
|---|---|---|---|---|---|
| 组1 | 54 | 34 | 12 | 0 | 100 |
| 组2 | 58 | 40 | 2 | 0 | 100 |
| 总计 | 56 | 37 | 7 | 0 | 100 |

与外出务工丈夫的收入相比，妇女获取的货币收入更少（尽管所有

的农业收入都计入了妇女的收入)。各自能挣得多少钱(货币收入)在很大程度上决定了夫妻之间的家庭地位，这是妇女判断谁对家庭贡献大的主要标准。正如一些妇女提到的:

> 我丈夫一天能挣几百块钱，我在家也没有啥工作，挣不到什么钱，就算打个零工，一天也没有多少钱，孩子上学花费都是用他的钱，他贡献大。
>
> 我在家照顾孩子和老人，我们都在用他挣的钱。他对家庭的贡献大。
>
> 照顾儿童和老人没有任何贡献，花钱的地方我一点都帮不上忙，即便是自己可以做皮球代工挣点钱，但也只够维持日常基本生活。他挣的比我多，所以他对家庭的贡献更大。

承担的风险也是妇女衡量对家庭贡献的一个重要标准，相对而言，留守在家种地、照顾家庭与孩子，风险不大，而丈夫在外务工，承担着更大的风险，并且这种风险是为了整个家庭而承担的，因此贡献更大。有被访者指出:

> 我丈夫承担的风险比我大。他在建筑工地打工，风险太高了，偶尔也会听他说有工友受伤什么的，太危险了，这钱挣的不容易。相对而言，在家里种地，有什么风险啊，而且能住在自己家里，吃穿住行相对在外打工的他而言都舒服了很多。他对家庭做出了更多的贡献。

自然，从性别平等的视角出发，能看到有妇女对自己贡献有所意识是更为令人兴奋的事情。例如，有些妇女认为自己和丈夫对家庭的贡献是同样的，没有谁更为重要一说。无论是主内还是主外，只是一种家庭的劳动分工模式，而分工的目的在于配合、在于共同维护家庭功能、实现家庭利益的最大化。有妇女强调:

他挣的钱更多，这是毋庸置疑的，但我在家里，也做了不少事，照顾孩子、种地，我们都是为了培养孩子，都是为了让这个家庭更好，谁都不容易，我们为家庭做的贡献应该是一样的。

我们都在尽力为彼此、为孩子提供更好的生活。先是培养孩子，把孩子培养好了，是我们共同的成功。我们都为家庭做了贡献。

我们不能没有彼此，这个家少了谁都不行，都在尽力为家庭做贡献，分不出谁的贡献更大，贡献是一样的。

对于那些强调自己对家庭贡献更大的妇女来说，从她们的角度出发，也是可以理解的。她们认为，她们承担、处理着家里所有的事情，包括照顾孩子和老人、种地、维持社会关系，并且也在努力地打零工挣钱，为家里贴补收入。虽然家里的事情看似都比较普通、琐碎，没有什么大事，但要独自承担起所有事情，并处理好所有事情，并不是一件容易的事情，更何况，一个稳定的家庭也为在外务工的丈夫提供着随时可以返乡的避风港。一些妇女指出：

在家里，我比他累。我丈夫也同意我对家庭的贡献比他多，我们偶尔也会提及这个问题，我在家里要处理好这么多事情，他就是在外安心打工挣钱就可以了，我比他累，对家庭的贡献应该比他大。

是的，他挣的钱比我多。如果我出去工作，我也能挣些钱，但我们的目标是好好照顾孩子。我留下来是因为我想好好照顾孩子。他在外挣钱，也很辛苦，我们都想让孩子过上更好的生活。在家里，除了照顾孩子，我还需要做农活，还要考虑和管理家里发生的一切事情。我认为我对家庭的贡献比他对家庭的贡献更大。只有家里稳定了，他才能在外边安心工作、挣钱。

综上所述，根据被访妇女的表述，判断“农业生产贡献”和“家庭贡献”的标准是具有多样性的，这两组妇女的陈述区别不大。然而，从多元回归分析来看，影响两组妇女对“谁对农业生产贡献大”和“谁对家庭贡献大”看法的因素各不相同。

对所有妇女“对家庭贡献”意见影响因素的多元回归分析（图6.8）表明，“谁对农业生产做出更大贡献”和“谁对家庭做出更大贡献”之间存在很强的相关性（偏回归系数为+0.51），如果妇女认为“丈夫对农业的贡献更大”，则她们倾向于确认“丈夫对整个家庭的贡献更大”并且，她们对“谁对农业生产做出更大贡献”的看法与“谁种地种得更好”的看法相关（偏回归系数为+0.37）。而在留守妇女组（图6.9）中，她们的教育背景是影响她们对“谁对家庭做出更大贡献”看法的间接影响因素，受教育程度较低的妇女倾向于相信丈夫对农业生产的贡献更大（偏回归系数为+0.32），而相信男人比女人种地种得更好的妇女倾向于相信丈夫对农业生产的贡献更大（偏回归系数为+0.30）。

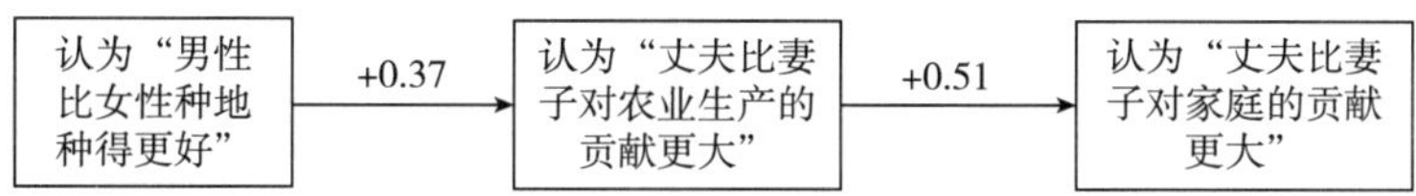


**图6.8　所有被访者“对家庭贡献”看法的影响因素回归分析图（$R^2=0.26$）**

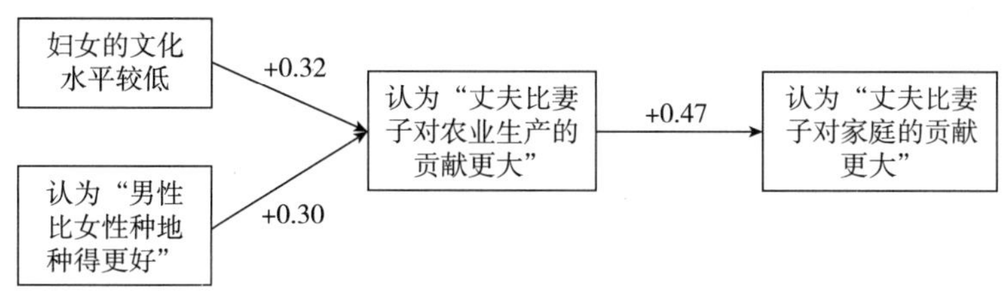


**图6.9　组1妇女“对家庭的贡献”看法的影响因素回归分析图（$R^2=0.22$）**

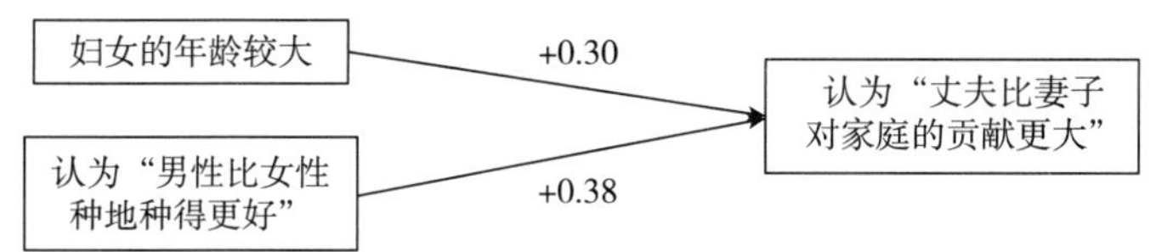


**图6.10　组2妇女“对家庭的贡献”看法的影响因素回归分析图（$R^2=0.23$）**

综合来看，图6.8、图6.9和图6.10的数据在一定程度上代表了杨村妇女在家庭空间领域中思维受传统性别观念的影响，自然，这些因素的回归分析图也可以用另一种方式解读：它们揭示了妇女对性别关系的新思想、新看法，如，接受过较高水平教育的妇女，倾向于确认自己对农业生产以及对家庭的贡献；相信自己能比男人种地种得更好的妇女，倾向于强调自己对农业生产和对家庭的贡献。这无疑是积极的。如前文所述，在留守妇女家庭，农业生产的收入应该主要被算作妇女的收入，加之如果能够对家庭中无酬劳动加以估值的话，妇女的收入起码不应该明显少于在外务工的男性，因此，很多妇女对自身价值与贡献的认知有待提升。

## 五　小结：性别空间的扩大与性别实践的固化

随着男性劳动力不断的乡城转移和逐渐推进的城市化进程的影响，中国农村农业生产劳动力构成发生了重大变化，这导致农业生产对妇女劳动投入的依赖性日益增加，她们正在成为维持和促进粮食安全和农村发展的主要劳动力。从妇女自身的视角出发探讨农业生产和她们生活中的真实情况，在当前具有重要的现实意义。本章旨在更全面地了解在男性劳动力大量流动的背景下，妇女在农业生产和家庭空间中的地位、权利和与丈夫的性别关系。

在这一章中，笔者主要从两个层面讨论了四个问题：在现实实践层面，笔者讨论了农业生产、家庭事务、农村公共事务中的性别关系问题。在思想意识层面，笔者分析了妇女对自己在家庭中地位和权利的意识，探讨了不同空间中性别关系的影响因素。通过比较留守妇女和非留守妇女的状况，研究发现，与非留守妇女相比，留守妇女在购买农业生产资料和销售农产品方面的参与程度更高，总的来说，她们在农业生产中有更多的决策权，尽管在不同的活动中的参与与决策程度都略有差异。

然而，农业生产相关事务中更多的决策权并不一定导致其在家庭事务中更多的决策权，或者说更为普遍的性别平等关系。两个小组的妇女在处理和决定家庭事务方面没有表现出差异，家庭中的“大事”和“小事”的区分是妇女是否能够决定的前提。“小事”主要是指日常事务，每次支出的钱不多，通常是为了满足家庭成员的日常生活需要。“大事”是指在子女教育、子女婚姻、疾病和老年人医疗费用、丧葬支出等方面的各种支出。相较于对照组妇女而言，留守妇女在农业生产事务中具有较高的决策权。然而，在家庭大事的决策中，她们和对照组妇女没有区别，很少有妇女能自己决定。也有学者得出了类似的研究结论，在贵州某地，妇女照顾老人和儿童，她们在家务、农业生产（如购买种子）、家禽养殖、送礼、借钱、出售农产品等方面都是主要决策者，然而，家庭中最重要的事情，仍然在男性的控制之下，比如，盖房子、安排葬礼等（Yuan，2010：82）。如本研究所指出的，家庭“大事”与“小事”的话语与实践划分，本身就试图在性别上造成差异，从而让女性忽视和否定自己对家庭的贡献与价值。

即便是在农业生产之外有兼业收入的妇女，在家庭大事中的决策权也很有限，因为她们挣来的额外收入依然被用于家庭中“小事”的开支，反而在一定程度上巩固了家庭中原有的性别实践与话语。但是，我们不能否认兼业收入的积极作用，例如，多元回归分析发现，有额外收入的妇女，会倾向于将收入投资于农业，这进一步会有助于提升她们对农业生产的喜爱程度，并推动她们继续从事农业生产，而非抛荒。再者，多元回归分析也发现，对于留守和非留守妇女群体来说，性别关系正在以不同的轨迹变化，没有一种特定的解决方案适合所有的情况。尽管仅有少部分的妇女能够决定家庭大事，但不同的驱动力因素能够提升她们对家庭大事的决策权，例如，较为年轻、拥有较高的文化教育水平、与外出务工的丈夫地理距离较远、很少与外出务工的丈夫联系等，都能够刺激、改变现有相对不平等的两性性别关系，让妇女更加独立并认识到自身价值与贡献。此外，对家务、照料等无酬劳动的忽视与隐性化使得妇女更倾向于否定自己的贡献，而这些无疑和家庭性别分工有关，即，如有学者所指出的，“市场体制下的性别化的劳动政体将生产劳动和照料劳动人为分离，将照料劳动分配给女性”（佟新，2017），而“家务劳动的性别差异是性别收入差距的主因”（肖洁，2017），并且，“照料劳动女性化的事实及其意识形态的进一步固化，影响了妇女的发展，也阻碍了性别平等议程与社会发展”（吴惠芳等，2019）。

在公共事务方面，笔者主要讨论参加村委会选举、村民会议、村集体劳动、维持社会关系（如参加红白喜事）等方面妇女的参与度与决策权问题。在村委会选举和村民会议方面，鉴于杨村没有真正的民主选举，只有少数的党员才能真正参与到相关事务中，因此，无论是留守妇女还是非留守妇女，都没有在其中体现出更多的积极性与参与度。在村集体劳动方面，随着近年来国家投入农村基础设施力度的加大，需要农民出工共同劳动的事务随之减少，加之大量男性劳动力的乡城转移，很多家庭采用“以资代劳”的形式参与村集体劳动。即便有些妇女表达了自己想参与村集体劳动赚点钱的意愿，但鉴于机会有限，并不总能获得。除村庄公共事务外，与农民密切相关的公共事务还包括与亲属、邻居、朋友有关的生老病死、娶妻生子、传统节日互访等社会交往活动。在丈夫外出务工之前，丈夫作为户主，通常代表整个家庭参加类似社会活动。丈夫外出务工之后，留守妇女参加此类社会活动的机会与频率都比之前高了，也明显地高于对照组妇女，这有助于妇女建立自己的社会网络，从长远的角度看，会促进妇女自身的发展，即便半数以上的妇女表示，她们在参与相关活动之前也需要和丈夫商量、讨论，但无疑对促进两性性别关系更加平等具有积极意义。

对于思想意识层面妇女对性别关系的认识，即妇女对自己在农业生产和家庭事务中权利的认识，笔者用妇女对“丈夫不种地但却决定农业生产相关的事情”“谁对农业生产的贡献更大”和“谁对家庭的贡献更大”等问题的观点进行了分析、评估。研究发现，尽管所有留守妇女都在农业生产中做出了主要贡献，但近一半的留守妇女否认自己的贡献，并强调丈夫的付出与努力。她们严格遵循着传统的性别实践与话语规则，即丈夫作为户主，对家庭内的一切事情都有决策权，即使实际上男子不承担某项具体劳动。多元回归分析发现，妇女对“谁对农业生产的贡献更大”和“谁对家庭的贡献更大”的看法之间存在显著相关。相信丈夫对农业生产贡献更大的妇女倾向于确认丈夫也对家庭做出了更多贡献。受教育水平较低、认为丈夫种地比自己种得更好的留守妇女，更倾向于确认丈夫对农业生产的贡献更大，也进一步认为丈夫对家庭的贡献更大。这是传统性别观念在留守妇女头脑中的反映，而从相反的角度来看，同样的因素回归分析图也展示了新的可能性，即，受教育水平较高、种地经验更多的妇女会比较强调自己在农业生产乃至家庭中的贡献，也为改善性别关系提供了可能。

随着丈夫的外出务工转移，留守妇女比以前承担了更多的农活，在农业生产领域也比以前决策了更多，其在农业生产领域的决策权也明显多于非留守妇女。然而，这并不等于在家庭的每一件事上，妇女都拥有了同样的决策权。农业生产和家庭事务中的日常实践和思想认识表明，留守妇女在家庭中从事着小、轻、不重要的“小事”，并认为自己所做的事情相对于丈夫的付出与工作而言，是微不足道的，她们在家庭中起到的作用是补充性的、而非主要的，她们排在第二位。比较积极的是，在多元回归分析中，也发现了打破现有性别关系的影响因素，如年龄相对较小、文化程度相对较高、有过外出务工经历、与在外务工的丈夫地理距离较远等因素，对促进男女两性性别关系有正向作用。

综上所述，中国传统文化对社会性别关系仍然有着强烈的影响和控制。如前文所讨论的谁外出务工谁留守一样，在外出务工的机会面前，妇女应该留下来照顾家庭，有学者认为这是家庭利益最大化的表现，但也不能忽视性别观念与文化对这一过程的作用与影响。幸运的是，我们能看到变化的迹象。丈夫的外出务工为两性性别关系的改变创造了空间，虽然促使留守妇女和非留守妇女群体发生改变的影响因素不同，但不可否认都有突破不平等性别关系的可能。例如，较年轻、较少与外出务工的丈夫联系的留守妇女往往会承认自己在家庭大事方面的决策权；相对受过更多教育的留守妇女也往往更能认识到自己对农业生产和家庭的贡献。对于非留守妇女而言，较高的文化水平使她们更能参与家庭大事的决策，较为年轻也有助于她们合理评估自己对农业生产和家庭的贡献。

# 第七章

# 幸福感：农业女性化对妇女福祉的影响

近年来，大量农村男性劳动力长期在外务工成为显而易见的事实，直至年老或身体状况不允许继续外出务工时，他们才会返回农村，而农村女性劳动力在其年轻时，尤其是未婚时，也经常外出务工，直到结婚返回村庄（Wang and Fan，2006）。婚后，特别是分娩后，大多数妇女会留在村里照顾婴幼儿，可能后期还会继续外出务工，直到家里有孩子和老人需要照顾而再次返回村庄。一般来讲，妇女在村庄期间，农业生产和其他家庭事务，基本都是由妇女主要在负责。虽然外出务工是维持生计、提高家庭收入的最佳选择，部分学者也指出这是改善农民福祉的关键（如 Croll and Huang，1997；谭琳，1996），但也有学者认为，外出务工在提高家庭收入的同时，对留守妇女的福祉产生了负面影响。例如，劳动时间的增加和过多的负担可能会损害妇女的身心健康（任青云、董琳，1997；叶敬忠、汪淳玉，2020）和自身发展（如袁玲儿，2006；张凤华，2006）。在学者的预估与评价之外，留守妇女是如何感受丈夫外出务工后的生活的？主观上，她们如何看待自己的生活质量？她们快乐吗？如果不高兴或有压力，她们如何处理负面情绪或压力？从留守妇女自身的视角出发，去探讨她们生活中正在发生的事情，对于改善其福祉无疑是有意义的、必要的。

本章旨在进一步全面了解留守妇女主观幸福感的现状，努力探索有助于提升其福祉的因素，并通过综合妇女对福祉相关问题的期望，从政策制定的角度提出建议。在方法上，为了探讨男性外出务工对妇女福祉状况的影响，本章也采用了比较法进行分析，即将留守妇女的福祉状况与非留守妇女的福祉状况进行比较。此外，本章还使用了生活史记录和参与式观察收集的材料说明问题，毕竟有些福祉问题是相对敏感、不容易调查的，如夫妻之间的感情问题等，而生活史记录和参与式观察的方法能够帮助笔者更为有效地掌握留守妇女的真实福祉状况。

20 世纪 80 年代以来，农村男性劳动力向城市的务工转移成为主流，由于城乡二元体制（如户籍制度）、经济状况等因素的限制，儿童、妇女和老人在一定程度上不得不留守在农村。相对于儿童与老人而言，妇女成为了家庭中农业生产和其他事务的主要劳动力。已有相关研究包括以下方面，流动劳动力的福祉状况（Freidenberg et al.，1988；Knight and Gunatilaka，2010）、劳动力流动的意义（Fan，2008；Jacka，2005；Solinger，1999）、劳动力流动对家庭经济状况（Du et al.，2005）、农业生产（Rozelle et al.，1999b）和城市社区以及国家发展（Page and Plaza，2006；Zhang and Song，2003）的影响，以及因劳动力流动而带来的对留守群体、留守社区（社会）的影响（如 Abas et al.，2009；Mu and de Walle，2011；Murphy，2004）。大多数研究更倾向于认为，男性劳动力的外出务工转移对留守妇女的福祉造成了负面影响，如，学者们认为，留守妇女的工作负担重，压力大，身心健康状况差（Wu and Ye，2016；吴惠芳、叶敬忠，2010；许传新，2009b，2010）；孤独感和不安全感增强（吴惠芳、叶敬忠，2010；许传新，2009b）；与外出务工丈夫的关系、冲突加剧、婚姻关系不稳定（李喜荣，2008；许传新，2009a，b），并且，由于上述负面影响，从长远角度看，会对妇女自身发展产生负面影响（李新然等，2000；林惠俗，2003；姚德超、刘筱红，2012；袁玲儿，2006；张凤华，2006；张励仁，1999；朱爱萍，2001）。

文学作品中的农村妇女经常被描述为“她者”或者例外，即受害者或者英雄（Grace and Lennie，2002），笔者不想以此为基调描述留守妇女，本章的目的在于展示普通留守妇女的福祉状况，描绘在丈夫外出务工后，她们自己所感受、理解、判断的福祉状况。在分析她们福祉状况、如何处理日常生活中的困难、如何提升自己的幸福感的基础上，讨论她们对福祉相关问题的期望。笔者主要采用以下问题剖析丈夫外出务工对留守妇女福祉的影响：

第一，留守妇女的身体负担与精神负担。本部分以“在你看来，夫妻一起在家种地，和丈夫出去打工，妻子独自在家种地，哪种情况更好?”这一基本问题的看法为着手点，探讨留守妇女的身体负担和精神负担。留守妇女的客观身体负担主要体现在从事农业生产劳动、照料等家务劳动方面，自然也包括从事这些活动中可能存在的风险以及留守妇女的身体状况；而留守妇女的主观幸福感，笔者则尝试更多地引用问卷调查、生活史记录和参与式观察等方式收集到的数据，来说明她们的精神负担，如孤独感等。

第二，留守妇女如何应对困难和妇女福祉的影响因素。这一部分主要以生活史记录对象的深入访谈和参与式观察材料为基础进行分析，阐述了受教育水平、外出务工经历、与原生家庭的地理距离、婚姻类型、地方宗教信仰等因素对女性幸福感和孤独感的影响。

第三，留守妇女对福祉相关问题的期望，以探讨可能提升其福祉的正式社会支持。研究中，笔者以“你期望开展什么类型的培训?”“你希望村里有什么类型的组织?”“你比较关心哪方面的信息?”等开放性的问题入手，对留守妇女的需求和期望进行分析，从而提出可能提升妇女福祉的可行性建议。

## 一　身体负担与精神负担

“幸福感与人的客观物质情况、主观认知状况密切相关”（Newton，2007）。幸福感是对一个人或一个群体主客观状况的总称，包括社会、经济、心理、精神等状况。高幸福感意味着个人或群体的经历在某种意义上是积极的，而低幸福感则与消极的经历有关。“在任何时候，个人的幸福感与个人拥有的资源、能够满足的需求和对自己幸福状况的主观评价三方面相关，这三个方面是相互关联的，在更广泛的家庭、社区和社会的互动过程中展现。”（McGregor，2004）至于负担，它通常被视为与幸福感截然不同的概念，是幸福感的预测因素（Chappell and Reid，2002；Pearlin et al.，1990；Stull et al.，1994；Yates et al.，1999）。一般认为，负担也由客观和主观两部分组成（Vitaliano et al.，1991），本节将对此进行讨论。

相对而言，留守妇女的丈夫在外工作，而非留守妇女和丈夫一起在家共同生活。那么，留守妇女对目前的劳动分工满意吗？妇女对目前的劳动分工状态满意与否，必然会影响她们的幸福感。在本研究中，笔者通过一系列问题调查了相关情况，即“以下两种情况，一种为丈夫为主，在家和妻子一起从事农业生产；另一种为妻子为主，与他人（如丈夫、邻居、亲戚、朋友、雇工等）一起从事农业生产。你认为哪种情况更好？哪一种你觉得更开心？哪一种对妇女更好？”

表7.1中的分析结果至少说明了以下两点。第一，从卡方值来看，两组妇女对于三个问题的观点没有差异。无论是留守妇女还是非留守妇女，大多都认为丈夫和妻子一起种地比女性主要靠自己种地更好，然而，留守妇女所经历的现实状况与她们的期望之间存在差距。66%的留守妇女指出，与丈夫一起种地总的来说比主要靠自己种地要好；68%的留守妇女认为与丈夫一起种地比独自种地更开心；76%的留守妇女认为，与丈夫一起种地比单独种地对妇女更好。尽管留守妇女认为和丈夫一起种地比单独种地要好，但她们所经历的现实是，她们主要是自己种地。第二，对照组妇女认为，主要靠妇女种地、丈夫外出务工的情况比夫妻二人共同在家种地，更好（40% > 28%）、妇女更高兴（26% > 20%）、对妇女更好（16% > 10%）。事实上，无论是留守妇女独自种地，还是夫妻两人一起在家种地，这两种情况各有利弊。无论身处哪一种情况，都有所牺牲，因此都会羡慕另一个群体的生活状态。

**表7.1　夫妻共同或主要由妇女从事的农业劳动，哪种情况更好（%）**

| | | 一起种地 | 不知道 | 主要妇女种 | 总计 |
|---|---|---|---|---|---|
| 整体上哪种情况更好（$X^2$（2）=1.659，$p$=0.436） | 组1 | 66 | 6 | 28 | 100 |
| | 组2 | 54 | 6 | 40 | 100 |
| | 总计 | 60 | 6 | 34 | 100 |
| 哪种情况妇女更高兴（$X^2$（1）=2.929，$p$=0.231） | 组1 | 68 | 12 | 20 | 100 |
| | 组2 | 52 | 22 | 26 | 100 |
| | 总计 | 60 | 17 | 23 | 100 |
| 哪种情况对妇女更好（$X^2$（2）=2.291，$p$=0.318） | 组1 | 76 | 14 | 10 | 100 |
| | 组2 | 62 | 22 | 16 | 100 |
| | 总计 | 69 | 18 | 13 | 100 |

此外，对于后两道涉及女性自身福祉的问题，妇女回答“不知道”的比例高于第一道一般性问题的比例，可以体现出妇女在回答这个问题时的“为难”情绪，也能感受到她们不愿意承认丈夫外出务工对自己的影响，但这种影响是实实在在存在的，包括身体负担和精神负担两方面。

**1. 身体负担**

关于留守妇女的身体负担，这一部分主要讨论了她们在农业生产、家庭照料和家务劳动中的负担、她们的身体状况和从事农业生产活动的风险。

（1）农忙时的身体负担较重

如前文提到过的，杨村的农业是水稻（6—10 月）和小麦（11—5 月）的轮作种植，而每年两次的收获季节是农业生产劳动最为繁重的时期，每次大概持续 20 天左右，主要的农活包括收割、整地、再种植。种植在相对平整土地的小麦或水稻的收割工作，基本都是由机器完成的。大多数家庭没有收割脱粒一体机这种相对大型的、昂贵的机器，因此，收割工作基本都是雇人完成的。完成收割、脱粒作业后，农民（一般是男性）需要驾驶拖拉机将粮食运回家，然后为下一季的农业生产进行整地。整地之后，进行再种植工作，如果是种植水稻的话，主要是插秧。在小麦收获之前，妇女通常在五月初在菜园里育水稻秧苗，小麦收获之后，便把菜园里的水稻秧苗移栽到地里。在留守妇女看来，农忙季节的工作量很大。尽管外出务工的丈夫通常会回来帮助她们，但还是很辛苦。有留守妇女这样描述：

> 农忙期间，每天都感到很累。每天太阳刚升起来就起床，吃点东西，就下地干活了。越早越好，天还不热，比较舒服，等到太阳都升起来，就太热了。尤其水稻插秧的时候，更不能选择太阳太大的时候，大中午插秧的话，秧苗成活的几率肯定要下降的。基本上天气热起来，就可以回家吃午饭，休息，之后下午天气稍微凉快一点，再下地干活，一直到天黑……“抢收抢种”，时间很重要，抓紧收割、抓紧种植，注意气候变化。农忙期间必须抓紧干，否则非常可能后期就碰到下雨或者其他问题，会影响最终的产量。

表 7.2　　农忙与非农忙时期妇女的劳动时间（小时）

| | 农忙 | | 非农忙 | |
|---|---|---|---|---|
| | 平均值 | 标准差 | 平均值 | 标准差 |
| 组 1 | 10.49 | 2.17 | 1.63 | 0.93 |
| 组 2 | 9.94 | 2.67 | 1.45 | 0.69 |

与丈夫在家和她们一起务农的妇女相比，留守妇女的工作量更大，表 7.2 的数据支持这个论点。尽管表中数字之间的差距不大，但访谈资料能够更真切地体会出留守妇女独自主要承担农业生产劳动的辛苦，有人表示：

当然，我们比她们更痛苦，她们有丈夫帮忙一起种地。我们自己做所有事情，包括买农药、除草剂等农资，如果丈夫在家的话，肯定是他去做的……夏天下地太热了，为了避免大中午干活，真是起早贪黑的干。

对于留守妇女来说，虽然丈夫在农忙期间会回来帮忙，但与非留守妇女，劳动量是不同的。而且在家庭承担主要农业生产劳动的妇女，鉴于多年的经验，可能会因为更擅长种地而承担更多的工作量。一些留守妇女说：

在农忙收获的时候，丈夫虽然回来帮我，但也只待 20 天左右，有时候可能就 10 天左右。在他回来之前，我先育苗，他回来帮我开拖拉机运粮食、整地，有时候插秧都干不完就又出去打工了。他走后，平时打农药、上化肥、喷除草剂这些活儿都是我干。和丈夫一起干农活的，通常丈夫是主力，妻子是帮工。即便是一起做，妇女承担的劳动量也没有我们这么大。

其实，丈夫回来只是在收获季节做些繁重、我不会做的体力活。具体的种地，我比他有经验，例如插秧，我育秧、我插秧，他就是帮我把秧苗运到地里，我插秧，他不怎么会，掌握不好秧苗的深度，肯定会影响后期的生长……当然，我认为我比他累，尽管我们工作的时间是一样的。

（2）几乎没有闲暇时间

大多数妇女表明她们没有闲暇时间（91%，表 7.3），除了干农活，她们还要照顾儿童和/或老人、做家务劳动。如，有研究证明，结婚特别是生育对女性的时间利用方式造成了非常强烈的冲击，但对男性的影响却相对较小（许琪，2018）。调查发现，88% 的妇女在照顾子女和/或孙子女，只有 12% 的妇女不需要照顾任何人（表 7.4）。在她们看来，照顾孩子比照顾老人更累，特别是照顾 5 岁以下的孩子，这需要更多的时间和精力。生活史记录对象王娟自 2017 年起一直在照顾孙子。孙子出生一年后，儿媳随王娟的儿子一起外出务工，孙子交由她照顾。她提到：

他（孙子）小时候，我太累了，他醒着的时候，你得照顾他，他睡觉了，就得马上收拾房间、做饭、洗衣服什么的，他醒了，不到十分钟，家里就又乱了，还得抽空继续打扫，没有闲着的时候……我基本上睡不够，他早上醒的早，我就得起来给他做早饭。他玩的时候，我得时刻盯着他，以防磕着、碰着的。等以后大了，上学了，就能好多了。

**表 7.3　妇女在家是否有闲暇时间（%，$X^2$（1）=1.099，$p$=0.295）**

| | 没有闲暇 | 有闲暇 | 总计 |
|---|---|---|---|
| 组 1 | 88 | 12 | 100 |
| 组 2 | 94 | 6 | 100 |
| 总计 | 91 | 9 | 100 |

**表 7.4　照料子女（孙辈）情况（%，$X^2$（3）=5.225，$p$=0.156）**

| | 子女 | 孙辈 | 子女和孙辈 | 不需要 | 总计 |
|---|---|---|---|---|---|
| 组 1 | 56 | 26 | 4 | 14 | 100 |
| 组 2 | 38 | 42 | 10 | 10 | 100 |
| 总计 | 47 | 34 | 7 | 12 | 100 |

对于留守妇女来说，在需要进行农业生产劳动的时候，照料工作的负担会让她们感觉更加困难，她们必须平衡农业生产和照料这两项劳动，在此种情况下，她们通常会面临劳动力短缺的问题。面对这样的情况，她们会寻求公婆、父母、邻居、朋友的帮助，帮忙短期看管孩子，生活史记录对象王娟如是说：

> 现在家里只有我和孙子两个人。我丈夫、儿子和儿媳都在外打工……自然，可以雇人干农活，但如果所有活儿都雇人干，就挣不了多少钱了。大多数家庭也就是在农忙期间雇人收庄稼，机器毕竟快而且省事儿，平时的生产活动还是要尽量自己去做……我就趁着他睡午觉的时候去喷农药之类的，放在邻居家，让他们帮我看一会儿。

对于一些妇女来说，她们也需要承担起照顾老人（主要指公婆）的责任。尽管大多数被调查者，通常在结婚之后或在第一个孩子出生之后，就已经和公婆分家、分开居住，但在父母年老的时候，还是需要承担起照料的责任的。一般情况下，只要身体能力允许，父母并不愿意成为子女的负担，只要有能力靠自己独立生活，他们会或外出务工或务农，靠自己的能力养活自己，当不能劳动之后，子女（尤其是儿子）会提供食物、金钱以及照料服务，为父母养老。表 7.5 的数据反映了杨村妇女照顾老人的实际情况，42% 的留守妇女在照料老人，比例高于非留守妇女，自然，这也是她们留守的原因之一。

**表 7.5　　是否需要照料老人（%，$X^2$（1）=2.852，$p$=0.091）**

| | 需要 | 不需要 | 总计 |
|---|---|---|---|
| 组 1 | 42 | 58 | 100 |
| 组 2 | 26 | 74 | 100 |
| 总计 | 34 | 66 | 100 |

当照料子女和照料老人的责任同时存在时，留守妇女的负担更重。

生活史记录对象庄洁就是一个支持性案例。庄洁正在照顾女儿（小学生）、儿子（小学生）和身体状况不好的婆婆。庄洁每天都有一个非常严格、忙碌的时间表，她这样描述自己的日常生活：

> 我每天早上五点四十起床，为孩子们做早饭，趁着空隙的时间，同时收拾屋子。早上七点，叫孩子们起床、吃早饭，帮他们洗漱、整理。然后，我把孩子们送到学校。之后我可能回到家就下地干活，或者是洗衣服。下午五点左右，接孩子回家，做饭。晚饭后，烧温水给孩子和婆婆洗澡。大概每天晚上 21：30 分左右能上床睡觉……婆婆身体不好，我得单独给她做饭，她吃的东西比较软，我们吃的她吃不了，所以我感觉每天我都在做饭，一直在做饭。每天也都有衣服要洗，两个小孩、一个老人和我自己的，照顾三个人，不容易，但我不想别人说我懒惰……但今年，我家地里的杂草明显比其他人家多，我没时间去洒农药，婆婆身体更不好了，还是得以照顾婆婆为主……她（婆婆）原来身体好的时候，我有空还能去见见朋友、聊会儿天。现在，很少有时间去见朋友了（均住在附近村庄），照顾她真的需要很多时间。

对于那些除了务农还有其他兼业工作的妇女来说，劳动负担更重，拥有的闲暇时间就更少。生活史记录对象李芬就是一个符合这种情况的案例。李芬的丈夫在江苏镇江打工，月收入在4000 元左右，大儿子在读高中，小女儿在读幼儿园。子女的教育开支和未来儿子的婚姻开支，让李芬的压力很大，因此她选择争分夺秒地挣钱。李芬①给笔者的印象是，在整个访谈期间，她就没有停止过忙碌——忙着做皮球、忙着做家务、忙着下地种田，即便是一直在挣钱，也没有让她的生活更轻松。她说：

---

① 李芬的小女儿 2019 年开始在 H 乡中心小学读书，为了方便接送女儿，李芬换了一份兼业工作，在镇上的服装厂打工，正好上下班顺便接送女儿。

我没有办法放松。我得尽可能多挣钱。如果一天做3个皮球，能挣40块钱左右，就够儿子、女儿和我的生活费了。冬天除外，只要天长的时候，我基本每天早上五点就起床了，因为天亮了，起床后，收拾屋子、洗漱、洗衣服、做饭，我就可以做皮球了，闺女一般七点半起床，中间有一段时间能做一会儿皮球。她起床了，帮她洗漱、收拾，一起吃早饭，之后我八点半就把她送到班车点，她就去幼儿园了。之后，我就能下地干活了，如果地里没活儿，就继续回家做皮球。她中午在学校吃饭，我中午就随便吃点。能多做一会儿皮球就多做一会儿，一直到下午四点半，去班车点接她放学回家。到家之后做完饭，吃饭，之后继续做皮球，可能做球的过程中会给她讲个故事啊、一起看个电视什么的，中间也可能去喂喂鸡之类的，但主要的事情就是尽可能多地做皮球，一直到晚上十点左右睡觉……

当然，妇女是否有闲暇时间以及身体负担如何，与其家庭经济状况密切相关。李芬家的经济状况不好，这是她争分夺秒努力做兼业工作挣钱的原因之一。她说：

我丈夫身体不好，同样在工地上打工，他也挣不到别人那么多钱，不能干重活。儿子读高中，在学校寄宿，每月也得需要1000块钱左右的生活费，女儿上幼儿园也得花钱。我是不得不利用所有时间，尽可能多挣点钱，以后孩子的花费更高，还得结婚买房子吧……我家的经济状况明显就不如别人家，你（指代笔者）从房子啥的也能看出来，那就得比别人更努力一些。

大多数留守妇女都有忙碌的劳动时间安排，这在整个调研期间，笔者能够深深地体会到并观察到。在调查过程中，一些留守妇女表示：

当你问我的时候，我想不起我每天通常做的所有事情。但是，我有一种强烈的感觉，我没有任何空闲时间。干什么都需要时间。

反正感觉每天都没有闲着，一直都在忙着各种家务，洗衣服、做饭、带孩子、下地干活、喂鸡，感觉每件事儿的时间都不多，但可能没有仔细计算吧，确实每天要干的活儿太多了。

（3）身体状况不佳和农业生产的潜在风险

繁重的劳动负担对妇女的身体状况产生负面影响。约三分之一的被访妇女身体健康状况不佳，很多妇女都在长期服药，她们表现出来的疾病包括关节炎、腰椎间盘突出症、骨刺、胃炎、高血压、脑血栓等。26%的妇女表示，她们需要每天服药以缓解不适（表7.6）。尽管74%的妇女认为自己并没有患严重疾病，但她们也表示能够经常感觉到疼痛，如腰、胳膊、肩、背和腿的疼痛。虽然没有证据可以直接证明妇女的身体负担与其身体状况之间的显著相关性，但回归分析发现，女性不良身体健康状况与年龄增加有显著相关，回归系数为+0.26（$R^2$ = 0.07），这在一定程度上可以支持“积劳成疾”的判断。

**表7.6　妇女认为自己身体状况（%，$X^2$（2）=1.529，$p$=0.465）**

| | 好 | 一般 | 不好 | 总计 |
|---|---|---|---|---|
| 组1 | 56 | 14 | 30 | 100 |
| 组2 | 68 | 10 | 22 | 100 |
| 总计 | 62 | 12 | 26 | 100 |

事实上，留守妇女在家庭中从事大量工作是影响妇女身体状况的一个因素。调查中的很多片段都支持这一点，如，生活史记录对象李芬说：

我的身体状况不好，有高血压和关节炎。雨季的时候最难受，一下雨阴天的，颈椎、腰和腿都疼……在过去的几年里我真的付出了很多。现在家里经济状况好转一些了。自从他（丈夫）开始在镇江打工，我就承担了家里所有的事情，下地干活，打农药、上化肥，有时候为了省钱还自己锄草。在家照顾两个孩子，还得抽空做皮球。自然，做皮球也不是他要求我干的，我就是想多挣点钱，让家里的经济状况更好些。做皮球看着容易，其实挺伤身体，一直坐在那里，胳膊、腿、手一直在使劲儿，你得拽紧了线，球才能不漏气，才能符合回收标准，劳动强度还是挺大的。没多一会儿，手腕、胳膊、背、腰和腿就开始疼了。太累了……种地也很累。给庄稼打药，背的喷雾器容量通常都是16升的，打药的时候，装一半或三分之二的药水，就很重了，来回地在地里打药，很累，你体会不到……夏天又那么热，农药也有毒，你还得防护吧，穿个长袖啥的，捂着会觉得更累、更没力气……我现在不能选择过舒适的生活，一是家里没那个资本；二是我丈夫在努力工作，我也得努力工作，为了孩子、为了家。

此外，笔者发现农民在从事农业生产劳动时存在着潜在的风险，她们在喷洒农药、施肥等过程中，防护不到位，相关的安全知识掌握不足。对多名妇女干农活过程的参与式观察发现，她们在向农作物喷洒杀虫剂或除草剂时不会自我保护，例如，她们不戴口罩和手套，在喷洒、使用农药的时候也不会考虑风向等因素的影响，甚至干完农活后也不会及时洗手。

对农民使用化学品的观察始于2018年对生活史记录对象刘美的一次参与式观察。2018年5月的一个中午，笔者和刘美一起下地给小麦喷农药。去田里之前，刘美脱掉干净的衣服，换上了打算洗的脏衣服，换了双旧鞋，背上喷雾器打算出门。为了节约体力，刘美并没有在家提前把农药粉和水混在一起，装进喷雾器，而是背着空喷雾器，又拿了一个旧的摩托车头盔（当作水瓢用）和一些农药粉包。她指出，她家地附近有一个小水沟，里面有水，她可以在那里取水勾兑农药。然后，我们一起步行了大概10分钟，到了刘美家的小麦地。找到小麦地旁边的水沟，刘美撕开农药粉包的包装（没戴手套），把药粉倒进喷雾器里。然后，她用摩托车头盔从水沟里取水，灌入喷雾器……配好农药后，刘美把“空”的农药包装扔在了水沟旁边，而水沟旁边已经有很多废弃的农药瓶、农药包装袋……然后，我们开始了喷洒农药的工作。她喷农药的时候我就跟着她走，当天有微风，逆风的时候，喷洒出来的农药是非常可能被我们吸入身体的，但刘美没有考虑改变喷洒方向的问题。后来，笔者提及了这个问题，刘美认为，逆风的时候，闭上嘴就可以了，如果专门为了风的方向改变喷洒农药时候走过的路径时，会多走一倍的路……回到家后，笔者和她一起到了她的公婆家吃晚饭（因为下午下地干农活，刘美就没有自己做饭），在这个过程中，刘美没有仔细的洗手，只是用清水简单冲洗了一下。

参与式观察的结果并不能说明妇女的身体状况与她们使用农业化学品的方式有关，但也不能说明无关。有些学者早就在研究中指出过类似问题，在中国农村，这不是特例（如 Qiao et al.，2012；Sachs and Alston，2010），相关培训刻不容缓。生活史记录对象张芳曾经的经历也从侧面说明了这个问题的重要性。

2018 年 7 月的一个中午，张芳想趁着空闲，去给水稻喷除草剂，通过电视节目对于农药危害的相关报道，张芳做了相对细致的防护，她选择穿“密闭性”比较好的雨衣和雨靴。穿好衣服后，她背上勾兑好了的、满满一喷雾器的除草剂溶液去了田里，然而，没喷多久，由于天气炎热和雨衣不透气，张芳感觉到头晕，几乎中暑。而这段经历的回忆也让张芳后怕，如果真的晕倒在地里，后果就不好估计了。

**2. 情感负担**

身体负担和情感负担是相互影响的。与身体负担相比，情感负担在调查中更难探究，并且，调查发现，留守妇女通常会自己忍受这些烦恼。从生活史记录和参与式观察来看，非留守妇女对丈夫的担忧程度相对较低，总体上，留守妇女承担着更大的情感负担。留守妇女比非留守妇女表现出更多的孤独感，丈夫的情感支持是释放留守妇女情感负担的必要条件。此外，留守妇女在农业生产中的贡献和家庭中的贡献被否定或得不到认可也是她们的一种情感负担。

（1）压力与焦虑

农业生产、照料、家务以及兼业工作使得很多妇女没有闲暇时间，如何能节省开支、增加收入是压力与焦虑的一个主要来源。调查显示，约70%的妇女生活有压力，其中，24%的妇女认为压力比较大，47%的妇女表示生活有一些压力（表7.7），压力主要来自于家庭“大事”，即子女教育与婚姻的现在支出与未来支出，并且，她们表示也需要为日后自身的养老存一些积蓄。在压力感方面，留守妇女的压力感与对照组妇女没有差异。

**表7.7　　生活中是否有压力（%，$X^2$（2）=0.998，$p$=0.607）**

| | 压力比较大 | 一些压力 | 没有压力 | 总计 |
|---|---|---|---|---|
| 组1 | 28 | 46 | 26 | 100 |
| 组2 | 20 | 48 | 32 | 100 |
| 总计 | 24 | 47 | 29 | 100 |

然而，对于压力与焦虑的排解方式，即是否会与丈夫倾诉方面，两组妇女存在着显著的差异。留守妇女通常会自己忍受这些焦虑，不告诉在外打工的丈夫，而非留守妇女往往会把她们的压力与焦虑告诉丈夫（卡方值为9.261，在0.01水平上显著，表7.8）。留守妇女往往自己承担着情感负担，这对她们的福祉无益。

**表7.8　　妇女是否会主动告诉丈夫自己的焦虑（%，$X^2$（2）=9.261，$p$=0.010）**

| | 不告诉 | 有些告诉有些不告诉 | 告诉 | 总计 |
|---|---|---|---|---|
| 组1 | 38 | 20 | 42 | 100 |
| 组2 | 14 | 16 | 70 | 100 |
| 总计 | 26 | 18 | 56 | 100 |

至于独自扛下负面情绪的原因，留守妇女表示，她们不愿意让在外务工的丈夫担心、分心，继而增加务工风险，她们通常把丈夫的利益放在首位。例如，有妇女指出：

有焦虑，也不想告诉他，告诉了，又能怎样……他在建筑工地打工，告诉他了，还可能分心，天天爬高，多危险啊，所以基本都不告诉他，自己慢慢调节……他也有压力，都不容易。

如果家里真的发生大事，肯定会告诉他，例如，公婆生病啦，那他就得回来了，有时候也会告诉他孩子的学习情况，他也比较关心。孩子刚好在家的话，会多跟他联系一下，他也能鼓励鼓励孩子上学……但我自己的事儿，没有那么重要，大多数家庭都和我们一样，男的都在外打工。人家的媳妇都能承担、忍受，我也能做到。

（2）孤独

调查显示，所有留守妇女在丈夫外出工作时都会通过电话、微信与丈夫联系。在大多数情况下，鉴于工作时间与安排的影响，通常是丈夫主动联系留守妻子，联系频率为每周一到两次，每次交流时间以五分钟左右为主，会交流子女（教育）、农业生产和其他相互关心的问题。很少有妇女会在沟通中直接表达留守在家的孤独感。然而，从参与观察她们的非正式谈话和日常生活中，笔者深深地感受到了围绕着留守妇女的孤独感，至少在以下两方面有间接表现。

一方面，从留守妇女喜爱观看的电视节目中表现出来的孤独感。虽然在外务工的丈夫会通过手机、微信联系留守妇女，但与丈夫在家的非留守妇女相比，是完全不同的情感体验。留守妇女不愿意承认自己想念丈夫，并因此感到孤独，她们不擅于、也不愿意去表达此类情感，受传统文化规范的影响，如果表达出来会使她们感觉“丢脸”，这也在一定程度上提升了笔者对于此方面问题调查的难度。然而，从与生活史记录对象的共同生活经历来看，笔者发现，她们非常喜欢观看情感类（如爱情类）电视节目。例如，刘美就是一个例子。与刘美做生活史记录期间，她当时最喜欢的电视节目是江苏卫视的《非诚勿扰》[①]（情感类真人相亲秀），很关注男女嘉宾的速配过程。笔者和刘美一起观看过两次该节目，全程，刘美都很开心，会大笑、会评论嘉宾的长相、性格以及话语，并表示如果是自己的话，会选择哪个男嘉宾等看法。即便刘美并没有表示自己很孤独，但确实观看节目时开心的状态与平时的生活状态反差很大。而生活史记录对象庄洁相对明确地表达了自己的真实感受，只要有时间看电视，庄洁会首选爱情剧，当笔者追问原因时，她直截了当地说：

> 原因？我想我喜欢这种剧是因为我需要更多的爱。在我看来，我没有经历过真爱。我也告诉过你，我的婚姻是特殊情况（被人贩子拐卖，18 岁时被卖给了现任丈夫）。虽然现在，我对他（丈夫）也有感情，但我始终觉得自己一直缺少真爱。并且，他现在常年在外边打工，我们也不太经常沟通吧……他比我大，我感觉他也不太了解我怎么想的……当我看这种电视剧剧时，我能想象出爱的感觉是什么，可能是一种补偿吧。

另一方面，留守妇女闲聊中体现出来的孤独感。当笔者和刘美一起居住做生活史记录期间，笔者旁听了一段刘美和另一名留守妇女的对话，体现了留守妇女的孤独情绪，尤其是家里只有留守妇女一人的时候，这种情绪更为强烈。

> 某天下午五点左右，通常是该做晚饭的时间了，从村里的校车站点接儿子回来后，刘美、刘美的儿子和笔者正步行回家，在路上，刘美遇到了她的一个好朋友，也是留守妇女。她们的对话如下：

---

① 注：《非诚勿扰》，江苏卫视的一档生活服务类节目，节目中有 24 位单身女生以亮灭灯的方式来决定报名男嘉宾的去留，经过“爱之初体验”“爱之再判断”“爱之终决选”“男生权利”等规则来决定男女嘉宾的速配成功。

刘美说：嗨，××，你干什么呢？

她的朋友回答说：没干什么，刚从地里回来，给小麦喷了点儿药（杀虫剂）。你家喷了么？

刘美答道：喷完了，我昨天喷的……还没想好今晚该给毛毛（她儿子的昵称）做点什么吃呢。你今晚打算做啥吃？

她的朋友回答说：我也不知道。不想吃，虽然饿了……你的情况比我好，你每天都能见到儿子，我连儿子都看不到（儿子在寄宿学校学习，他每两周回来一次）……家里就我一个人，没胃口……

刘美笑着说：是的，如果毛毛不在家，我也不想做饭……那我回家给他做饭啦（指她儿子）。有时间来家玩啊……

（3）不满

除了压力、焦虑和孤独之外，访谈中发现，一些留守妇女会有不满的情绪，主要在于她们不喜欢种地，在一定程度上也与其对家庭的贡献得不到认可相关。与孤独、焦虑相比，这种不满的情绪不具普遍性，更具隐蔽性。

如第五章和第六章所述，尽管留守妇女是农业生产的主要贡献者，但她们往往不喜欢种地，种地是为了在照顾孩子、老人、家庭的同时，而不得不做的事情。种地很辛苦，但经济收入与外出务工收入相比又很有限，很难给她们带来幸福感。如果她们对家庭的牺牲与贡献，再得不到认可的话，这种不满情绪就会更加强烈。一些留守妇女如是说：

要不是要在家照顾孩子上学，他毕竟马上要小升初了，是个关键阶段，我也不愿意留在家里种地。种地太累了，一年的收入也没有多少，都没有两个月打工收入多。

在家里种地挣不到那么多钱，如果家人认可你的付出和贡献还可以，碰上不理解的，付出这么多不值得……等孩子能撒开手了，我还是要出去打工的……当然对现在的生活状态不满意了。

因此，留守妇女及其家人都非常需要认识到并确认自己对农业生产

和家庭所做的贡献。充分、公正地认识留守妇女在农业生产和家庭中的作用和贡献，不仅可以促进两性平等，而且可以改善妇女的福祉。

## 二　身份认同：留守妇女福祉的影响因素分析

与非留守妇女相比，部分留守妇女在生产生活中会表现出压力、焦虑、孤独和不满等负面情绪，然而，调查也发现了提升留守妇女幸福感的一些因素。已有研究指出，影响幸福感的因素有很多，如家庭关系、经济状况、自身健康情况、工作和社会生活状况，以及生活中所承担的义务和责任是否对等，等等（Bowling and Windsor，2001）。本研究发现，影响妇女幸福感的因素与其身份特征以及对自我身份的认同有关，如果妇女具有别人眼中“大人物”（somebody）的特征，她往往比“小人物”（nobody）更具幸福感。在一般情况下，“大人物”和“小人物”在某种程度上关系到其他村民是否知道妇女的本名。正如吉登斯（Giddens，2006：1020）所说，名字是个人身份以及群体身份的重要标志。

如果妇女并非出生在本村，婚后的从夫居会导致其名字在一定程度上被“某某家的（媳妇）”所替代，“某某”可能是姓氏，也可能是丈夫的名字，从社会性别的角度来看，她们名字被替代的过程，是妇女的个人身份被隐藏的过程，是变成别人眼中“小人物”的过程，也是其权利、地位被“淹没”的过程。然而，调查发现，有些妇女被他人认识或提及的方式并不是“某某家的（媳妇）”，而是她自己的名字，并且，往往这些妇女所表现出来的精神状态更为积极、向上，其幸福感更高，因为她们是别人眼中的“大人物”。进一步分析发现，受教育水平、外出务工经历、婚姻类型、与原生家庭的地理距离、地方宗教信仰是决定一个妇女是别人眼中“大人物”还是“小人物”的影响因素。

**1. 受教育水平**

在中国农村，女性的受教育水平普遍低于男性。农村妇女在获得教育资源方面往往处于不利地位（Wu and Treiman，2004），笔者在杨村的调查也支持这一观点。然而，如果妇女的受教育水平相对较高，她们会在很多方面体现出自己的优势，例如，教育子女、监督子女学习、接受与学习新鲜事物的能力等，这都有助于她们成为其他村民眼中的“大人物”。生活史记录对象刘美就是一个支持性案例。

刘美留守在家照顾儿子（读幼儿园）和女儿（读寄宿初中），丈夫在外打工。她读书读到了初中二年级，相对于村里的其他妇女，其受教育水平是相对较高的，她在村里比较“出名”，很多人都知道、并称呼她的名字，而不是以“李家媳妇”或“李家的”称呼她。她能被别人记住名字的部分原因在于她文化水平相对较高、能够辅导孩子写作业。根据笔者在生活史记录期间对刘美的参与式观察，相对而言，刘美很少表现出孤独，每天都有朋友来找她聊天、到她家串门，尤其是儿子从幼儿园放学回来之后，会有两个留守妇女带着孩子来到刘美家。其中一个留守妇女和刘美是同一代人，在家照顾儿子；另一个留守妇女是上一代人，她在家照顾孙女。两个孩子和刘美的儿子是幼儿园同学。她们每天来的原因在于刘美可以一起辅导孩子写作业，因为她们二人的受教育程度不高，无法辅导。在辅导孩子们做作业之外，刘美会和两位留守妇女交流、谈心。由于受教育程度较高，加之性格外向，刘美是一个受欢迎的人，邻居们或其他村民都愿意和她接触。运用自己的知识与能力，去帮助其他人辅导孩子，是可以扩大社会网络、避免孤独的有效方式。她在他人眼中，不是“小人物”，她有自己的名字，是有一定能力的“大人物”。

**2. 外出务工经历**

调查显示，杨村 45% 的妇女在婚前和/或婚后有过外出务工的经历。正如一些学者的研究所指出的，外出务工经历能够给人带来一些积极的变化，例如，提高人们的创业能力（Ma，2001）、提高妇女的个人自主权（Davin，1996），甚至导致家庭领导权的“女性化”（Chant，1998）。外出务工经历在一定程度上增强了妇女在家庭中的权力。本研究发现，妇女以往的外出务工经历也有利于她们福祉的提升。与没有外出务工经历的妇女相比，有过外出务工经历的妇女多被认为是见多识广的，她们通常是生活中的信息传递者和咨询顾问。鉴于掌握的信息和经验，这些女性往往比其他女性更快乐。她们是村民心目中的“大人物”，通过与他人交流信息的社会互动过程，能够减少其孤独感。生活史记录对象刘美、王娟的故事支持这一观点。

刘美停止读书之后，开始在县城的一家餐馆打工（做服务员），在那里认识了丈夫（做厨师），后来相爱结婚。婚后，丈夫去了北京打工（依旧做厨师），刘美随其一起外出务工，不久，发现已怀孕，就没有工作，一直陪着丈夫，直到生产前的一个月才回到杨村。在北京陪伴丈夫打工的日子，刘美每天都在周围散步，偶尔也和丈夫去游览名胜古迹，她对北京的生活与文化有了切身体验。女儿 5 岁时上了幼儿园读书，刘美把女儿交给了公婆照顾，再次随丈夫一起到宁波打工，在制衣厂工作三年之后，因为已经上小学的女儿成绩出现下滑，而返回杨村陪伴女儿、监督辅导女儿学习。提到在制衣厂的打工经历，刘美表示很难忘，笑着说：

> 上班的时候很有意思。那时，我们早上七点起床，七点半开始工作，七点半以前必须打卡，否则，会被记录为迟到，就要扣工资，但都是年轻小姑娘，谁愿意早起啊，都想多睡一会。后来，我们就一起商量了个办法——把工作证交给一个人，直接把所有人的卡都在七点半之前打完，一天一个人轮流着来，互相帮助……不干活的时候，就一起去逛街，大部分时候也什么都不买，尤其是已经结婚的，基本都不买东西，都想给孩子省点钱，但就是和大家一起逛街，看看，就已经很开心。

严格意义上讲，刘美在制衣厂与其他工友共同生活和工作的经历教会了她如何与他人相处，也扩展了她的眼界。在返乡之后，这些经历都可以成为和别人的谈资，也会无意中增加自己的自信、扩展社会网络。

生活史记录对象王娟也有外出务工经历，并且务工经历丰富。在村民看来，王娟勇敢、聪明、见多识广、有经商头脑，农活也干得很好。当亲戚、朋友、邻居有意干点事儿的时候（如做点小生意），经常会向王娟咨询、和她讨论，以往务工经历积累的信息与社会网络，能够让她为他人提供有效建议。王娟的受教育水平不高，但她丰富的外出务工经历为她扩展了人际关系、提高了她的被需要感和幸福感。王娟最早是在县城市场卖鱼，提及此经历，她说：

> 那时需要赚钱养家，否则我们就活不下去了。突然有一天发现，村附近河里的鱼还挺多的，刚开始是捞上来自己吃，后来就发现，可以出去卖啊，当时交通还不是很方便，我就到县城市场去卖。当时也害怕被抢啊什么的，但我一个已婚妇女，还能把我怎么样？应该试试，万一就赚钱了呢……很快就把所有的鱼卖了，算赚了第一桶金吧，当天也没有碰到不好的事儿。算下来，卖鱼是比种地挣钱，尝到了甜头，就停不下来了。后来，他（丈夫）就在家捞鱼，我去卖……有一天，还是碰到地痞了，冲我要钱……我就假装坚强，后来我灵机一动就"吓唬"他们说，"钱不能给你，这次你抢走了，以后你们到我的地盘上去，照样可以抢你们的"……（笑）没想到真给吓住了，他们应该是以为我也有黑社会背景呢，毕竟那个时候一个女的单枪匹马敢出去做买卖的不多……后来，卖这种河里捞出来的免费鱼的人越来越多，就不挣钱了，我就不干了……前前后后干了很多不同的职业，养过猪；种过蘑菇；在饭店、建筑工地都打过工……后来照顾孙子，就不能长时间出去打工了，不过抽空，有时间的话，还是回去找一些临时的工作，我会干的活儿挺多的，装修粉刷什么的都会干。

丰富多样的外出务工经历，使得王娟成了村里的"名人"，有需要的村民会时不时地来做客、听她的打工故事、咨询她的"生意经"。对王娟生活的参与式观察也让笔者发现了王娟与其他村民最明显的区别，她更时髦，她是所有被访的、与其同龄的妇女中唯一佩戴首饰（耳环、项链）的人，家中摆设的沙发和床也是城里人常用的款式，这在其他村民家中都很少见。外出务工经历已经带来了她生活上与其他同村同龄妇女明显的区别，她更自信、更健谈，杨村村民很少有不知道王娟名字的人，她是村民眼中的"大人物"。

### 3. 婚姻类型和原生家庭所在地

婚姻是影响女性幸福的另一个因素。中国有句老话叫“男怕入错行，女怕嫁错郎”，女人的幸福取决于她的婚姻（Fan and Huang，1998）。婚姻类型通常涉及居住安排、家庭财产继承、家庭内部权力结构等内容（Skinner，1997），根据婚后选择与谁的原生家庭居住，可分为随夫居（partrilocal residence）和随妻居（matrilocal residence）两种模式（Jin et al.，2001；Li et al.，2003；Li et al.，2004）。在杨村，所有妇女的婚后居住都遵从的是随夫居模式。本研究中，笔者根据现实情况从夫妻二人建立感情的基础、相互了解的方式来定义婚姻类型，包括以下四种：自由恋爱婚姻、相亲婚姻、交换婚姻和买卖婚姻。

调查发现，这四种婚姻类型与原生家庭所在地（妇女的出生地）密切相关。自由恋爱婚姻多发生在同学、工友之间，男女双方在上学期间相识，后发展成婚姻关系，或在外出务工的过程中，认识彼此，进而确定婚姻关系。由同学关系发展成婚姻关系的双方，两个家庭之间的地理距离一般不会太远；由工友关系发展成婚姻关系的双方，两个家庭之间的地理距离存在不确定性。自由恋爱婚姻的比例呈上升趋势。

相亲婚姻和早期父母包办的婚姻有相似性，在一定程度上，相亲婚姻是由父母包办婚姻慢慢演化而来。经过亲属、朋友、媒人等关系的介绍（一般会考虑“门当户对”），男女双方进行相亲，相处一段时间（几个月或几年均有可能），彼此觉得合适再结婚，目前是中国农村较为普遍的婚姻类型，被访妇女经常用“介绍”或“相亲”来表述此种婚姻类型，通常两个家庭的地理距离不会太远。

交换婚姻多发生在贫困家庭，一般而言，这种家庭有儿子和女儿，但因为家庭经济状况不好，儿子很难找到婚配对象，遂找一个状况类似的家庭，两个家庭将女儿彼此交换，作为彼此儿子的媳妇，两家的地理距离也不会太远。至于第四种婚姻，严格地说，买卖婚姻是一种犯罪行为，因为女方基本都是因人贩子的欺骗或胁迫而结婚，越贫困的地区，这种现象可能会越多。通过此种方式成婚的女性，一般距离原生家庭非常遥远，如来自云南和贵州。杨村95%的已婚妇女都来自本省（见表4.1），买卖婚姻基本都发生在剩下5%的家庭之中。在生育子女之前，她们经常被严加看管，以免逃跑。

已婚女儿与原生家庭之间的保护关系是相互的（Liu and Chan，1999）。婚姻类型影响着女性的社会支持网络。有学者对遭受虐待的妇女的社会支持网络的研究发现，在包办婚姻中，原生家庭会对已婚女儿提供较大的支持，因为是家庭包办了婚姻，当女儿在婚后家庭遇到问题时，就不得不提供帮助；而在自由恋爱的婚姻中，因为更多是女儿自己做出了婚姻的决定，因此原生家庭没有太多的责任干预已婚女儿的婚姻冲突（Liu，1999）。这意味着自由恋爱婚姻限制了妇女从原生家庭获得更多的支持。当然，与原生家庭的地理距离也会影响已婚女性获得社会支持的程度。生活史记录对象庄洁便是一个支持性案例。

庄洁是买卖婚姻的典型案例，她来自于贵州某村庄，18 岁在贵州打工的时候，被人贩子挟持、以 5000 元的价格卖给了现任丈夫，被访时，庄洁还没有和丈夫领正式的结婚证，她也没有户口。刚被贩卖到杨村的日子，她被严密地监视起来以防止其逃跑，直到她生下女儿。据庄洁描述，女儿一岁时，她被准许回家探望父母，她有机会永远离开杨村，但她舍不得女儿，更无法想象女儿没有自己会生活得怎样，在探望父母之后，她最终选择回到了杨村继续生活。随着时间的推移，她和丈夫的关系也慢慢变好。在杨村，没有人知道庄洁的全名甚至她的姓氏，都称呼她为“毛子”（当地对南方人的通称），即便后来她死于车祸这样一个相对于小村庄而言的“大新闻”，村民也不知道她的名字。

庄洁因婚姻类型而受到村民的不同对待，也因其原生家庭太远，而得不到相应的非正式的社会支持。如前文所述，杨村的已婚妇女大多来自同村、同乡镇、同县城，庄洁的异乡人身份就显得尤为特别。当她有烦恼和不愉快的事情时，她不会告诉父母，因为她不希望父母为她担心。在邻村，庄洁有两个有着相似婚姻经历的好朋友，她只和她们联系、交流感情。她认为只有有类似背景（被贩卖或者同乡）的人才能理解她的心情与处境。她在杨村生活之初，也存在着语言和生活习俗障碍。她表示：

> 我听不懂他们说话，一开始也不明白他们在说什么。不过，我会说普通话，他们也会说一些。现在，我能理解所有对话的内容了……我不喜欢吃米饭，我喜欢吃面，饮食习惯也不同……一开始，我也不知道怎么能种好地。这里的土壤条件也和老家的不同……当然，我不能告诉我妈我不开心，或者我的痛苦……我运气不好吧……我不想让他们太担心我。

生活史记录对象刘美、谢燕则是体现与庄洁相反情况的案例。刘美来自另一个乡镇，谢燕则是土生土长的杨村人。原生家庭的距离都不是很远，随时可以回家，尤其是谢燕，回娘家仅需步行5分钟的路程。谢燕的丈夫和父亲都在外务工，母亲在镇上的服装厂打零工，谢燕在家照顾女儿和儿子，负担着家里的农活。因为距离很近，她总是回娘家帮妈妈做家务，甚至农活，谢燕对自己的生活状态很满意，她说：

> 我没有感到孤独。想什么时候回家都可以。其实我不喜欢我公公婆婆，小叔子结婚之后，我们就和他们分家了，现在公婆和小叔子一家在一起生活，婆婆在帮忙照顾小叔子的儿子。我也想让她给我照顾孩子啊，这样我也能出去打个零工，挣点儿钱，那多好……不过我看到儿子就好了，就不难过了，自己带吧，不高兴了就回我妈家待着，很多事儿你不能告诉婆婆，但可以告诉亲妈。

相对而言，由于出生地的关系，刘美、谢燕两人从原生家庭获得的支持要比庄洁多很多。庄洁在婚后的早期生活中经历了语言、饮食、务农等方面不同的障碍。由于其特殊的经历，她的社交网络很窄，除了相似经历的两个朋友之外，她每天接触的就是丈夫的家人以及邻居，很少有村民知道她的全名，甚至姓氏，大多数人用“毛子”这个通称来称呼她，在村民眼中她是个“不幸”的“小人物”。然而，会做具有家乡特色的手工制品（绣花鞋垫），为庄洁扩展自己的社会网络提供了空间。庄洁指出，杨村本地人中没有人会做这种纯手工绣花的鞋垫，做一双至少需要花一个月的时间，她会利用闲暇时间制作鞋垫，送给朋友，以表达情感、维系关系。与杨村的其他妇女相比，庄洁是相对孤独的，在村民眼中可能是“外人”，所以需要找寻同样的“外人”分享内心故事、舒缓心情，例如，经过生活史记录期间的接触，庄洁也把笔者当作了朋友，也送给笔者手工绣花鞋垫，因为我们都是杨村的“外人”，她讲出心底故事对她无害。

**4. 地方宗教信仰**

宗教作为一种社区资源，有利于人们福祉的提升（Knight et al.，2009；Maton and Wells，2010；McFadden，1995）。在杨村，存在着一种本土的宗教信仰，类似于基督教与天主教，但并不完全相同，并不宣讲圣经，也不会有“洗礼”等仪式性活动，它更多的是一种群众自发的非正式组织，倡导人们做善事，提供机会与场所给人们一起唱赞美诗、祈祷，舒缓情绪、释放压力。杨村有两个这种非正式的信仰组织，它们把废弃的小学教室作为聚众的场所，每个星期三和星期六的早上进行集体活动，一般会唱两个小时的赞美诗，之后为需要帮助的人祈祷，信或不信这种地方宗教信仰的村民均可以随时加入、随时离开。对这两个地方宗教信仰组织的参与式观察发现，对于信徒而言，除了从信仰中找到内心的平静之外，参加集体活动以便和他人沟通、舒缓情绪可能是更大的动力，而“看看热闹”则是更多普通群众的心态。生活史记录对象刘美曾如是表示：

> 我不信那个（宗教），村里有两个教，没啥区别，就是不同的人组织活动，他们周三、周六上午都有活动，去看热闹的挺多的，真正信的不太多，可能老人多点儿吧，例如身体不好的人。有时候，我无聊了，也会去凑凑热闹，在外边听他们唱唱歌，就是玩儿……无害，都是告诉人做好事的，没教不好的。

生活史记录对象李芬是杨村其中一个地方宗教信仰组织的领导人之一，由于在该“宗教”中的地位，很多人知道李芬的名字，她是别人眼里的“大人物”，她会演讲、会祈祷、会唱赞美诗、会带领大家一起活动、能够帮助人们释放负面情绪。人们对李芬身份的认同，源自于其自身经历，李芬的经历在一定程度上起到了“现身说法”的示范作用。李芬原生家庭比较贫困，她有一个哥哥，一个姐姐和一个弟弟。自幼，父亲身体不好，父母让哥哥、姐姐和弟弟上学，因家里农活、家务等压力，李芬被要求留在家里帮忙分担劳动，从而没有获得上学的机会，她成了整个家庭的“牺牲品”，这也间接导致了后来的“交换婚姻”，以及她开始信奉“地方宗教”，并从中找到了自信。对于此过程，她指出：

我父母认为女孩子上学没用。但是，也很奇怪，他们让我姐姐上学了，可能让她上学的那会儿家里还能够维持吧。那时，我家有十多亩田，哥哥姐姐都已经上学了，弟弟还小，我爸身体不好，就得有人帮家里分担，所以他们决定让我分担，没有更多的理由……12岁开始，我就下地和他们一起干农活了。我受了太多苦了，我的命太苦了，这是你（笔者）无法想象的……

当然，最悲惨的是我的婚姻。到了我哥要结婚的时候，家里没有钱，娶不起媳妇，爸妈很着急，后来就决定换婚……用我给我哥换一个媳妇回来，这也由不得我……后来，我嫁给了我现在的丈夫，他比我大9岁，他的妹妹就是我大嫂，当时他（丈夫）家也穷，也没办法……但我那会儿挺恨我爸妈的，他（丈夫）比我大那么多，我也不喜欢他。结婚的最初几年，我们没有夫妻生活，他碰我，我就掐他，他也知道我不喜欢他，就不惹我了……我父母和公婆都不知道我俩之间是怎么回事，但一直不怀孕，都怀疑我身体有问题，甚至我婆婆后来都骂我是“不能下崽儿的母猪”，我也很恨她，但那会儿我就是一句话也不说，算抵抗吧……

两年后，我才慢慢接受了现实，因为我知道我已经无法改变现实了，当然，也是因为我丈夫对我挺好的，日久生情吧，我那么对他，他也没打我、骂我，所以后来我也想好好过，要个孩子了……不过，就是怀不上，就去医院检查，大夫也说没有任何问题……我说我命不好吧，想要孩子又要不上了。后来，有人告诉我，如果我信教，就能怀孕，我也是抱着试试看的心态参加了他们的活动，虔

> 诚地祈祷……太神奇了，后来我真的怀孕了，有了儿子……因此，我相信这个地方宗教信仰，慢慢还成为领导人之一。当我有时间的时候，我会引导人们祈祷或唱《赞美诗》。当然，我也会以我的真实经历说服别人加入我们。

因为家庭贫困、受教育机会的缺失以及交换婚姻的伤害，李芬的负面情绪压抑了太久，她自卑、觉得别人看不起她、对原生家庭和婚姻家庭都充满了恨意。也因为长期负面情绪的影响，间接导致李芬在想要怀孕生子的时候不能如愿以偿，但在这个时候，地方宗教信仰的出现，给了李芬希望与快乐，最终如愿得子。随后，她更多地参与地方宗教信仰活动，虽然由于家境贫寒，她没有机会上学，但她的口才不差，头脑也相对灵活，她结合自身经历、现身说法，向别人传递信息、甚至发表公开演讲，这不是每个普通的村妇都具备的能力。她慢慢成为该信仰组织的领导人之一。当有人想祈祷时，李芬需要帮助他们组织和主持仪式，这带给了李芬更多的快乐与自信，这种能力和“当地教会”的身份促使李芬更加自信和快乐。

除了受教育水平、外出务工经历、婚姻类型、与原生家庭的地理距离和地方宗教信仰之外，还有其他因素影响着妇女的福祉，如，妇女对未来的期望、妇女婆家与娘家的经济差距、妇女在家庭中的劳动负担，等。如果妇女对未来抱有希望，她们往往比那些没有希望的妇女更具幸福感。如果原生家庭的经济状况好于公婆家庭，那么妇女在家庭中往往会有一种优越感，从而有利于她幸福感的提升。如果妇女在家庭中的工作负担不太重，她们肯定会从中受益。有学者指出，妇女的幸福感与她们的参照群体密切相关（Knight et al.，2009）。对于农村妇女来说，参考群体不是城市妇女，而是同村的其他妇女。如果她们具有一些她人没有的优势，她们就会被当作“大人物”而不是“小人物”，她们会有一种被他人需要的感觉，自我身份认同感会增强，从而，她们会更自信和快乐，幸福感从而会被提升。

## 三　社会支持：提升留守妇女福祉的可能性

上述生活史资料的分析表明，受教育水平、外出务工经历、与原生家庭的地理距离、婚姻类型和地方宗教信仰是影响妇女福祉的重要因素。除此之外，妇女对信息、培训和组织的期望可以表明她们对于提升自身福祉的需要，她们对孩子的期望也反映了她们希望改变生活的方面。调查中，笔者使用“你最关心哪方面的信息?”“你希望参加哪些培训?”“你希望参与哪些组织?”以及“你对子女的期望是什么?”等问题对相关情况进行了剖析。

首先，研究发现，妇女普遍比较关注子女教育信息（26% VS 36%，表 7.9）。几乎所有的妇女都表示，“照顾好孩子、教育好孩子是整个家庭中重要的事情”，她们希望孩子们接受尽可能多的教育，以后能够脱离农业、有一份稳定的工作。她们会尽最大努力挣更多的钱、支持孩子接受更多教育。而对于具体的教育信息，主要是指择校的相关信息，如高校基本情况、专业选择、学费与就业状况等。在调查期间，笔者也总是被要求给予一些“专业性”的建议。

**表 7.9　妇女最关心的信息（%，$X^2$（7）=10.945，$p$=0.141）**

| | 种地 | 卖粮食 | 农业和农村发展政策 | 农民工权益保障 | 健康与医疗信息 | 子女教育信息 | 其他 | 不知道 | 总计 |
|---|---|---|---|---|---|---|---|---|---|
| 组 1 | 20 | 0 | 0 | 6 | 2 | 26 | 12 | 34 | 100 |
| 组 2 | 10 | 2 | 2 | 2 | 0 | 36 | 2 | 46 | 100 |
| 总计 | 15 | 1 | 1 | 4 | 1 | 31 | 7 | 40 | 100 |

**表 7.10　妇女希望参与的培训（%）**

| | 种地 | 养殖 | 文化 | 外出务工技能 | 健康照料知识 | 其他 | 不知道 | 总计 |
|---|---|---|---|---|---|---|---|---|
| 组 1 | 27 | 9 | 2 | 9 | 0 | 7 | 46 | 100 |
| 组 2 | 20 | 12 | 2 | 9 | 6 | 3 | 48 | 100 |
| 总计 | 23 | 11 | 2 | 9 | 3 | 5 | 47 | 100 |

其次，妇女关注的是农业生产信息，并且，留守妇女较非留守妇女更关注农业生产的信息（20% VS 10%，表 7.9），具体而言，她们比较关注如何选择种子、化肥、农药以及规模化的家禽养殖方面的知识（23%与 11%，表 7.10），有妇女直接指出，近年来相关的培训不多，希望有更多培训。如，生活史记录对象李芬谈及这个问题，说道：

> 这几年似乎没有什么养殖方面的培训，不知道怎么了，之前是有相关培训的……我们当然需要种地方面知识的相关培训啦，例如，告诉我们如何选择良种，如何选择化肥和农药……虽然我们（村民）之间也会交流相关信息，但毕竟不专业……最近几年，也不知道怎么回事，小麦水稻的虫子都特别多，打药似乎也杀不死，你看树叶都没了，都被虫子吃了呗，之后药劲儿过了，还是继续吃庄稼……有人尝试用烟熏，但效果不好。没人告诉我们该怎么办，就只能喷农药了……

再次，令人兴奋的是，约有 19% 的妇女表示希望村里能够有休闲娱乐组织（表 7.11），这无疑对缓解孤独感、增强妇女福祉有积极意义，尤其是有过相关经历或见识的妇女，对此方面会提出明确的需求。例如，生活史记录对象刘美就在访谈中提及过和丈夫在北京一起打工期间的广场舞经历。她说：

> 能有这样的组织，那真是太好了。非农忙季节，晚上大家都能有时间，现在大家都在家里待着看电视，要不就是串个门聊个天。总是待在家里不好。如果能有个组织，或者有个人，带我们大家，一起跳个舞，组织个活动，不仅对我们身体好，大家肯定也都更开心……然而，没有人组织这种活动……我只是一个普通家庭妇女，得是那种本身就会跳舞的人带着我们一起……发起人是得有点儿胆量的，女的太张扬了，可能会被别人说三道四……或许政府可以发起类似活动。

表 7.11　　妇女希望参加的组织（%）

| | 经济合作 | 娱乐休闲 | 技能培训 | 信贷 | 其他 | 不知道 | 总计 |
|---|---|---|---|---|---|---|---|
| 组 1 | 5 | 20 | 7 | 0 | 13 | 55 | 100 |
| 组 2 | 13 | 18 | 4 | 0 | 0 | 65 | 100 |
| 总计 | 9 | 19 | 5 | 0 | 7 | 60 | 100 |

最后，调查发现，有相当一部分妇女对信息、培训和组织（分别为40%、47%和60%，见表7.9、表7.10和表7.11）的需求都给出了“不知道”的回答，这表明她们对此没有过相关的思考，或者没有相关的需求。然而，更有意思的是，留守妇女对这些问题“不知道”的比例均低于非留守妇女的相应比例，可以从一定程度上反映出留守妇女稍显“独立”的思维与更为迫切的需求。

此外，关于对子女的期望，多数受访者表示希望子女能得到尽可能多的教育。这种期望背后反映的是，由于种种原因，妇女自身对没有受到足够的教育感到遗憾。当然，一些人的外出务工经历或其他人生经历使她们更加认识到了教育的重要性。她们希望孩子能弥补自己的人生缺憾。生活史记录对象李芬就对自己没有上过学的事情“耿耿于怀”，也因此非常重视子女的教育。她说：

> 如果再给我一次机会的话，我一定会选择上学，即便我的父母不同意、不给我机会，我可能也会力争机会。就因为我不识字我根本就不能出去打工，说不好听的，男女厕所如果没有图像标识，我可能都会走错……我现在这么努力挣钱，就是全力以赴支持孩子上学。我希望我儿子能考上大学，以后能有个好生活。

## 四　小结：以主观能动性的发挥促妇女福祉的提升

每个人的生活都不容易，而在城乡二元结构、发展差距的影响之下，农村人的生活更为艰辛，一般在二十几岁成婚之后，就需要承担起为子女、家人奋斗的重担。最初20年，基本都是在为子女的教育打拼，之后是为了子女的婚姻大事努力，完成了子女教育和婚姻大事之后，紧接着就需要照顾孙辈，直到身体状况不再允许。家庭中的每个人都在努力付出，不仅是外出务工的男性，留守在家的女性也很少把自己的福祉、幸福放在第一位，他们都会为了家庭利益的最大化，而默默背负起自己的负面情绪。

研究发现，随着农村男性劳动力的乡城务工转移，妇女成为家庭各项工作的主要劳动力。在承受农业生产、家务照料以及兼业工作等身体负担之外，她们也在承受着焦虑、孤独、压力、不满等情感负担。与非留守妇女相比，留守妇女承受的情感负担更重。她们很少有闲暇时间，多会尽量利用空闲时间多挣钱。然而，他人乃至她们自己对自身在家庭和农业生产中的贡献均没有给予足够的认可与重视。

与非留守妇女相比，留守妇女会更多地表现出不快乐。虽然她们知道和丈夫一起在家种地更好，但她们必须独自在家里完成所有的劳动，忍受所有的负面情绪。然而，令人振奋的是，一些留守妇女利用自己的“优势”、发挥主观能动性来应对困难。受教育水平相对较高、拥有外出务工经历、与原生家庭的地理距离较近以及拥有地方宗教信仰等，都是有利于提升留守妇女幸福感的积极因素。这些优势为留守妇女提供了更多与他人交流的机会，使她们能够避免孤独。与村里其他人相比，这些相对“优势”让她们变得自信，成为“大人物”，而不是连名字都不被人知道、记住的“小人物”，即，妇女的身份认同与她们的幸福感相关，这种“大人物”的身份有利于其构建自己的社会网络、摆脱留守引发的负面情绪。这些因素会帮助妇女提升主体性，从而改变夫妻之间的权力关系，在日常生活实践中慢慢重构传统文化规范（杜平，2019）。如有研究所表明的，尽管漫长的父权历史剥夺了女性的法律人格和独立的社会身份，但妇女并非父权被动的牺牲品，而是会充分发挥能动性，积极参与到中国传统文化形态与社会秩序的构建中来，经营着自己的生存空间，给予自身意义和尊严（Bray，1997；高彦颐，2005）。

此外，根据妇女在培训、组织、信息和子女教育方面的期望，以下建议可供思考。首先，加大相关农业生产知识的培训力度，尤其需要在培训中融入性别视角，如良种、化肥、农药等良种选择与使用方面的培训；其次，当地政府可以牵头成立休闲娱乐组织，提供相关舞蹈培训、设备乃至场地，以缓解留守妇女的孤独感，一方面能够促进乡村公共性的建立，另一方面也能够有效抑制宗教组织发展的不可控因素；再次，利用学校的平台，给学生以及家长提供更多有关学校、专业、就业等方面的信息；最后，强调妇女在家庭中无酬劳动的贡献，提升妇女对自身贡献的认可度、提升其幸福感，促进两性平等。

# 第八章

# 性别空间与性别实践：农业女性化的影响及政策意涵

本书探讨了农业女性化对农业生产、家庭内部性别关系和妇女福祉的影响，同样从妇女的视角考察了影响农业生产、两性平等和妇女福祉的因素。本研究的资料是在江苏省北部的杨村收集的，具体收集方法包括问卷调查、生活史记录、关键人物访谈和参与式观察。为了能够更好地体现在农业生产中作为主要劳动力的妇女（多为留守妇女）的生活状态及其引发的可能性的变化与影响，本研究采用了比较的视角，即选择与丈夫一起从事农业生产活动的妇女作为参照群体，进行对比。本书的最后一章，在前文经验研究资料分析的基础上，笔者对本书的研究目标，进行了回应、总结与批判性思考，并提出了相关政策意涵。

## 一　农业劳动女性化的影响

如第一章所述，本书的研究目标包括：第一，在妇女更多地参与农业生产劳动的背景下，确定农业女性化的本质与特征；第二，了解妇女更多地参与农业生产劳动对农业生产的影响，是否会导致农业生产的衰退；第三，深入了解家庭内部性别关系在农业生产、家庭事务和农村公共事务中的变化，并发现有助于性别平等关系构建的影响因素；第四，探讨妇女更多地参与农业生产劳动对妇女福祉的影响，及有利于妇女福祉提升的影响因素。笔者在此综合经验研究结果一一回应。

### 1. 研究目标：农业女性化的本质与多样化、异质性特征

可以确定的是，由于男性劳动力的乡城务工转移，妇女在农业生产中的劳动参与增加了，这也就是学术界所讨论的农业劳动女性化，严格意义上并不能被称为农业女性化。现有文献对农业女性化的关注不足，并且缺乏对农业女性化问题多样化、异质性特征的关注，即，在不同的农业生产劳动中，妇女“做”与“决策”的程度如何？是否一致？这些问题很少被提及，总体上缺乏经验资料与数据。因此，本书将此作为一个研究目标，主要在第六章进行了回答和讨论。

一般来说，妇女在丈夫外出工作时，承担着农业生产中日常管理工作，如施肥、打药、灌溉、除草、育苗等。相比之下，留守妇女比对照组妇女更多地参与购买农资（即种子、化肥、农药和农业机械）和销售农产品的活动。“谁在做农活”与“谁在做决定”在这些方面，基本方向是一致的，尽管程度有所不同。例如，留守妇女“做”与“决策”购买种子的比例，高于其“做”与“决策”购买化肥、农机、销售农产品的比例。在外务工丈夫回家的频率和时间是影响妇女在农业生产具体任务中“做”与“决策”率高低的因素之一。在外务工的丈夫通常在两个农忙季节（六月和十月）以及春节期间回家，回家的主要目的之一是帮助妇女收割庄稼、运输粮食，以及为下一个农耕季节整理土地。在回家期间，一些丈夫帮助妻子销售农产品和购买某种农业生产资料，例如，外出务工的丈夫通常在离家前为妇女购买肥料，因为肥料通常比种子和杀虫剂更重，而男人更有体力从事这样的工作。

与农业生产中具体任务（即购买种子、化肥、农药和农业机械、销售农产品）的劳动参与率相比，妇女相应的决策参与率普遍较低。干活和决定是两码事。在农业生产中，妇女对具体事务的决定，取决于妇女对事务是“大”是“小”的看法与判断。大事是指购买农机等开销比较大的事情，要由丈夫决定或和丈夫商量、共同决定，即便丈夫身体缺位。妇女在大事中的劳动参与率和决策参与率低于在农业生产中的小事。除了“大”和“小”之间的区别外，“重”和“轻”之间的区别也很重要。“妇女干轻活，男子干重活”是妇女在评论农业生产劳动分工时的常见回答。繁重的劳动，主要是指妇女不能承担的粮食收获和整

理土地的劳动，而这两方面不能承担的劳动主要与妇女不能使用相关“大型”农业机械有关。

除了种植业，妇女参与的农业生产活动还包括蔬菜种植和家禽饲养活动。蔬菜种植主要是由妇女独自完成和决定的。一般来说，在种植前不需要和丈夫讨论蔬菜的种类和数量。蔬菜种植过去是，现在仍然是妇女的领地。蔬菜种植在家庭中起着至关重要的作用：（1）提供给家庭成员无或轻化学污染的蔬菜以供食用，不仅有助于家人的健康，也有助于节省家庭开支；（2）蔬菜种植用地为田间作物生产提供培育水稻秧苗的场所；（3）将绿色蔬菜作为礼物，发挥了维系良好人际关系的作用。主要由妇女管理的菜园发挥了这些实质性的、重要的功能，然而，妇女在蔬菜种植中发挥的重要作用没有得到妇女本人的认识、认可，甚至也被学者所忽视。

家禽饲养活动可分为市场导向型和家庭自用型两种。研究发现，市场导向型的家禽饲养活动，一般发生在对照组家庭中，规模较大，以养鸡为主。在这种夫妻共同参与的生产活动中，丈夫通常是管理者和决策者，妻子是辅助者。对于留守妇女家庭来说，家禽饲养活动则以自用型为主，而最主要的目的在于提供高质量的产品以保证（孙）子女的营养供给。在家庭自用型家禽饲养活动中，妇女通常可以决定饲养家庭的种类和数量，这也是一个非常具有“女性化”特征的生产劳动领域，而其对于家庭的作用也有待强调与认可。

简言之，正如有学者所指出的，妇女在农业中的参与比例因活动而异（Sechutter，2013）。农业女性化不同生产劳动的分工和决策中表现出了多样化与异质性的特征，这种异质性与性别观念密切相关，“大”“小”“重”“轻”等话语则是性别观念的现实反映。总体上，尽管外出务工丈夫的身体缺位为留守妇女在农业生产中从事与决策具体劳动留出了空间，但她们的农业生产行为却不断被现有的性别观念框架所限制、并重构。农业生产中的性别不平等不但没有改变，而且被巩固和再生产。

**2. 研究目标：农业劳动女性化对农业生产的影响——农业生产没有出现衰退**

随着相当一部分男性劳动力的外出务工转移，我国农业生产劳动力构成发生了变化。农业生产增加了对妇女劳动投入的依赖，妇女已经成为维护和促进中国粮食安全和粮食主权的主要劳动力。一些学者认为这是一种对农业生产产生负面影响的衰退（如 Chikwama，2010；范水生、朱朝枝，2007；Peterman et al. ，2010；于宏等，2009）。本研究从正在经历这一变化过程的妇女的视角出发，探讨她们农业劳动参与度增加对农业生产的影响，以及她们的种植行为是否会导致农业生产的衰退。第五章主要讨论和回答了这些问题。

本研究发现，妇女不同意她们更多地从事农业生产劳动会导致农业生产衰退的论点。这一观点与已有部分研究结果一致（Fok and Wang，2011；Rozelle，2006；Zhang，2004a）。对有关种植面积、种植作物类型、农业生产资料投入和产量等方面的调查，都支持了她们的论点。第一，尽管男性劳动力外出务工后，农业生产面积发生了变化，但这些变化很少是由留守妇女主动发起的，尤其是种植面积的减少多与工商资本的强行介入相关。种植作物类型也没有变化，妇女仍然每年轮作水稻和小麦。第二，在家庭中作为农业生产主要劳动力的妇女，其在种子、化肥、农药等农业生产资料的投入使用的质量和数量方面，与对照组妇女没有差异，她们购买的农资品牌、种类相似，甚至购买地点都相同。投入多少农资与耕种面积有关，与性别无关。第三，农业产量和收入方面，两组妇女家庭没有差异。在种植实践方面，留守妇女并没有因为丈夫的身体缺位所带来的更多的农业生产空间而改变种植作物类型、种植面积和农资投入。在思想意识层面，她们也并不认为自己不能种好地，从而会带来农业生产的衰退。在她们看来，能否种好地、成为更好的农民取决于从事农业生产的时间长短以及在此过程中积累的经验多少。大多数丈夫已经有在外务工十余年的经验，并没有积累多少农业生产经验，因此，种地未必能够比女性种得更好。

农业生产所能换取的经济收入不如外出务工收入多，是事实，但这并不意味着农业生产对农民的生活不重要。农业生产和非农业生产活动，如男性的外出务工工作或妇女在农业以外的兼业工作，在家庭中是相辅相成的，它们都为家庭做出了必要的贡献。然而，留守妇女并不认可自己对农业生产以及家庭的贡献。大多数妇女认为，与外出务工收入相比，农业生产的经济贡献不大。一方面，妇女的态度反映出她们的思想受到家庭中现有的性别劳动分工框架的束缚，即男人做重要的事情，女人做不重要的事情；另一方面，她们对农业生产的态度也影响她们继续从事农业生产活动的意愿。一些妇女表示，如果有其他工作机会，她们会放弃种地。这不仅是对家庭粮食安全的威胁，也是对国家粮食安全和粮食主权的威胁。进一步的多元回归分析发现，维持她们继续从事农业生产活动意愿的影响因素在不同群体中略有差异。一般来说，妇女如果主观情感上喜欢种地，她们往往会继续种地。如果丈夫经常回家，这有助于妇女继续种地。此外，在农业生产之外有一份自己的兼业工作有助于提升妇女继续种地的意愿。这一发现与黄雯（2012）的观点类似，即“如果一个地方适度工业化，适合非农业职业的村民在工作地点和他们的家之间往返，那么他们将更可能继续从事农业生产活动。”

研究发现，农忙季节的劳动力短缺是女性从事农业生产劳动中面临的最大困难。不能使用为男性劳动力设计的农业机械是妇女在农忙时期劳动的主要障碍。调查也显示，妇女并不熟悉农业补贴和农业保险相关政策，因此需要改善相关的信息传播机制。此外，像中国许多其他村庄一样，杨村的农业生产和其他经济活动之间也存在着土地利用的冲突。从粮食安全和农村发展的角度出发，寻找不同土地利用类型之间的合理平衡，需要更多的学者和地方政府的思考。

毫无疑问，中国的粮食供应在一定程度上依赖于妇女，没有妇女的参与，农业生产就不能继续下去，这将对中国的粮食安全和粮食主权构成威胁。分散的农村工业为妇女以及男性提供农业以外的、附近的非农就业机会，有助于妇女愿意继续耕作，从而有助于中国的粮食安全和粮食主权的保障。

**3. 研究目标：农业劳动女性化对性别关系的影响——“固化”已有性别关系**

在劳动分工之外，决策是农业生产中另一个需要深入探讨的重要方面。理论上，丈夫外出务工不仅给家庭带来了额外的经济收入，还为留守妇女提供了机会和空间去决定家庭和农业生产的相关事情，这可能会对夫妻之间的性别关系造成影响。与研究目标 1 强调的是妇女在参与具体不同的农业劳动时的劳动分工和决策的多样性和异质性不同，本研究目标是关于妇女更多地参与农业生产劳动对农业生产、家庭事务和村庄公共事务中的性别关系的影响，着重探讨的是家庭事务和村庄公共事务中更普遍的性别关系的变化。

研究目标 1 的讨论表明，与非留守妇女相比，留守妇女在农业生产中的决策参与度更高，但也会因事情的“大”“小”“重”“轻”略有不同。即使丈夫在外务工，“大”和“重”的事情也依旧是丈夫的决策领域。研究发现，这种劳动性别分工和决策模式也体现在家庭事务和村庄公共事务中。“大事”归男人管，“小事”归女人管（Kelkar，2007）。妇女在农业生产空间中决策权的增加并不能直接导致其在家庭事务中决策权的自然增加，也并不一定会带来更为普遍的两性平等。在此方面，两组妇女之间没有差别。她们把事务分成大事和小事。小事主要指每次不会花很多钱的事情，通常与家庭成员的日常生活需要有关；大事指在子女教育、子女婚姻、老年人的疾病、丧葬支出等方面的各种决策和支出。事务大小的分类与话语在一定程度上忽视和否定了妇女对农业生产以及家庭的贡献，使性别差异与不平等隐性化。

研究进一步发现，即使那些有兼业收入的留守妇女，在家庭大事中也没有表现出太多的决策权，因为她们的兼业收入仍然被用于家庭内部小事的开支，这种看似“不经意”的、存在性别差异的收入支配方式，弱化了妇女的贡献、巩固了现有的性别关系。多元回归分析表明，不同群体妇女的性别关系受不同因素影响、在不同的轨迹上发生了些许变化。一般来说，年长的、因此更有经验的妇女往往在家庭大事中拥有更多的决策权，这是传统性别关系的现代反映。对于留守妇女来说，较为年轻、与丈夫沟通频率较低、与丈夫务工地点的地理距离较远，都有助于妇女更多地参与家庭大事的决策。这反映出中国农村年轻一代女性比年长一代女性，具有更为强烈的权利意识与性别平等意识。对于对照组妇女来说，如果她们有较高的文化水平，她们在家庭大事中往往拥有更多的发言权，能够在一定程度上促进其与丈夫之间更为平等的性别关系的建立。

在村庄公共事务方面，本书主要讨论了妇女在村委会选举、村民会议、村集体劳动、人情关系维护（红白喜事）等方面的参与及决策。杨村没有真正的民主选举，村委会成员基本都是上级指派的，而村民会议一般只有村里的党员和村委会成员参加，因此普通村民在此方面并不涉及参与及决策的问题，无论男性劳动力是否外出务工，包括妇女在内的普通村民都参与很少。对于修路、植树、卫生清理等村集体劳动活动来说，由于近年来国家与政府的投入，村级公共基础设施得到了很大的发展，因此总体上村庄里并没有太多的村集体劳动事务需要参与，加之男性劳动力的外出务工转移，无论是村委会还是村民都更愿意以“以资代劳”的形式参与。自然，村庄里或多或少会有一些村集体劳动的活动，也有少部分人能够参与其中，但总体上看，留守妇女获得参与村集体事务的机会有限。除了村庄公共事务之外，与普通农户相关的公共事务还包括婚丧嫁娶、节日拜访等人情往来活动。在丈夫外出务工之前，丈夫通常是参加这些社会活动的首要人选。同非留守妇女相比，留守妇女在丈夫外出务工后，在此方面的参与与决策都更多了。从长远来看，这有助于她们社会网络的构建和发展。

本研究还从思想观念层面探讨了妇女对自己在农业生产和家庭中贡献的认识，以剖析两性之间的权利地位、性别关系，具体通过分析妇女对以下问题的态度来实现：“如何看待丈夫不种地，但却在农业生产中决定更多事情”“谁对农业生产的贡献更大”和“谁对家庭的贡献更大”。研究发现，即使留守妇女是家庭农业生产的主要劳动力，也有近一半的留守妇女否认自己对农业生产的贡献，强调丈夫的付出，并且，有66%的妇女认为丈夫即便不种地，决定农业生产相关的事情也“很正常”，因为丈夫是“一家之主”。在某种程度上，这是妇女对传统家庭性别分工与决策模式的坚守，对男尊女卑观念的默认。

研究表明，妇女关于谁对农业生产做出更大贡献和谁对家庭做出更大贡献的看法存在显著的相关性。相信丈夫对农业生产做出更多贡献的妇女，也倾向于认为丈夫对家庭做出了更多贡献。受教育程度较低的妇女、认为丈夫比自己种地种得更好的妇女，都倾向于认同丈夫对农业生产的贡献更大，也会倾向于认同丈夫对家庭的贡献更大。妇女关于谁对农业生产和家庭做出更大贡献的看法，反映了她们的思想与认知被传统性别观念禁锢的事实。然而，多元回归分析也让我们发现能够改变传统性别不平等观念的因素。例如，对留守妇女群体来说，受过较高水平的教育有助于促进其与外出务工丈夫的平等性别关系的建立；而对于非留守妇女群体来说，年纪越小，越倾向于去追求与丈夫之间平等的性别关系。

有学者指出，男性劳动力的外出务工为女性提供了更多的空间来重新平衡性别关系（如付少平，2003；Hugo，2000；Matthews and Nee，2000；Radel et al.，2012）。本研究发现，性别不平等的关系并没有发生实质改变，而是被巩固和再生产了。确实有一些因素对男女平等关系起到了积极的促进作用，如年龄较小、受过较高水平的教育、有过外出务工经验、与外出丈夫务工地点的地理距离较远，等等。然而，根本上，家庭内部的性别关系并没有发生太大的变化，仍然被固化在已有的性别框架中。

笔者的观点与部分已有观点不一致，总体上，本研究更倾向于认为，男性的外出务工和女性在农业生产中更多地参与导致了女性家庭地位的降低（李新然等，2000；Zhang et al.，2006b）和对男性依赖的增加（高小贤，1994；Wang，1999），从而加剧了性别不平等（邓赞武，2008；赵惠燕等，2009）。理论上，男性的外出务工和农业劳动女性化为妇女提供了争取与男性建立更加平等性别关系的空间，然而，本研究的经验事实并不支持这样的论点，不平等的两性性别关系反而在此过程中被再生产、被固化。妇女在家庭中仍然排在第二位的位置，她们的劳动与付出仍然被认为是相对男性而言微不足道的，是男性劳动的补充。妇女的日常生活实践不断被否定，并普遍被贬值（Judd，1994：254）。有学者对荷兰女性农民的研究也表明了类似的观点，尽管妻子无疑对生产过程的安排和其中的变化产生了影响，但她的影响与其丈夫的相比，总是具有选择性和局限性（de Rooij，1992：232）。

**4. 研究目标：农业劳动女性化对妇女福祉的影响——挖掘主观能动性**

近年来，大规模的劳动力转移对中国农村产生了重大影响。与男性相比，女性通常在婚后，尤其是生育后，需要承担起照顾孩子和家庭的责任。因此，丈夫外出务工后，女性留守照顾孩子、老人、家庭，并承担起农业生产活动，这是性别观念影响下自然而然的劳动分工状态。那么，留守妇女如何体验和评价她们的生活？“与丈夫一起在家种地”或“丈夫外出务工，妇女在家种地”，哪种情况更好？她们如何看待自己的生活状况？她们如何应对生活中的困难？这些是与第四个研究目标相关的问题，主要在第七章中进行了回应。

与对照组妇女相比，留守妇女普遍不太快乐。虽然她们知道和丈夫一起种地更好，但她们必须独自在家里完成所有的劳动，忍受所有的负面情绪。与丈夫一起在家种地和主要靠自己种地丈夫外出务工，这两种情况各有利弊。通常，从经济收入的角度而言，外出务工挣得的收入比在家种地的收入要多，即便加上留守妇女兼业工作的收入，也多是如此。然而，从留守妇女的情感需求而言，丈夫在家可以提升妇女身心的福祉。因此，很难将经济利益和情感需求结合起来，两组妇女都会羡慕对方的处境。留守妇女普遍不愿意承认丈夫外出务工对她们自己的影响，调查显示，她们对与自身相关问题，回答“不知道”的比率高于一般性问题。在身体负担方面，毫无疑问，留守妇女在农业生产中的负担比非留守妇女重。加上照料家人、家务劳动等负担，留守妇女几乎没有闲暇时间，因为她们还会争分夺秒地制作皮球、玩具或者在附近打零工，以增加家庭收入。然而，即便如此忙碌，付出如此之多，如目标 2 和目标 3 所述，妇女对其自身对家庭和农业生产的贡献没有给予足够的认可。

总的来说，农民很少把自己的福祉放在第一位，特别是婚后，他们不再为自己生活，而是为整个家庭而努力生活。最初的几年甚至十几年，他们主要忙于子女教育，随后，忙于子女婚姻，再之后，忙于照看孙辈。一旦他们完成了这些任务，自己基本已经进入老年阶段。在整个生命历程中，男女两性都付出很多、为家庭的稳固、成员的幸福贡献着。这个过程必然蕴含着各种辛酸与不易，但他们很少表达自己的负面情绪，外出务工的丈夫如此，留守妇女亦如此。总体上，在承担农业生产和家庭照料的身体负担之外，留守妇女还承担着焦虑、孤独、压力、不满等精神负担。

然而，可喜的是，一些留守妇女利用自身的一些积极因素，发挥能动性，积极地应对了负面情绪。研究发现，受教育水平较高、拥有外出务工经历、妇女原生家庭与丈夫家庭距离较近、拥有地方宗教信仰等，都是有利于提升留守妇女福祉的积极因素。与村里其他人相比，这些相对优势帮助她们变得自信，成为别人眼里的“某某”，成为有身份的人，而不是“某某的妻子”或者“无名氏”，成为“大人物”，而不是没人关心的“小人物”。这些优势使得留守妇女的身份认同感得以增强，也为留守妇女提供了更多与他人交流的机会，帮助她们构建了能够提升其福祉的社会网络，帮助她们避免了孤独等负面情绪。

## 二　反思与政策意涵：中国农村性别研究

本研究在苏北杨村进行。杨村是一个典型的平原村落，位于我国东部沿海主要的农业生产区之一，它距离江苏省南部、浙江省和上海市这些经济相对发达的地区不远。杨村的农民具有外出到这些发达地区找到临时工作的地理优势。在与性别有关的文化方面，杨村和中国大部分地区一样，都受到中国传统性别文化——“女主内男主外”——的影响，即，女人通常承担照顾家庭成员的责任、做家务，而男人则是养家糊口的人。虽然有些妇女年轻时曾外出到城市工作，但她们通常婚后会回到村里照顾孩子和家庭，在家里同时从事农业生产劳动。与照顾（孙）子女和家庭相比，从事农业生产工作对大多数妇女来说是排在第二位的。男性的外出务工和需要被照顾的（孙）子女是妇女留守和承担起农业生产重担的主要原因。农业劳动女性化的深层动力源自市场深化带来的家庭及社会性别分工（曹东勃、蒋晴霞，2014）。从理论上讲，夫妻分工的变化意味着家庭内部性别关系可能发生变化，也可能进一步影响妇女的福祉状况。

本部分，笔者主要从理论层面总结和讨论农业生产的意义、妇女贡献的意义以及对相关性别研究的反思，并在实践层面提出了对农业生产、性别关系、妇女福祉与农村发展产生积极影响的政策选择。具体强调和回答的问题包括：农业生产的重要性是否得到应有的肯定？妇女是否正确认识到其在农业生产和家庭中的重要性？中国农村性别研究是否走上了正确的轨道？妇女在农村性别研究中是否被恰当地“表述”？这些发现对政策意味着什么？中国农村发展的可能方向是什么？

**1. 农业生产的重要性是否得到了应有的肯定？**

农业生产直接关系到农户层面和国家层面的粮食安全和粮食主权问题。能否正确认识农业生产的重要性，可能会影响农民继续从事农业生产活动的意愿，以及决策者的政治决策。研究发现，妇女在农业生产中的重要作用被忽视或认识不足。这种缺乏肯定的态度对中国的粮食安全和粮食主权是具有危害的。从妇女的角度来看，农业生产对家庭并不重要，因为农业生产对家庭的经济贡献小于丈夫外出务工工作的经济贡献。在家照顾孩子是妇女的最主要责任，因此，一些妇女指出，如果她们在村里有其他工作机会，她们会放弃农业生产。

但在现实中，农业生产的地位和作用是不言自明的，应予以强调和肯定。农业生产虽然没有外出务工那么有利可图，但它保障了农户的食品安全和粮食安全，为外出务工的丈夫提供了庇护场所。从更高层次上认识农业生产，它既保证了国家粮食安全，也保证了粮食主权。它还涉及农村生活质量、景观和自然环境（Ventura and van der Ploeg，2010：326）。即便农业生产的经济收入比外出务工的收入少，它也足够支付家庭的日常开支，虽然这在妇女看来是一件“小”事。然而，只有小事的开支得到了解决，男性外出务工的收入才能够被积攒下来，用于家庭“大”事的给付。“大”和“小”是相对的。不能说家里大事重要，小事就不重要。农业生产收入维持了家庭成员的基本生计。没有来自于农业生产的这种支持，丈夫对大事的贡献何以体现？此外，我们知道，农村男性外出工作通常是临时性的。由于户籍制度的限制和城市较高的生活成本，大多数农村外出务工人员在年老或生病时不得不回到农村。为了生存，他们可以继续种一些地，避免成为孩子们的负担。

并且，拥有能够生产粮食的土地，不仅意味着在外出务工有风险、年老或生病的情况下，能够生存下来，还意味着可以拥有安全的食品。除了供自家人食用，安全的食品也有助于建立和维系家庭的社会网络。

农民在生产自用型农产品（如大米、蔬菜）的时候，通常很少或不使用化学物质。未受污染的食品是最受欢迎的礼物，特别是对于那些没有耕地的人而言。赠送自家种植的农产品是促进家庭社会网络构建和发展的有效途径。

综上所述，农业生产仍然在农民的日常生活中发挥着重要作用。妇女作为当前中国农村农业生产的主体，应当认识到农业生产的重要性，认识到其在农业生产中的重要地位。在实践中，研究表明，农业生产以外的一份附近的兼业工作和外出务工的丈夫能够经常回家是影响妇女继续从事农业生产活动意愿的积极因素。因此，本研究认为，分散的农村产业可以有助于激发农民继续从事农业生产活动的意愿，不仅对妇女，而且对外出务工的丈夫也是如此。如果村庄周围有更多的就业机会，男性劳动力也不需要流动到遥远的城市去打工。产业、工商业的分散化发展也有利于农业生产的未来发展。

**2. 中国农村性别研究是否走上了正确的轨道？**

性别问题是本书的核心问题。综合并思考经验研究结果，性别研究是否正确认识了妇女在农业生产和家庭中的重要性，中国农村性别研究是否走上了正确的轨道？事实上，本研究并没有提供支持性的证据，在中国农村性别研究中还存在一些有待解决的黑洞。

第一个黑洞是，所涉及的妇女本身的观点几乎不存在。虽然有少数学者（如叶敬忠、贺聪志，2008；叶敬忠、潘璐，2008；叶敬忠、吴惠芳，2008）关注并运用“以行动者为导向的方法”进行研究，但到目前为止，大多数中国学者对农业女性化的研究基本上还是缺乏“以行动者为导向的方法”。没有人能比女性自己更深入地了解女性的生活世界。所有的政策选择和分析都应基于妇女自己的理解和判断。

第二个黑洞是，人们很少真正关注农业生产中决策方面的问题。在我国对农业女性化的研究中，更多的学者阐述了农村妇女在农业生产劳动过程中所承担的工作量增加的现实。相反，对谁做决策方面的关注不够，对妇女在农业生产和家庭中的决策权的变化也不太重视。此外，对具体农业生产活动中女性化的多样化、异质性特征关注不够。需要指出，在男性外出务工的背景下，一些学者称留守家庭为“女性户主家庭”，称女性为“事实上的户主”（男性为“法律上的户主”）（如 Buvinić and Gupta，1997；Gartaula，2011；Wilkinson，1987）。笔者不同意这一说法或称谓。在中国的语境中，户主通常是决定家里一切事情，特别是大事的人。户主通常是男性，这通常是在户籍系统正式登记的信息。由于在城市临时性外出工作，男性的身体缺席并不直接意味着留守妇女完全有权为家庭中的一切事情做决定。因此，在笔者看来，将留守妇女认定为“事实上的户主”或将留守家庭认定为“女性户主家庭”是不正确的。

第三个黑洞是，大多数现有的性别研究将女性视为被动受害者，并把否定判断置于讨论的中心。这反映在现有的关于妇女在农业生产中行为，以及妇女在农业生产中增加劳动参与对两性性别关系和妇女福祉的影响的主流研究中。很少有人关注“正向偏差”，经验多样性没有被赋予任何重要的理论意义。从本研究来看，妇女在农业生产和日常生活中，当丈夫身体缺位时，也确实面临着生理和情感上的困难。指出并描述这些困难或负面影响对于学者而言是很重要的，但在本研究看来，更重要的是探讨女性如何积极应对这些困难。从妇女自身的经验或判断中提出的解决困难的政策建议，可能比理想主义的想法更有效，更能满足妇女的需要、提升妇女的福祉。

在认识妇女在农业生产和家庭中的贡献和意义时，消极的判断是无益的。本研究表明，妇女对农业生产和家庭的贡献并没有得到应有的重视，不仅仅是学者，而且妇女自身的认同感也存在这一问题。同与丈夫一起从事农业生产活动的妇女相比，留守妇女是家庭农业生产的主要劳动力，她们承担着农业生产中的日常管理工作，在农忙季节，除却用机器整地和用拖拉机运回粮食这两项不会做的工作，她们在承担着大量的劳动。她们是农业生产的主要贡献者，正如笔者在整本书中所展示的一样，然而，甚至连她们自己对自己的贡献都没有足够的认同。

至于对妇女福祉的负面判断，本研究也坚持认为，妇女在农业生产中增加的工作量不利于她们的福祉。同与丈夫一起从事农业生产劳动的妇女相比，留守妇女通常更不幸福。留守妇女不仅肩负着身体负担，还承受着孤独、焦虑、压力等消极情绪的负担。然而，更重要的是，多元回归分析发现，拥有较高的受教育水平、外出务工经历以及与外出务工丈夫较近的地理距离都有助于妇女应对这些困难。并且，妇女的重要身份的被强调、被认可，能够提升妇女的福祉水平。

妇女对农业生产和家庭的贡献需要重新得到承认和认可。农业机械的设计也应该更适合女性。与农业有关的培训和技术也应该考虑妇女的观点和需要。此外，为村里的妇女组织某种休闲娱乐团体可能是有益的。在非正式群体中的群体活动，可以鼓励具有上述一个或多个优势特征的女性逐步分享经验，激发两性平等意识，释放孤独感，拓展女性社交网络，造福女性福祉。团体活动的功能可以释放参与者的负面情绪（Yuan，2020：95）。从这个意义上说，也许地方产业（非农就业机会）也可以发挥类似功能。据我们所知，目前已有的分散在杨村附近的各种非农就业机会所吸纳的务工人员，通常来自同村或邻村，他们有相似的背景和话题可以分享与讨论。总之，以某种方式组织妇女一起工作或分享经验与生活，是有利于妇女福祉和两性平等的一种具有可能性的建议。从这个意义上说，除了有助于妇女愿意继续从事农业生产活动之外，为了妇女的福祉和两性平等，也迫切需要分散的农村产业。

中国现存的性别研究中的第四个也是最后一个黑洞与现代化和城市化思想的影响有关。农业现代化是潜在于当前农业和农村发展研究的主要范式。在这一框架内，几乎没有给建立在女性地位增加基础上的特定发展轨迹提供任何概念上的空间。和杨村一样，中国的许多农村正在经历现代化和城市化的过程。越来越多的人流动到城市工作，即便最后返乡，返的最终位置也可能不是乡村，而是附近的县城。人口减少的村庄正在变得越来越普遍、越来越常见。似乎所有的政策都在鼓励这一进程。例如，在城市化发展、农村劳动力大量流动的背景下，留守儿童的教育问题日益凸显。为了解决这一问题并优化和整合教育资源，国家实施了农村中小学布局调整政策，关停村小学，将其并入乡镇寄宿制小学。这导致了乡村的人口进一步大量减少，向上流动，也使得村庄缺乏了生气。此外，越来越多的农田被各种资本租用来种植经济作物（如西瓜和蘑菇），或被房地产开发商用来建造商业住宅或工业厂房。所有这些事实都证明，农村的发展轨迹是城市化导向的，或者说是通往城市化的。这应该是农村发展的必由之路吗？应当有一种以农村居民为主体的替代性农村发展方式。以农村人的需要为出发点，逐步向农村分配资源，不向城市集中，也是一种可能的途径。这不仅可以减轻城市基础设施体系的负担，而且可以从长远的角度提高农村居民的生活质量。

**3. 中国农村发展的可能方向是什么？**

留守与非留守家庭是当代中国农村发展的支柱。扩展来看，本研究也在一定程度上对农民的生计状况进行了阐述和总结。一般来说，对这两类家庭，农业生产并不是唯一的谋生方式。相反，兼业正成为农村人谋生的主流方式（van der Ploeg and Ye，2010）。一些人流动到城市寻找工作机会；另一些人在当地村庄周围寻找工作机会。事实上，农村留守与非留守家庭的生计策略，是农村发展轨迹乃至城乡经济联系的一种反映。

在一定程度上，本研究并没有遵循现代化和城市化思想的发展思路。农村发展不应是导致人口减少的过程。人口减少的地区将很难再增加人口，法国（Buller，2000；Preiss et al.，1997）和南非（Hoogendoorn et al.，2009；Preiss et al.，1997）的案例已经给我们提供吸取经验教训的机会。每年有越来越多的农民失去耕地，这是一种消极的农村发展趋势。农业生产是14亿中国人粮食消费的基础，也是维护中国粮食主权和粮食安全的重要保障。农村发展应该重视农村文化，如婚丧嫁娶、传统艺术文化乃至当地语言等方面的发展与保护，因为这些传统文化的生命力和魅力有助于农业文明和（农业）文化发展。城市化和现代化对这种文化的传承是不利的。如果后代不了解自己的文化，失去了文化的多样性，这是朝着发展的正确方向迈出的一步吗？让农村富有吸引力和活力，才应该是农村发展的正确道路。

农村发展也是关于人的，涉及人与人之间的相互关系。正如费孝通先生在《乡土中国》（Fei，1945）中指出的那样，中国农村社会是乡土社会、熟人社会，在那里人们彼此很熟悉。现在，情况发生了很大变化。村民之间的关系变得疏远，彼此漠不关心，甚至原子化（李远行、李慈航，2019；田毅鹏，2016）。似乎每个人都成了农村社会的“小人物”。这对村民的福祉产生了负面影响。尤其是留守妇女，由于外出务工丈夫的身体缺席，她们感到孤独和焦虑。团体活动可以帮助她们释放消极情绪。正如我们所看到的，一些妇女表示，参加地方信仰活动的动机在于有可能遇到许多人，并能够与其他人沟通交流。农村社区可以是人们偶遇的地方，也可以是激发当地人互动与合作的地方。它应该是一个让人感到快乐和和谐的地方，是一个能够从别人眼中感觉到自己是“大人物”的地方。事实上，还有其他发展轨迹。正如一些学者所指出的那样，农村发展可以是多功能的（Knickel and Renting，2000；van der Ploeg et al.，2010：165），它可以涵盖多样性、环境、合作、创新、自治和社会责任等问题。从不同的角度考虑现代化思想，会带来更多农村发展或发展农村的可能途径。

第一，要通过实施严格的政策和相关的监管制度来保护农业用地。土地是农业生产的基础，也是一种稳定的资源，是农民生存的保障与安全网。事实上，国家施行了严格的政策，如2008年《国务院关于促进节约集约用地的通知》。但是，实施的结果并不令人满意。如第四章所述，村委会和乡镇政府总能找到合法征用农地的策略。“必须记住，土地使用的变化将在农村穷人之间，以及农村穷人和包括富农、地主、放债人和商人在内的非穷人之间产生不同的影响。”（Borras Jr and Franco，2010）处于农村不同阶层的人，都应该在农用地利用的决策过程中保证一定的参与率。还应建立一个有效的信息反馈机制，帮助农民应对错误的行为决定，向上级机关求助。

第二，培训推广服务要考虑到妇女的特殊需求，如设计便于其使用的农业机械。在本研究过程中，妇女对农业保险和农业补贴知之甚少令人印象深刻。妇女并不能安全地使用农用化学品，同样令人担忧，这些都需要推广服务或相关培训。作为农业生产的主要劳动者，她们的需要应该被放在首要和中心位置。必须指出的是，推广的方法，如培训和演示，应被视为促进学习和知识嵌入的过程（Chowdhury et al.，2013）。在推广过程中，沟通是必不可少的一部分。推广服务的提供者或专业人员应促进潜在的变化和需求（Leeuwis and Aarts，2011）。此外，设计适合女性使用的农业机械，可以帮助女性解决农民季节劳动力短缺的问题。在某种程度上，它也有利于促进两性性别平等。正如有学者所讨论的，在农业生产劳动中，主要的、传统的性别角色差异在于妇女不操作农业机械，如拖拉机或割草机，只有男性可以操作（Beaver，1986：85）。这种技术引发的性别分工巩固了女性对男性的从属地位，打破技术诱发的性别差异，无疑能够促进性别关系更加平等。

第三，发展多功能农村产业，释放女性孤独感。正如本书所提出的那样，分散的农村产业可以帮助妇女获得一份农业以外的兼业工作，继而提升她们继续从事农业生产活动的意愿。事实上，参加当地工厂、企业的集体工作为妇女提供了更多的机会来分享她们的感受并避免孤独。分散的农村产业可能是提供见面机会的地方。它们可以为女性提供更多的机会和空间来缓解她们的孤独感。如果这些农村产业也能为男性劳动力提供就业机会，就会变成一个更好的解决办法。关于这一观点，有学者提出，迫切需要研究短距离和长距离流动对流动人员福祉的影响（Akay et al.，2012）。研究表明，短距离流动不仅有利于丈夫的福祉，而且有利于女性情感负担的释放。

第四，通过鼓励性别平等意识较强的妇女（如有外出务工经验或文化程度较高的妇女）在休闲群体或其他组织中带头宣传和分享经验，增强妇女的性别平等意识。必须强调，女性与男性享有平等的地位与权利，女性与男性为家庭做出的贡献同样重要。在农业生产和家庭事务中，没有重要的、不重要的、大事、小事之分。重要和不重要，大和小是相互依赖的关系。此外，她们还需要在农业生产、家庭事务和村庄公共事务中拥有同样的参与权和决策权。从根本上讲，农村的一些普遍做法需要改变。例如，妇女应该有同样的机会和权利向银行申请贷款。然而，现实情况是，如果妇女想从银行申请贷款，她们必须使用丈夫的名字。另一种情况与农业生产有关，妇女实际上应该与男子拥有同样的土地使用权，至少应该在官方文件中出现她们的名字。

第五，乡村应更具吸引力。事实上，上述建议都有助于提高农村的吸引力。这至少也可以通过以下两种方式来实现。首先，逐步实现县乡教育资源等基础资源向农村的再分配。例如，如果真正追求教育的平等，每个人都应该能够平等地享受教育资源。为什么村里的学生要去乡镇甚至县城接受同样或更好的教育？国家需要采取更多措施鼓励优质教育资源下乡（叶敬忠、孟祥丹，2010）。其次，农业也可以是多功能的，多功能农业的发展有利于促使农村地区变得强大。例如，农业可以成为城市居民的一种休闲方式，可以成为学生学习农业知识的基地，农业也可以朝着可持续发展的方向发展，种植绿色或有机食品，既能为人们提供健康的食品，又能保护自然环境，更能有效应对全球化食物体系的控制与操纵（叶敬忠、贺聪志，2019）。在这方面，中国农村还有很长的路要走。综上所述，从长远来看，如果农村有与城市同等或相似的基础资源，更多的返乡农民工将会愿意留在农村，以其开阔的视野和从外出务工经验中获得的丰富知识，为农村发展做出更大的贡献。

**4. 后续研究可关注之处**

囿于调研时间、成本等因素的限制，本研究仍存有一些缺点。后续研究中，可以对如下问题做思考或改进。

（1）样本量可以扩大。目前的样本量对于了解一个村庄妇女的生活世界是足够的，但对于生活史记录对象的样本量，是可以扩展的，例如非留守妇女的生活史，也可以进一步追踪，还有一些返乡务工人员，如前文提到的在乡镇经营装修建材店的返乡夫妇，对他们的深入了解可能更有助于了解农村发展的方向与进程。

（2）长期的参与式观察和生活史记录可能有助于获得更为深入、生动的结果。本研究发现，团聚（外出务工丈夫和留守妻子之间的地理距离较近）对于提高妇女的幸福感和妇女继续从事农业生产活动的意愿至关重要。然而，留守妇女与丈夫团聚的具体状况在本研究中并无机会展开深入研究，值得进一步跟踪分析。

（3）类型学方面的扩展。妇女作为家庭农业生产主要劳动力的状况，可能发生在不同类型的村庄，可以对不同地区、不同类型村庄的农业劳动女性化进行对比分析，这将有助于提升研究的普遍性。研究地点的选择很重要。任青云、董琳（1997）的研究表明，即使是在同一省份的两个与县城不同距离的村庄，农村妇女的农业生产行为也不同。本研究中的杨村只能代表中国东部沿海平原地区（农业生产区）的一个乡村，即靠近发达城市的乡村，因此也有一些非农就业机会。但是，农村有不同的类型。例如，在南部山区省份，也有许多男性劳动力流动到城市工作，但对于留守妇女来说，就没有那么多额外的工作机会了，那么农业劳动女性化的影响又会如何呢？值得期待与进一步的比较分析。

（4）可以进一步研究妇女获得土地使用权与她们继续耕作的意愿之间的相互关系，特别是在农业劳动女性化的背景下。在某种程度上，谁在农业生产中承担主要责任与家庭农场的规模（种植面积）有关。农场规模越小，农场负责人长期参与农场外活动的频率就越高，因此农场由女性经营的概率也就越高（Fok and Wang，2011）。此外，土地所有权和相关财产权会影响农民的生产行为，土地的长期使用权会刺激人们对土地的投资（Li et al.，1998）。关于这一问题的性别研究在文献中很少，特别是在妇女成为农业主要劳动力的过程中。妇女的土地使用权与她们的耕作行为有什么关系？这是中国粮食安全和粮食主权的重要方面。本研究也曾计划探讨这一问题。然而，鉴于杨村的现实状况，因此无法进行比较分析，后续的扩展研究中可以继续关注。

（5）妇女在农业生产和照料方面的负担可能与她们的生命周期有关，这种关系有待进一步验证。本研究的定量数据没有证明此种相关，然而，从访谈和参与式观察的资料来看，在非留守妇女中，年纪较大妇女往往比年轻妇女负担更重，因为她们通常在农业生产之外还要同时照顾自己的子女和孙辈子女。然而这些妇女的年龄通常可能在 55 岁及以上，并不是本研究的主要关注群体，但老年妇女的福祉及其养老问题的学术解读无疑具有重要的现实与理论价值。

（6）作为反思，“留守妇女”本身是否是一个被创造的、污名化的概念？在笔者看来，“留守妇女”这个词也是性别化的。它直接将女性视为男性外出流动的被动对象或“受害者”。为什么人们不说“被赶走的男人”或“被解放的女人”？这是毫无意义的话语吗？并不是，话语是文化与性别观念的真实反映，这也是在本书中会使用“留守妇女”一词的原因之一。探究“留守妇女”这一术语的性别化过程，以及探析妇女自己对这一术语的解读，或许也是一件有趣的事情。这也有助于中国的性别研究的发展。

（7）最后，在本书中，笔者指出了一些可能性，例如，受教育水平较高、有外出务工经验、拥有农业生产以外兼业工作的留守妇女可能超越传统文化的限制，与丈夫建立更平等的性别关系，或者她们相对更加幸福。在某种程度上，具有上述一个或多个特征的女性可以被称为带头人或“大人物”，比如生活史记录对象刘美和王娟。然而，对于大多数留守妇女来说，她们仍然是受害者，尽管笔者在研究中不想把她们当作受害者对待。那么，如何处理这种张力？她们真的能超越已经性别固化的一般情况吗？她们能走多远？均值得进一步思考。

# 参考文献

## 一 中文文献

蔡弘、陈思、黄鹂：《“男工女耕”下务农妇女生活满意度研究——基于安徽省 1367 个女性样本的分析》，《农林经济管理学报》2019 年第 2 期。

蔡弘、黄鹂：《农业女性化下农村妇女生产参与及其生产意愿研究——安徽省调查实例》，《人口与发展》2017 年第 2 期。

蔡弘、黄鹂：《谁来种地？——对农业劳动力性别结构变动的调查与思考》，《西北农林科技大学学报》（社会科学版）2017 年第 2 期。

蔡弘、焦芳芳、黄鹂：《性别视角下务农意愿差异比较及其影响因素研究——基于安徽省 2073 个样本》，《山西农业大学学报》（社会科学版）2019 年第 4 期。

蔡翥、朱士群：《关系资本：农民阶层分化的有力路径——安徽两村实地调查》，《甘肃社会科学》2005 年第 2 期。

曹东勃、蒋晴霞：《现代化进程中农业女性化现象研究》，《农林经济管理学报》2014 年第 2 期。

程绍珍：《农业女性化趋势与农村女性人力资本关系的实证研究》，《郑州大学学报》（哲学社会科学版）1998 年第 3 期。

邓赞武：《农业女性化与女性发展》，《湘潮（理论）》（下半月）2008 年第 12 期。

杜平：《透视流动家庭：文化规范与生活实践互构下的性别秩序》，《妇女研究论丛》2019 年第 6 期。

范水生、朱朝枝：《新农村建设背景下的福建省农业女性化问题研究》，《福建农林大学学报》（哲学社会科学版）2007 年第 6 期。

付少平：《女性在农业技术传播中的角色》，《西北人口》2003 年第 2 期。

［美］高彦颐：《闺塾师：明末清初江南的才女文化》，李志生译，江苏人民出版社 2005 年版。

高小贤：《当代中国农村劳动力转移及农业女性化趋势》，《社会学研究》1994 年第 2 期。

耿小娟、柳建平：《贫困地区的农户农业女性化——基于甘肃省 14 个贫困村调查数据的研究》，《人口与经济》2020 年第 3 期。

关爱萍、董凡：《农业女性化、女性农业化及对贫困的影响分析——基于甘肃省 14 个贫困村的农户调查数据》，《人口与发展》2018 年第 2 期。

管田欣：《农村社会全面市场化中的性别秩序——基于对山东 Q 市某乡农村集市的个案研究》，《妇女研究论丛》2015 年第 5 期。

郝亚光：《从男耕女织到男工女耕："农业女性化"产生的缘由——以生产社会化为分析视角》，《社会主义研究》2012 年第 2 期。

何军、李庆、张姝弛：《家庭性别分工与农业女性化——基于江苏 408 份样本家庭的实证分析》，《南京农业大学学报》（社会科学版）2010 年第 1 期。

胡荣：《社会资本与中国农村居民的地域性自主参与——影响村民在村级选举中参与的各因素分析》，《社会学研究》2006 年第 2 期。

胡玉坤：《国家、市场与中国农村妇女的经济参与》，载谭琳《建设社会主义新农村与性别平等：多学科和跨学科的研究》，中国妇女出版社 2007 年版。

黄雯：《农村女性人力资源开发在现代农业中的作用》，《中国科技论坛》2008 年第 5 期。

吉平、张恺悌、刘大为：《北京郊区农村人口婚姻迁移浅析》，《中国社会科学》1985 年第 3 期。

金一虹：《嵌入村庄政治的性别——农村社会转型中妇女公共参与个案研究》，《妇女研究论丛》2019 年第 4 期。

金一虹：《中国新农村性别结构变迁研究：流动的父权》，南京师范大学出版社 2016 年版。

康芳民：《建设新农村必须高度重视农业女性化问题——农业女性化影响分析》，《理论导刊》2008 年第 7 期。

李旻、赵连阁：《农业劳动力“女性化”现象及其对农业生产的影响——基于辽宁省的实证分析》，《中国农村经济》2009 年第 5 期。

李文：《中国农村妇女经济地位实证研究——以江苏省和甘肃省为例》，《农业经济问题》2009 年第 4 期。

李喜荣：《农村留守妇女的婚姻稳定性探析——豫东 HC 村的个案研究》，《妇女研究论丛》2008 年第 6 期。

李新然、方子节、普雁翔：《试论女性农业化对农村妇女发展的影响》，《农村经济》2000 年第 5 期。

李远行、李慈航：《重新认识乡土中国——基于社会结构变迁的视角》，《中国农业大学学报》（社会科学版）2019 年第 3 期。

梁栋、吴惠芳：《农业女性化的动力机制及其对农村性别关系的影响研究——基于江苏、四川及山西三省的村庄实地调研》，《妇女研究论丛》2017 年第 6 期。

林惠俗：《加快农村妇女非农转移的一些思考》，《妇女研究论丛》2003 年第 S1 期。

刘筱红、姚德超：《农业女性化现象及其形成机制分析》，《湖南科技大学学报》（社会科学版）2012 年第 4 期。

毛学峰、刘靖：《农地“女性化”还是“老龄化”？——来自微观数据的证据》，《人口研究》2009 年第 2 期。

孟宪范：《农村劳动力转移中的中国农村妇女》，《社会科学战线》1993 年第 4 期。

宁夏：《大农业：乡村振兴背景下的农业转型》，《中国农业大学学报》（社会科学版）2019 年第 6 期。

任大鹏、王俏：《产权化改革背景下的妇女土地权益保护》，《妇女研究论丛》2019 年第 1 期。

任青云、董琳：《农民身份与性别角色：中原农村“男工女耕”现象考察》，载李小江等《平等与发展》，生活 · 读书 · 新知三联书店

1997 年版。

孙秋、周丕东：《农业女性化对妇女发展和农业生产的影响》，《贵州农业科学》2008 年第 3 期。

田毅鹏：《乡村过疏化背景下村落社会原子化及其对策——以日本为例》，《新视野》2016 年第 6 期。

佟新：《照料劳动与性别化的劳动政体》，《江苏社会科学》2017 年第 3 期。

汪淳玉、叶敬忠：《乡村振兴视野下农村留守妇女的新特点与突出问题》，《妇女研究论丛》2020 年第 1 期。

王景新、支晓娟：《农村妇女土地权利事关“三农”发展大局》，《中国改革》（农村版）2003 年第 3 期。

王黎芳：《非农化进程中农村劳动力转移的性别分析》，《山西师大学学报》（社会科学版）2006 年第 4 期。

王维、胡可馨：《社会性别视角下的农村留守女性生命史》，《中国农业大学学报》（社会科学版）2020 年第 2 期。

韦加庆：《人口安全视野下农业女性化问题研究》，《西北人口》2016 年第 3 期。

文华成：《中国农业劳动力女性化：程度、成因与影响——基于历史宏观截面数据的验证》，《人口学刊》2014 年第 4 期。

吴海盛、张姝弛：《关于农业女性化的文献综述》，《农业开发与装备》2008 年第 3 期。

吴惠芳、饶静：《农业女性化对农业发展的影响》，《农业技术经济》2009 年第 2 期。

吴惠芳、吴云蕊、陈健：《陪读妈妈：性别视角下农村妇女照料劳动的新特点——基于陕西省 Y 县和河南省 G 县的调查》，《妇女研究论丛》2019 年第 4 期。

吴惠芳、叶敬忠：《丈夫外出务工对农村留守妇女的心理影响分析》，《浙江大学学报》（人文社会科学版）2010 年第 3 期。

向东：《农业女性化背景下农村妇女土地权益问题——基于自由发展观下的性别法律分析》，《河北法学》2014 年第 2 期。

向云、祁春节、胡晓雨：《老龄化、兼业化、女性化对家庭生产要素投入的影响》，《统计与信息论坛》2018 年第 4 期。

肖洁：《家务劳动对性别收入差距的影响——基于第三期中国妇女社会地位调查数据的分析》，《妇女研究论丛》2017 年第 6 期。

肖巧平：《农业产业化与农村妇女的权利保护》，《湖湘论坛》2005 年第 5 期。

许传新：《婚姻关系满意度：留守妇女与非留守妇女的比较研究》，《妇女研究论丛》2009 年第 5 期。

许传新：《农村留守妇女研究：回顾与前瞻》，《人口与发展》2009 年第 6 期。

许传新：《西部农村留守妇女家庭压力及其影响因素分析》，《人口与经济》2010 年第 1 期。

许琪：《时间都去哪儿了？——从生命历程的角度看中国男女时间利用方式的差异》，《妇女研究论丛》2018 年第 4 期。

杨小燕：《农业女性化与性别歧视》，《山西高等学校社会科学学报》2008 年第 8 期。

杨云彦：《中国人口迁移与发展的长期战略》，武汉出版社 1994 年版。

姚德超、刘筱红：《农业女性化视野下农村妇女发展的困境与政策调适——基于阿玛蒂亚森自由发展观的分析》，《兰州学刊》2012 年第 8 期。

叶敬忠、贺聪志：《基于小农户生产的扶贫实践与理论探索——以“巢状市场小农扶贫试验”为例》，《中国社会科学》2019 年第 2 期。

叶敬忠、贺聪志：《静寞夕阳：中国农村留守老人》，社会科学文献出版社 2008 年版。

叶敬忠、孟祥丹：《对农村教育的反思——基于农村中小学布局调整影响的分析》，《农村经济》2010 年第 10 期。

叶敬忠、潘璐：《别样童年：中国农村留守儿童》，社会科学文献出版社 2008 年版。

叶敬忠、吴存玉：《马克思主义视角的农政问题与农政变迁》，《社会学研究》2019 年第 2 期。

叶敬忠、吴惠芳：《阡陌独舞：中国农村留守妇女》，社会科学文献出版社 2008 年版。

于宏、索志林、许静波：《农业经济管理制度之农业女性化视角浅析》，《中国集体经济》2009 年第 34 期。

袁玲儿：《农村妇女素质与农村社会的全面小康》，《中华女子学院学报》2006 年第 2 期。

张朝华：《传统农区农业技术选择及其影响因素》，《兰州学刊》2015 年第 4 期。

张凤华：《乡村转型、角色变迁与女性崛起——我国农村女性角色变迁的制度环境分析》，《华中师范大学学报》（人文社会科学版）2006 年第 4 期。

张凤路、刘雪春：《农业生产的女性化趋势与农业科技推广研究》，《河北农业大学学报》（农林教育版）2001 年第 4 期。

张励仁：《影响贫困地区女性素质的四种因素》，《郑州大学学报》（哲学社会科学版）1999 年第 3 期。

张忠根、吴珊瑚：《农村婚迁妇女的土地承包权及其保护》，《农村经济》2002 年第 8 期。

赵惠燕、胡祖庆、杨梅：《农业女性化与农业科技传播模式的创新与实践》，《中华女子学院学报》2009 年第 1 期。

赵玲：《农村妇女土地承包权问题的制度分析》，《中国妇运》2002 年第 7 期。

赵文杰、丁凡琳：《农业女性化对节水灌溉技术推广的影响研究——基于甘肃省 W 市的实地调查》，《中国农村水利水电》2015 年第 9 期。

钟涨宝、狄金华：《土地流转中女性的地位与权益》，《妇女研究论丛》2005 年第 1 期。

朱爱萍：《相对滞后和加速滞后：关注农村女性的就业状况》，《农业经济》2001 年第 11 期。

### 二 外文文献

Melanie A. Abas, Sureeporn Punpuing, Tawanchai Jirapramukpitak, Philip

Guest, Kanchana Tangchonlatip, Morven Leese and Martin Prince, "Rural – Urban Migration and Depression in Ageing Family Members Left Behind", *The British Journal of Psychiatry*, Vol. 1, 2009, pp. 54 – 60.

Malika Abdelali – Martini, Patricia Goldey, Gwyne E. Jones and Elizabeth Bailey, "Towards a Feminization of Agricultural Labour in Northwest Syria", *The Journal of Peasant Studies*, Vol. 30, No. 2, 2003, pp. 71 – 94.

Joan Acker, "Hierarchies, Jobs, Bodies", *Gender & Society*, Vol. 4, No. 2, 1990, pp. 139 – 158.

W. Neil Adger, P. Mick Kelly, Alexandra Winkels, Luong Quang Huy and Catherine Locke, "Migration, Remittances, Livelihood Trajectories, and Social Resilience". *A Journal of the Human Environment*, Vol. 31, No. 4, 2002, pp. 358 – 366.

Bina Agarwal, "Bargaining and Gender Relations: Within and Beyond the Household", *Feminist Economics*, Vol. 3, No. 1, 1997, pp. 1 – 51.

Bina Agarwal, *A Field of One's Own: Gender and Land Rights in South Asia.* New York: Press Syndicate of the University of Cambridge, 1994.

A. Akay, O. Bargain and K. F. Zimmermann, "Relative Concerns of Rural – to – Urban Migrants in China", *Journal of Economic Behavior & Organization*, Vol. 81, No. 2, 2012, pp. 421 – 441.

M. M. Asis, "International Migration and Families in Asia", in R. Iredale, C. Hawksley and S. Castles, eds., *Migration in the Asia Pacific.* UK: Cheltenham, 2003a, pp. 99 – 117.

M. M. Asis, "When Men and Women Migrate: Comparing Gendered Migration in Asia", United Nations Division for the Advancement of Women (DAW) Consultative Meeting on "Migration and Mobility and How This Movement Affects Women", Malm?, Sweden, 2003b, pp. 1 – 20.

J. Barbero – Baconnier, "Migrant Women: the Path from Beijing", *International Migration*, Vol. 34, No. 1, 1996, pp. 143 – 154.

Graziano Battistella and Ma. Cecilia G. Conaco, "The Impact of Labour Migration on the Children Left Behind: A Study of Elementary School Chil-

dren in the Philippines", *Journal of Social Issues in Southeast Asia*, Vol. 13, No. 2, 1998, pp. 220 –241.

Dawn Michelle Baunach, "Gender Inequality in Childhood: Toward a Life Course Perspective", *Gender Issues*, Vol. 19, No. 3, 2001, pp. 61 –86.

Patricia D. Beaver, *Rural Community in the Appalachian South.* University Press of Kentucky, 1986.

Howard S. Becker, Blance Geer and Martin Trow, "Participant Observation and Interviewing: A Comparison", *Human Organization*, Vol. 16, No. 3, 1957, pp. 28 –32.

H. Russell Bernard, *Research Methods in Anthropology: Qualitative and Quantitative Approaches*, United Kingdom: Alta Mira press, 2001.

Yongmin Bian, "The Challenges for Food Safety in China: Current Legislation is Unable to Protect Consumers from the Consequences of Unscrupulous Food Production", *China Perspectives*, No. 53, pp. 4 –13.

Bettina Bock, "Female Farming in Umbrian Agriculture", in L. de Plas and M. Fonte, eds., *Rural Gender Studies in Europe.* The Netherlands: Van Gorcum & Comp. B. V., 1994, pp. 91 –107.

Catherine I. Bolzendahl and Daniel J. Myers, "Feminist Attitudes and Support for Gender Equality: Opinion Change in Women and Men, 1974 – 1998", *Social Forces*, Vol. 83, No. 12, 2004, pp. 759 –789.

Saturnino. M. Borras Jr. and Eric B. Ross, "Land Rights, Conflict, and Violence Amid Neo – Liberal Globalization", *Peace Review: A Journal of Social Justice*, Vol. 19, No. 1, 2007, pp. 1 –4.

Saturnino. M. Borras Jr. and Jennifer Franco, "Towards a Broader View of the Politics of Global Land Grab: Rethinking Land Issues, Reframing Resistance", *Initiatives in Critical Agrarian Studies Working Paper Series* 1, 2010, pp. 1 –39.

Laurel Bossen, *Chinese Women and Rural Development: Sixty Years of Change in Lu Village, Yunnan.* Lanham: Rowman & Littlefield Publishers, Inc., 2002.

Ann Bowling and Joy Windsor, "Towards the Good Life: A Population Survey of Dimensions of Quality of Life", *Journal of Happiness Studies*, Vol. 2, No. 12, 2001, pp. 55 – 82.

H. Bravo – Baumann, "Capitalisation of Experiences on the Contribution of Livestock Projects to Gender Issues", Working Document, Bern: Swiss Agency for Development and Cooperation, 2000.

Francesca Bray, *Technology and Gender: Fabrics of Power in Late Imperial China*, Berkeley: University of California Press, 1997.

Philip H. Brown, Erwin Bulte, and Xiaobo Zhang, "Positional Spending and Status Seeking in Rural China", *Journal of Development Economics*, Vol. 96, No. 1, pp. 139 – 149.

Henry Buller, "Re – Creating Rural Territories: Leader in France", *Sociologia Ruralis*, Vol. 40, No. 2, 2020, pp. 190 – 199.

M. Buvinić and G. R. Gupta, "Female – Headed Households and Female – Maintained Families: Are They Worth Targeting to Reduce Poverty in Developing Countries?", *Economic Development and Cultural Change*, Vol. 45, No. 2, 1997, pp. 259 – 280.

Fang Cai, "The Invisible Hand and Visible Feet: Internal Migration in China", *World Economy & China*, Vol. 8, No. 5, 2000, pp. 24 – 31.

Linda Calvin, Fred Gale, Dinghuan Hu and Bryan Lohmar, "Food Safety Improvements Underway in China", *Amber Waves*, Vol. 4, No. 5, 2006, pp. 16 – 21.

Michael Cernea, "Macrosocial Change, Feminization of Agriculture and Peasant Women's Threefold Economic role", *Sociologia Ruralis*, Vol. 18, No. 1, 1978, pp. 107 – 124.

Kam Wing Chan and Li Zhang, "The Hukou System and Rural – Urban Migration in China: Processes and Changes", *The China Quarterly*, No. 160, 1999, pp. 818 – 855.

Kam Wing Chan and Will Buckingham, "Is China Abolishing the Hukou System?", *The China Quarterly*, No. 195, 2008, pp. 582 – 606.

Hongqin Chang, Fiona MacPhail and Xiaoyuan Dong, "The Feminization of Labor and the Time – Use Gender Gap in Rural China", *Feminist Economics*, Vol. 17, No. 4, 2011, pp. 93 – 124.

Sylvia Chant, "Households, Gender and Rural – Urban Migration: Reflections on Linkages and Considerations for Policy", *Environment and Urbanization*, Vol. 10, No. 1, 1998, pp. 5 – 22.

Neena L. Chappell and R. Colin Reid, "Burden and Well – Being among Caregivers: Examining the Distinction", *The Gerontologist*, Vol. 42, No. 6, 2002, pp. 772 – 780.

Feinian Chen, "The Division of Labor between Generations of Women in Rural China", *Social Science Research*, Vol. 33, No. 4, 2004, pp. 557 – 580.

Tiejun Cheng and Mark Selden, "The Origins and Social Consequences of China's Hukou System", *The China Quarterly*, No. 139, 1994, pp. 644 – 668.

Marta B. Chiappe and Comelia B. Flora, "Gendered Elements of the Alternative Agriculture Paradigm", *Rural Sociology*, Vol. 63, No. 3, 1998, pp. 372 – 393.

Cornilius Chikwama, "The Role of Rural Off – Farm Employment in Agricultural Development among Farm Households in Low – Income Countries: Evidence from Zimbabwe", *African Journal of Agricultural and Resource Economics*, Vol. 4, No. 1, 2010.

Chiriboga Manuel Chiriboga, Romain Charnay and Carol Chehab, "Women in Agriculture: Some Results of Household Surveys Data Analysis", Preparation Document for World Development Report 2008 "Agriculture for Development", 2006

A. H. Chowdhury, H. Hambly Odame and C. Leeuwis, "Transforming the Roles of a Public Extension Agency to Strengthen Innovation: Lessons from the National Agricultural Extension Project in Bangladesh", *The Journal of Agricultural Education and Extension*, Vol. 20, No. 1, 2014, pp. 7 –25.

F. Christiansen, "Social Division and Peasant Mobility in Mainland China: The Implications of the Hukou System", *Issues and Studies*, Vol. 26, 1990, pp. 23 –42.

A. V. Cicourel, "Notes on the Integration of Micro – and Macro – Levels of Analysis", in K. Knorr – Cetina and A. V. Cicourel, eds., *Advances in Social Theory and Methodology: Toward an Integration of Micro – and Macro – sociologies*, London: Routledge & Kegan Paul, 1981, pp. 51 –80.

S. Coate and M. Ravallion, "Reciprocity without Commitment: Characterization and Performance of Informal Insurance Arrangements", *Journal of Development Economics*, Vol. 40, No. 1, 1993, pp. 1 –24.

Jeffery H. Cohen and Ibrahim Sirkeci, *Cultures of Migration: The Global Nature of Contemporary Mobility.* Austin: University of Texas Press, 2011.

Jeffery H. Cohen, "Migration and " Stay at Homes" in Rural Oaxaca, Mexico: Local Expression of Global Outcomes", *Urban Anthropology and Studies of Cultural Systems and World Economic Development*, Vol. 31, No. 2, 2002, pp. 231 –259.

Jeffery H. Cohen, Leila Rodriguez and Margaret Fox, "Gender and Migration in the Central Valleys of Oaxaca", *International Migration*, Vol. 46, No. 1, 2008, pp. 79 –101.

Rachel Connelly and Zhenzhen Zheng, "Determinants of School Enrollment and Completion of 10 to 18 Year Olds in China", *Economics of Education Review*, Vol. 22, No. 4, 2003, pp. 379 –388.

Dennis Conway and Robert B. Potter, "Caribbean Transnational Return Migrants as Agents of Change", *Geography Compass*, Vol. 1, No. 1, 2007, pp. 25 –45.

E. J. Croll and P. Huang, "Research Note Migration For and Against Agriculture in Eight Chinese Villages", *The China Quarterly*, 1997, pp. 128 –146.

Delia Davin, "Gender and Rural – Urban Migration in China", *Gender & De-*

velopment, Vol. 4, No. 1, 1996, pp. 24 –30.

Alan de Brauw and John Giles, "Migrant Labor Markets and the Welfare of Rural Households in the Developing World: Evidence from China", *World Bank Economic Review*, Vol. 32, No. 1, 2018, pp. 1 –32.

Alan de Brauw, "Are Women Taking over the Farm in China?", Department of Economics, Williams College in its Series Department of Economics Working Papers, 2003, http://web.williams.edu/Economics/wp/debrauw_ fem.pdf.

Alan de Brauw, Jikun Huang, Linxiu Zhang and Scott Rozelle, "The Feminization of Agriculture with Chinese Characteristics", Background paper for the World Development Report, 2012. http://www.ifpri.org/sites/default/files/publications/ifpridp01189.pdf.

Alan de Brauw, Qiang Li, Chengfang Liu, Scott Rozelleand Linxiu Zhang, "Feminization of Agriculture in China? Myths Surrounding Women's Participation in Farming", *The China Quarterly*, No. 194, 2008, pp. 327 –348.

Sabine de Rooij, "Work of the Second Order", in L. Van der Plas, M. Fonte, eds., *Rural Gender Studies in Europe.* Assen: Van Gorcum & Comp. B. V., 1994, pp. 69 –79.

Sabine de Rooij, Werk van de Tweede Soort: Boerinnen in de Melkveehouderij. Ph. D. dissertation, Wageningen University, 1992.

Olivier de Sechutter, "The Agrarian Transition and the 'Feminization' of Agriculture", *Food Sovereignty: A Critical Dialogue*, 2013.

Carmen Diana Deere, "The Feminization of Agriculture? Economic Restructuring in Rural Latin America", United Nations Research Institute for Social Development (UNRISD) Occasional Paper. (Feburary 2005), http://www.unrisd.org/unrisd/website/document.nsf/8b18431d756b708580256b6400399775/20024ebc6ab9da45c1256fe10045b101/MYMFILE/OPGP1.pdf.

Sylvie Démurger, Martin Fournier and Weiyong Yang, "Rural Households' Decisions towards Income Diversification: Evidence from a Township in

Northern China", *China Economic Review*, Vol. 21, 2010, pp. 32 –44.

David Dollar and Roberta Gatti, "Gender inequality, income, and growth: Are Good Times Good for Women?", The World Bank Development Research Group, 1999. http: //documents. worldbank. org/curated/en/251801468765040122/pdf/multi – page. pdf.

Yang Du, Albert Park and Sangui Wang, "Migration and Rural Poverty in China", *Journal of Comparative Economics*, Vol. 33, No. 4, 2005, pp. 688 –709.

Gargi Dutt, *Rural Communes of China: Organizational Problems.* Oxford: Asia Publishing House, 1967.

Satu Elo and Helvy Kyng? s, "The Qualitative Content Analysis Process", *Journal of Advanced Nursing*, Vol. 62, No. 1, 2008, pp. 107 –115.

John W. Engel, "Marriage in the People's Republic of China: Analysis of a New Law", *Journal of Marriage and the Family*, Vol. 46, No. 4, 1984, pp. 955 –961.

Barbara Entwisle, Gail E. Henderson, Susan E. Short, Jill Bouma and Fengying Zhai, "Gender and Family Businesses in Rural China", *American Sociological Review*, Vol. 60, No. 1, 1995, pp. 36 –57.

Nicholas Evans and Brian Ilbery, "Exploring the Influence of Farm – Based Pluriactivity on Gender Relations in Capitalist Agriculture", *Sociologia Ruralis*, Vol. 36, No. 1, 1996, pp. 74 –92.

E. U. Eviota, "Women, the Economy and the State", in M. Paterson, ed., *Shadows behind the Screen: Economic Restructuring and Asian Women*, Asian Regional Exchange for New Alternatives (ARENA) & Catholic Institute for International Relations (CIIR), 1995, pp. 3 –18.

Thomas Faist, "Transnationalization in International Migration: Implications for the Study of Citizenship and Culture", *Ethnic and Racial Studies*, Vol. 23, No. 2, 2000, pp. 189 –222.

C. Cindy Fan and Youqin Huang, "Waves of Rural Brides: Female Marriage Migration in China", *Annals of the Association of American Geographers*,

Vol. 88, No. 2, 1998, pp. 227 –251.

C. Cindy Fan, "China on the Move: Migration, the State, and the Household" . *The China Quarterly*, Vol. 196, 2008, pp. 924 –956.

C. Cindy Fan, "Migration in a Socialist Transitional Economy: Heterogeneity, Socioeconomic and Spatial Characteristics of Migrants in China and Guangdong Province", *International Migration Review*, Vol. 33, No. 4, 1999, pp. 954 –987.

C. Cindy Fan, "Out to the City and Back to the Village: The Experiences and Contributions of Rural Women Migrating from Sichuan and Anhui", in A. Gaetano and T. Jacka, eds. , *On the Move: Women and Rural – to – urban Migration in Contemporary China*, New York: Columbia University Press, 2004, pp. 177 –206.

C. Cindy Fan, "Rural – Urban Migration and Gender Division of Labor in Transitional China", *International Journal of Urban and Regional Research*, Vol. 27, No. 1, 2003, pp. 24 –47.

Hsiao – tung Fei, *Peasant Life in China: A Field Study of Country Life in the Yangtze Valley*, London: G. Routledge, 1939.

Xiaotong Fei, Tse – i Chang, Paul Lemen Cooper and Margaret Park Redfield, *Earthbound China: A Study of Rural Economy in Yunnan*, Chicago: University of Chicago Press, 1945.

P. A. Fischer, R. Martin and T. Straubhaar, "Should I Stay or Should I Go", in T. Hammar, G. Brochmann, K. Tamas and T. Faist, eds. , *International Migration, Immobility and Development: Multidisciplinary perspectives.* New York: Berg, 1997, pp. 49 –90.

M. Fok and G. Wang, "Do Female – Led Farms Perform Less Well in Cotton Production? Insight from Hebei Province (China)", World Cotton Research Conference, 2011.

Maria Fonte, M. Minderhoud – Jones, L. van der Plas and J. D. van der Ploeg, "The Menial and the Sublime", in M. Fonte and L. van der Plas, eds. , *Rural Gender Studies in Europe.* Assen: Van Gorcum,

1994, pp. 1 – 13.

Gordon Forbes, Xiaoying Zhang, Krystyna Doroszewicz and Kelly Haas, "Relationships between Individualism – Collectivism, Gender, and Direct or Indirect Aggression: A Study in China, Poland, and the US", *Aggressive Behavior*, Vol. 35, No. 1, 2009, pp. 24 – 30.

Elizabeth Francis, *Making a Living: Changing Livelihoods in Rural Africa*, London: Routledge, 2000.

J. Freidenberg, G. Imperiale and M. L. Skovron, "Migrant Careers and Well – Being of Women", *International Migration Review*, Vol. 22, No. 2, 1988, pp. 208 – 225.

Xiaolan Fu and V. N. Balasubramanyam, "Township and Village Enterprises in China", *Journal of Development Studies*, Vol. 39, No. 4, 2003, pp. 27 – 46.

Hom N. Gartaula, The Other Side of Migration in Rural Nepal: Sociocultural Transformation and the Women Left Behind, Ph. D. dissertation, Wageningen University, 2011.

Hom N. Gartaula, Anke Niehof and Leontine Visser, "Feminisation of Agriculture as an Effect of Male Out – Migration: Unexpected Outcomes from Jhapa District, Eastern Nepal", *The International Journal of Interdisciplinary Social Sciences*, Vol. 5, No. 2, 2010, pp. 565 – 578.

Anthony Giddens, *Sociology* (*5th Edition*), Cambridge: Polity Press, 2006.

Markus Goldstein and Christopher Udry, "The Profits of Power: Land Rights and Agricultural Investment in Ghana", *Journal of Political Economy*, Vol. 116, No. 6, 2008, pp. 981 – 1022.

Gary L. Goodman and Jonathan T. Hiskey, "Exit without Leaving: Political Disengagement in High Migration Municipalities in Mexico", *Comparative Politics*, Vol. 40, No. 2, 2008, pp. 169 – 188.

Margaret Grace and June Lennie, "Constructing and Reconstructing Rural Women in Australia: The Politics of Change, Diversity and Identity",

*Sociologia Ruralis*, Vol. 38, No. 3, 1998, pp. 351 – 370.

Richard M. Grinnell, Jr., *Social Work Research and Evaluation: Quantitative and Qualitative Approaches*, Cengage Learning, Inc., 2011.

M. Guan and W. Chai, "From Communes to the Household Contract System: the Impact of China's Rural Reform on Women's Status", in N. Heyzer, ed., *Women Farmers and Rural Change in Asia: Towards Equal Access and Participation.* Kuala Lumpur: Asian and Pacific Development Centre, 1987, pp. 353 – 382.

Denise Hare, " 'Push' versus 'Pull' Factors in Migration Outflows and Returns: Determinants of Migration Status and Spell Duration among China's Rural Population", *The Journal of Development Studies*, Vol. 35, No. 3, 1999, pp. 45 – 72.

G. Hoogendoorn, G. Visse and L. Marais, "Changing Coutrysides, Changing Villages: Second Homes in Rhodes, South Africa", *South African Geographical Journal*, Vol. 91, No. 2, 2009, pp. 75 – 83.

Hsiu – Fang Hsieh and Sarah E. Shannon, "Three Approaches to Qualitative Content Analysis", *Qualitative Health Research*, Vol. 15, No. 9, 2005, pp. 1277 – 1288.

Yuqin Huang, "From the 'Feminization of Agriculture' to the 'Ageing of Farming Populations': Demographic Transition and Farming in a Central Chinese Village", *Local Economy*, Vol. 27, No. 1, 2012, pp. 19 – 32.

Graeme J. Hugo, "Circular Migration in Indonesia", *Population and Development Review*, Vol. 8, No. 1, 1982, pp. 59 – 83.

Graeme J. Hugo, "Migration and Women's Empowerment", in H. B. Presser and G. Sen, eds., *Women's Empowerment and Demographic Processes: Moving beyond Cairo.* New York: Oxford University Press, 2000. pp. 287 – 317.

IFAD, *Impact of IFAD's Commitment to Women in China and Insights for Gender Mainstreaming Gender Assessment Report* (*Report No.* 1640), International Fund for Agricultural Development, 2005.

H. Inhetveen and M. Schmitt, "Feminization Trends in Agriculture: Theoretical Remarks and Empirical Findings from Germany", in H. Buller and K. Hoggart, eds., *Women in the European Countryside.* Great Britain: Antony Rowe Ltd., 2004, pp. 83 – 102.

Tamara Jacka, "Migration, Householding and the Well – Being of Left – Behind Women in Rural Ningxia", *The China Journal*, Vol. 67, No. 67, 2012, pp. 1 – 22.

Tamara Jacka, *Rural Women in Urban China: Gender, Migration, and Social Change*, New York: M. E. Sharpe, 2005.

Tamara Jacka, *Women's Work in Rural China: Change and Continuity in an Era of Reform*, Cambridge: Cambridge University Press, 1997.

Laurence Jacobs, Gao Guopei and Paul Herbig, "Confucian Roots in China: A Force for Today's Business", *Management Decision*, Vol. 33, No. 10, 1995, pp. 29 – 34.

X. Jin, M. W. Feldman, S. Li and C. Zhu, "A Survey of Marriage and Old – Age Support in Songzi, China", Morrison Institute for Population and Resource Studies Working Paper Series No. 86, 2001.

Ellen R. Judd, "No Change for Thirty Years: The Renewed Question of Women's Land Rights in Rural China", *Development and Change*, Vol. 38, No. 4, 2007, pp. 689 – 710.

Ellen R. Judd, *Gender and Power in Rural North China.* Standford: Stanford University Press, 1994.

Naila Kabeer, "Gender Equality and Women's Empowerment: A Critical Analysis of the Third Millennium Development Goal", *Gender & Development*, Vol. 13 No. 1, 2005, pp. 13 – 24.

E. Katz, "The Changing Role of Women in the Rural Economies of Latin America", Food, Agriculture and Rural Development: Current and Emerging Issues for Economic Analysis and Policy Research (CUREMIS II) – Volume I: Latin America and the Caribbean, Economic and Social Department, Food and Agriculture Organization of the United Nations, 2003,

pp. 31 – 66.

Govind Kelkar, "The Feminization of Agriculture in Asia: Implications for Women's Agency and Productivity", Food and Fertilizer Technology Center (FFTC), 2007.

Ariane Kemkes, "Does the Sex of Firstborn Children Influence Subsequent Fertility Behavior? Evidence from Family Reconstitution" . *Journal of Family History*, Vol. 31, No. 2, 2006, pp. 144 – 162.

Karlheinz Knickel and Henk Renting, "Methodological and Conceptual Issues in the Study of Multifunctionality and Rural Development", *Sociologia Ruralis*, Vol. 40, No. 4, 2000, pp. 512 – 528.

John Knight and Ramani Gunatilaka, "Great Expectations? The Subjective Well – Being of Rural – Urban Migrants in China", *World Development*, Vol. 38, No. 1, 2010, pp. 113 – 124.

John Knight, Lina Song and Ramani Gunatilaka, "Subjective Well – Being and Its Determinants in Rural China", *China Economic Review*, Vol. 20, No. 4, 2009, pp. 635 – 649.

Susana Lastarria – Cornhiel, "Feminization of Agriculture: Trends and Driving Forces", Background Paper for the World Devlopment Report (WDR), 2008.

William Lavely and Xinhua Ren, "Patrilocality and Early Marital Co – Residence in Rural China, 1955 – 1985", *The China Quarterly*, No. 130, 1992, pp. 378 – 391.

William Lavely, "Marriage and Mobility Under Rural Collectivism", in R. S. Watson and P. B. Ebrey, eds. , *Marriage and Inequality in Chinese Society*. Berkeley: University of California Press, 1991, pp. 286 – 312.

Cees Leeuwis and Noelle Aarts, "Rethinking Communication in Innovation Processes: Creating Space for Change in Complex Systems", *Journal of Agricultural Education and Extension*, Vol. 17, No. 1, 2011, pp. 21 – 36.

David Ley and Audrey Kobayashi, "Back to Hong Kong: Return Migration or Transnational Sojourn?", *Global Networks*, Vol. 5, No. 2, 2005,

pp. 111 – 127.

Danke Li and Mun C. Tsang, "Household Decisions and Gender Inequality in Education in Rural China", *China: An International Journal*, Vol. 1, No. 2, 2003, pp. 224 – 248.

Guo Li, Scott Rozelle and Loren Brandt, "Tenure, Land Rights, and Farmer Investment Incentives in China", *Agricultural Economics*, Vol. 19, No. 1 – 2, 1998, pp. 63 – 71.

Jianghong Li, "Gender Inequality, Family Planning, and Maternal and Child Care in a Rural Chinese County", *Social Science & Medicine*, Vol. 59, No. 4, 2004, pp. 695 – 708.

Shuzhuo Li, Marcus W. Feldman and Xiaoyi Jin, "Children, Marriage Form, and Family Support for the Elderly in Contemporary Rural China: The Case of Songzi", *Research on Aging*, Vol. 26, No. 3, 2004, pp. 352 – 384.

Shuzhuo Li, Marcus W. Feldman and Xiaoyi Jin, "Marriage Form and Family Division in Three Villages in Rural China", *Population Studies*, Vol. 57, No. 1, 2003, pp. 95 – 108.

Zai Liang and Yiu Por Chen, "Migration and Gender in China: An Origin – Destination Linked Approach", *Economic Development and Cultural Change*, Vol. 52, No. 2, 2004, pp. 423 – 443.

Zai Liang and Zhongdong Ma, "China's Floating Population: New Evidence from the 2000 Census", *Population and Development Review*, Vol. 30, No. 3, 2004, pp. 467 – 488.

Justin Yifu Lin, "Rural Reforms and Agricultural Growth in China" . *The American Economic Review*, Vol. 82, No. 1, 1992, pp. 34 – 51.

Justin Yifu Lin, "The Household Responsibility System in China's Agricultural Reform: A Theoretical and Empirical Study", *Economic Development and Cultural Change*, Vol. 36, No. 3, 1988, pp. S199 – S224.

Justin Yifu Lin, "The Household Responsibility System Reform in China: A Peasant's Institutional Choice", *American Journal of Agricultural Eco-*

nomics, Vol. 69, No. 2, 1987, pp. 410 -415.

Linda L. Lindsey, *Gender Roles: A Sociological Perspective*, *Fifth ed*, Pearson Education, 2011.

Jinlong Liu, Forests in the Mist: Livelihoods and Responses to the Natural Forest Protection Program in China, Ph. D. dissertation, Wageningen University, 2006.

Meng Liu and C. Chan, "Enduring Violence and Staying in Marriage Stories of Battered Women in Rural China", *Violence Against Women*, Vol. 5, No. 12, 1999, pp. 1469 -1492.

Meng Liu, Equality and Control: The Politics of Wife Abuse in Rural and Urban China, Ph. D. dissertation, University of Hong Kong, 1999.

Zhiqiang Liu, "Institution and Inequality: The Hukou System in China", *Journal of Comparative Economics*, Vol. 33, No. 1, 2005, pp. 133 -157.

Norman Long, *Development Sociology: Actor Perspectives.* London: Routledge, 2004

Sara Hlupekile Longwe, "Education for Women's Empowerment or Schooling for Women's Subordination?", *Gender & Development*, Vol. 6, No. 2, 1998, pp. 19 -26.

Guifen Luo, "China's Rural - Urban Migration: Structure and Gender Attributes of the Floating Rural Labor Force", *Finnish Yearbook of Population Research*, Vol. 42, No. 42, 2006, pp. 65 -92.

Renfu Luo, Linxiu Zhang, Jikun Huang and Scott Rozelle, "Elections, Fiscal Reform and Public Goods Provision in Rural China", *Journal of Comparative Economics*, Vol. 35, No. 3, 2007, pp. 583 -611.

Hy Van Luong and Jonathan Unger, "Wealth, Power, and Poverty in the Transition to Market Economies: The Process of Socio - Economic Differentiation in Rural China and Northern Vietnam", *The China Journal*, Vol. 40, 1998, pp. 61 -93.

Zhongdong Ma, "Urban Labour - Force Experience as a Determinant of Rural Occupation Change: Evidence from Recent Urban - Rural Return Migration in China", *Environment and Planning A: Economy and Space*, Vol. 33, No. 2, 2001, pp. 237 – 256.

Amina Maharjan, Siegfried Bauer and Beatrice Knerr, "Do Rural Women Who Stay Behind Benefit from Male Out – Migration? A Case Sudy in the Hills of Nepal", *Gender, Technology and Development*, Vol. 16, No. 1, 2012, pp. 95 – 123.

Anju Malhotra and Mark Mather, "Do Schooling and Work Empower Women in Developing Countries? Gender and Domestic Decisions in Sri Lanka", *Sociological Forum*. Vol. 12, No. 4, 1997, pp. 599 – 630.

H. Mallee, The Expanded Family: Rural Labour Circulation in Reform China, Ph. D. dissertation, Leiden University, 1997.

Kenneth I. Maton and Elizabeth A. Wells, "Religion as a Community Resource for Well Being: Prevention, Healing, and Empowerment Pathways", *Journal of Social Issues*, Vol. 51, No. 2, 1995, pp. 177 – 193.

Rebecca Matthews and Victor Nee, "Gender Inequality and Economic Growth in Rural China", *Social Science Research*, Vol. 29, No. 4, 2000, pp. 606 – 632.

Linda McDowell, *Gender, Identity and Place: Understanding Feminist Geographies*, Minneapolis: University Of Minnesota Press, 1999.

Susan H. McFadden, "Religion and Well – Being in Aging Persons in an Aging Society", *Journal of Social Issues*, Vol. 51, No. 2, 1995, pp. 161 – 175.

Nancy G. McGehee, Kyungmi Kim and Gayle R. Jennings, "Gender and Motivation for Agri – Tourism Entrepreneurship", *Tourism Management*, Vol. 28, No. 1, 2005, pp. 280 – 289.

J. A. McGregor, "Researching Well – Being Communicating between the Needs of Policy Makers and the Needs of People", *Global Social Policy*, Vol. 4, No. 3, 2004, pp. 337 – 358.

Kjersti Melberg, "Succession Patterns in Norwegian Farm Generations: Gendered Responses to Modernity", in Ildiko Asztalos Morell and Bettina B. Bock, eds. , *Gender Regimes, Citizen Participation and Rural Restructuring: Research in Rural Sociology and Development*, Amsterdam: Elsevier, 2008. pp. 217 – 238.

M. Miele, "The Quality of Work and the Quality of Food", in L. van der Plas and M. Fonte, eds. , *Rural Gender Studies in Europe.* Assen: Van Gorcum, 1994, pp. 136 – 146.

Sandeep Mohapatra, Scott Rozelle and Rachael Goodhue, "The Rise of Self – Employment in Rural China: Development or Distress?", *World Development*, Vol. 35, No. 1, 2006, pp. 163 – 181.

Ren Mu and Dominique van de Walle, "Left Behind to Farm? Women's Labor Re – Allocation in Rural China", *Labour Economics*, Vol. 18, 2011, pp. S83 – S97.

Rachel Murphy, "The Impact of Labour Migration on the Well – Being and Agency of Rural Chinese Women: Cultural and Economic Contexts and the Life Course", In Arianne M. Gaetano and Tamara Jacka, eds. , *On the Move, Women in Rural to Urban Migration in Contemporary China.* New York: Columbia University Press, 2004.

Rachel Murphy, *How Migrant Labor is Changing Rural China.* Cambridge: Cambridge University Press, 2002.

Julie Newton, "Structures, Regimes and Well – Being", Well – Being in Developing Countries ESRC Research Group Working Paper 30, 2007.

Ann Nilsen, "From Questions of Methods to Epistemological Issues: The Case of Biographical Research", in P. Alasuutari, L. Bickman and J. Brannen, eds. , *The SAGE Handbook of Social Research Methods.* London: SAGE Publications Limited, 2008, pp. 81 – 94.

Ann Nilsen, "Great Expectations? Exploring Men's Biographies in Late Modernity", in S. Gronmo and H. Bjorn, eds. , *Society, University and World Community.* Olso: Scandinavian University Press, 1997, pp. 111 – 135.

Patricia O'Hara, *Partners in Production? Women, Farm and Family in Ireland.* New York: Berghahn Books, 1998.

Jean C. Oi and Scott Rozelle, "Elections and Power: The Locus of Decision - Making in Chinese Villages", *The China Quarterly*, No. 162, 2000, pp. 513 - 539.

Filippo Osella and Caroline Osella, "Migration, Money and Masculinity in Kerala", *Journal of the Royal Anthropological Institute*, Vol. 6, No. 1, 2000, pp. 117 - 133.

John Page and Sonia Plaza, "Migration Remittances and Development: A Review of Global Evidence", *Journal of African Economies*, Vol. 15, Suppl 1, 2006, pp. 245 - 336.

Leonard I. Pearlin, Joseph T. Mullan, Shirley J. Semple and Marilyn M. Skaff, "Caregiving and the Stress Process: An Overview of Concepts and Their Measures", *The Gerontologist*, Vol. 30, No. 5, 1990, pp. 583 - 594.

Paul Pennartz and Anke Niehof, "The Domestic Domain: Chances, Choices and Strategies of Family Households", *International Journal of Consumer Studies*, Vol. 23, No. 4, 1999, pp. 263 - 264.

Enrico C. Perotti, Laixiang Sun and Liang Zou, "State - Owned versus Township and Village Enterprises in China", *Comparative Economic Studies*, Vol. 41, No. 2 - 3, 1999, pp. 151 - 179.

Amber Peterman, Julia A. Behrman and Agnes R. Quisumbing, "A Review of Empirical Evidence on Gender Differences in Nonland Agricultural Inputs, Technology, and Services in Developing Countries", IFPRI Discussion Paper 00975, International Food Policy Research Institute, 2010.

Kenneth Plummer, *Documents of Life 2: An Invitation to a Critical Humanism*, London: Sage Publications Ltd., 2001.

Elke Pohlmann, "Links with the Future: On Being a Female Vine Grower in Germany", in L. van der Plas and M. Fonte, eds., *Rural Gender Studies in Europe.* Assen: Van Gorcum, 1994, pp. 119 - 135.

Dudley L. Poston and Baochang Gu, "Son Preference and the SexRatio at Birth in China: A Provincial Level Analysis", *Social Biology*, Vol. 44,

No. 1 – 2, 1997, pp. 55 – 76.

Eric Preiss, Jean – Louis Martin and Max Debussche, "Rural Depopulation and Recent Landscape Changes in a Mediterranean Region: Consequences to the Breeding Avifauna", *Landscape Ecology*, Vol. 12, 1997, pp. 51 – 61.

Fangbin Qiao, Jikun Huang, Linxiu Zhang and Scott Rozelle, "Pesticide Use and Farmers' Health in China's Rice Production", *China Agricultural Economic Review*, Vol. 4, No. 4, 2012, pp. 468 – 484.

Agnes R. Quisumbing, "Improving Women' s Agricultural Productivity as Farmers and Workers", The World Bank ESP Discussion Paper Series No. 37, 1994. pp. 1 – 86.

Agnes R. Quisumbing, "Male – Female Differences in Agricultural Productivity: Methodological Issues and Empirical Evidence", *World Development*, Vol. 24, No. 10, 1996, pp. 1579 – 1595.

Claudia Radel, Birgit Schmook, Jamie McEvoy, Crisol Mendez and Peggy Petrzelka, "Labour Migration and Gendered Agricultural Relations: The Feminization of Agriculture in the Ejidal Sector of Cala*km*ul, Mexico", *Journal of Agrarian Change*, Vol. 12, No. 1, 2012, pp. 98 – 119.

H. Renting, W. Rossing, J. Groot, J. Van der Ploeg, C. Laurent, D. Perraud, D. J. Stobbelaar and M. Van Ittersum, "Exploring Multifunctional Agriculture: A Review of Conceptual Approaches and Prospects for an Integrative Transitional Framework", *Journal of Environmental Management*, Vol. 90, Suppl 2, 2009, pp. S112 – S123.

Kenneth D. Roberts, "Chinese Labour Migration: Insights from Mexican Undocumented Migration to the United States", in L. A. West and Y. Zhao, eds., *Rural Labour Flows in China*, Institute of East Asian Studies, University of California, Berkeley, 2000, pp. 179 – 230.

Mark R. Rosenzweig, "Risk, Implicit Contracts and the Family in Rural Areas of Low – Income Countries", *The Economic Journal*, Vol. 98, No. 393, 1988, pp. 1148 – 1170.

Peter Rosset, "Preventing Hunger: Change Economic Policy", *Nature*, Vol. 479, No. 7374, 2011, pp. 472 -473.

Scott Rozelle, J. Edward Taylor and Alan deBrauw, "Migration, Remittances, and Agricultural Productivity in China", *The American Economic Review*, Vol. 89, No. 2, 1999b, pp. 287 -291.

Scott Rozelle, L. Guo, M. Shen, A. Hughart and J. Giles, "Leaving China's Farms: Survey Results of New Paths and Remaining Hurdles to Rural Migration", *The China Quarterly*, No. 158, 1999a, pp. 367 -393.

Scott Rozelle, Linxiu Zhang and Allen de Brauw, "China's Rural Labor Market Development and Its Gender Implications", in S. Song and A. Chen, eds., *China's Rural Economy after WTO: Problems and Strategies.* Great Britain: Athenaeum Press, 2006, pp. 59 -79.

Carolyn E. Sachs, *Gendered Fields: Rural Women, Agriculture, and Environment.* Boulder: Westview Press, 1996.

Carolyn Sachs and Margaret Alston, "Global Shifts, Sedimentations, and Imaginaries: An Introduction to the Special Issue on Women and Agriculture", *Signs.* Vol. 35, No. 2, 2010, pp. 277 -287.

K. A. Saito, H. Mekonnen and D. Spurling, "Raising the Productivity of Women Farmers in Sub - Saharan Africa", World Bank Discusion Papers: Africa Technical Department Series, 1994.

Sally Sargeson and Song Yu, "Gender, Citizenship and Agency in Land Development", in T. Jacka and S. Sargeson, eds., *Women, Gender and Rural Devlopment in China.* Cheltenham: Edward Elgar Publishing Limited, 2011.

Amartya Sen, "The Many Faces of Gender Inequality", *New Republic*, Vol. 50, No. 6, 2001, pp. 35 -39.

T. Shen, "The Process and Achievements of the Study on Marriage and Family in China", *Marriage & Family Review*, Vol. 22, No. 1 -2, 1996, pp. 19 -53.

Yan Shen and Yang Yao, "Does Grassroots Democracy Reduce Income Inequality in China?", *Journal of public economics*, Vol. 92, No. 10 – 11, 2008, pp. 2182 – 2198.

Laiyun Sheng, "Analysis of the Determinants of Rural Labour Migration in China", *China Rural Survey*, No. 3, 2007, pp. 2 – 15.

Dena Shenk, Boyd Davis, James R. Peacock and Linda Moore, "Narratives and Self – Identity in Later Life: Two Rural American Older Women", *Journal of Aging Studies*, Vol. 16, No. 4, 2002, pp. 401 – 413.

Audrey Singer and Douglas S. Massey, "The Social Process of Undocumented Border Crossing among Mexican Migrants", *International Migration Review*, Vol. 32 No. 3, 1998, pp. 561 – 592.

Ronald Skeldon, "Migration and Migration Policy in Asia: A Synthesis of Selected Cases", Regional Conference on Migration, Development and Pro – Poor Policy Choices in Asia, 2003, pp. 22 – 24.

G. William Skinner, "Family Systems and Demographic Processes", in D. I. Kertzer and T. Fricke, eds., *Anthropological Demography: Toward a New Synthesis.* Chicago: University of Chicago Press, 1997, pp. 53 – 95.

Allison Smith – Estelle and Sofia Gruskin, "Vulnerability to HIV/STIs among Rural Women from Migrant Communities in Nepal: A Health and Human Rights Framework", *Reproductive Health Matters*, Vol. 11, No. 22, 2003, pp. 142 – 151.

Dorothy J. Solinger, *Contesting Citizenship in Urban China: Peasant Migrants, the State, and the Logic of the Market.* Berkeley: University of California Press, 1999.

Lina Song, Simon Appleton and John Knight, "Why Do Girls in Rural China Have Lower School Enrollment?", *World Development*, Vol. 34, No. 9, 2006, pp. 1639 – 1653.

Yiching Song and Ronnie Vernooy, "Seeds of Empowerment Action Research in the Context of the Feminization of Agriculture in Southwest China", *Gender, Technology and Development*, Vol. 14, No. 1, 2010, pp. 25 – 44.

Yiching Song, Linxiu Zhang, Dajiang Sun, Qiu Sun and Janice Jiggins,

"Feminization of Agriculture in Rapid Changing Rural China: Policy Implication and Alternatives for an Equitable Growth and Sustainable Development", FAO - IFAD - ILO Workshop on Gaps, Trends and Current Research in Gender Dimensions of Agricultural and Rural Employment: Differentiated Pathways out of Poverty. 2009a.

Yu Song, Jianmin Zheng and Wenrong Qian, "To Be, or Not to Be: Rural Women's Migration Decisions - A Case Study of the Yangtze Riveer Delta", *The Chinese Economy*, Vol. 42, No. 4, 2009b. pp. 63 - 74.

Donald E. Stull, Karl Kosloski and Kyle Kercher, "Caregiver Burden and Generic Well - Being: Opposite Sides of the Same Coin?", *The Gerontologist*, Vol. 34, No. 1, 1994, pp. 88 - 94.

Qiu Sun, Rebuilding Common Property Management: A Case Study of Community - Based Natural Resource Management in Rural Guizhou, China, Ph. D. dissertation, Wageningen University, 2007.

Shuhao Tan, Nico Heerink and Futian Qu, "Land Fragmentation and Its Driving Forces in China", *Land Use Policy*, Vol. 23, No. 3, 2004, pp. 272 - 285.

Ran Tao, Fubing Su, Xin Sun and Xi Lu, "Political Trust as Rational Belief: Evidence from Chinese Village Elections", *Journal of Comparative Economics*, Vol. 39, No. 1, 2011, pp. 108 - 121.

J. Edward Taylor, Scott Rozelle and Alan de Brauw, "Migration and Incomes in Source Communities: A New Economics of Migration Perspective from China", *Economic Development and Cultural Change*, Vol. 52, No. 1, 2003, pp. 75 - 101.

D. Thorner, "Chayanov's Concept of Peasant Economy", in D. Thorner, B. Kerblay and R. E. F. Smith, eds., *A. V. Chayanov on the Theory of Peasant Economy: With a New Introduction by Teodor Shanin*, Manchester: Manchester University Press, 1986.

Liv Emma Thorsen, "Interpreting Farm Women' s Lives: Reflections on the Biographical Method", in L. van der Plas and M. Fonte, eds., *Rural*

*Gender Studies in Europe.* Assen: Van Gorcum, 1994, pp. 147 – 153.

Robert M. Townsend, "Risk and Insurance in Village India", *Econometrica: Journal of the Econometric Society*, Vol. 62, No. 3, 1994, pp. 539 – 591.

Harry Charalambos Triandis, *Individualism and Collectivism.* Boulder: Westview Press, 1995.

Chrisiopher Udry, "Gender, Agricultural Production, and the Theory of the Household", *Journal of Political Economy*, Vol. 104, No. 5, 1996, pp. 1010 – 1046.

Chrisiopher Udry, "Risk and Insurance in a Rural Credit Market: An Empirical Investigation in Northern Nigeria", *The Review of Economic Studies*, Vol. 61, No. 208, 1994, pp. 495 – 526.

UNDP, *China' s Accession to WTO: Challenges for Women in the Agricultural and Industrial Sector*, Collaborative Research Report by UNDP, UNIFEM, All China Women's Federation, National Development and Reform Commission and Center for Chinese Agricultural Policy, 2003.

Gill Valentine, Deborah Sporton and Katrine Bang Nielsen, "Identities and Belonging: A Study of Somali Refugee and Asylum Seekers Living in the UK and Denmark", *Environment and Planning D: Society and Space*, Vol. 27, No. 2, 2009, pp. 234 – 250.

Jan Douwe van der Ploeg and Ann Long, *Born from Within: Practice and Perspectives of Endogenous Rural Development.* Assen: Van Gorcum, 1994.

Jan Douwe van der Ploeg and Jingzhong Ye, "Multiple Job Holding in Rural Villages and the Chinese Road to Development", *The Journal of Peasant Studies*, Vol. 37, No. 3, 2010, pp. 513 – 530.

Jan Douwe van der Ploeg, Jingzhong Ye and Sergio Schneider, "Rural Devlopment Reconsidered: Building on Comparative Perspectives from China, Brazil and the European Union", in J. D. Van der Ploeg, ed., *Rivista Di Economia Agraria: A Comparative Analysis of Rural Development Processes in China, Brazil and the European Union.* Napoli: Edizioni Scientifiche Italiane, 2010, pp. 163 – 190.

Flaminia Ventura and Jan Douwe van der Ploeg, "Rural Development: Some Tentative Conclusions", in J. D. Van der Ploeg, ed., *Rivista Di Economia Agraria: A Comparative Analysis of Rural Development Processes in China, Brazil and the European Union.* Napoli: Edizioni Scientifiche Italiane, 2010, pp. 319 – 335.

Mireille Vermeulen, "Land Grabs: Cheap Deals for Rich Countries", *Farming Matters: Small – scale Agriculture for a Sustainable Society*, Vol. 26, No. 3, 2010, pp. 14 – 17.

Peter P. Vitaliano, Heather M. Young and Joan Russo, "Burden: A Review of Measures Used among Caregivers of Individuals with Dementia", *The Gerontologist*, Vol. 31, No. 1, 1991, pp. 67 – 75.

Carolyn Vogler, "Money in the Household: Some Underlying Issues of Power", *The Sociological Review*, Vol. 46, No. 4, 1998, pp. 687 – 713.

Fei – Ling Wang, "Reformed Migration Control and New Targeted People: China's Hukou System in the 2000s", *The China Quarterly*, No. 177, 2004, pp. 115 – 132.

Wenfei Winnie Wang and C Cindy Fan, "Success or Failure: Selectivity and Reasons of Return Migration in Sichuan and Anhui, China", *Environment and Planning A: Economy and Space*, Vol. 38, No. 5, 2006, pp. 939 – 958.

Yuxian Wang, "De – Intensification and the Feminization of Farming in China", *Gender, Technology and Development*, Vol. 3, No. 2, 1999, pp. 189 – 214.

W. Wertheim, "Dawning of an Asian Dream: Selected Articles on Modernization and Emancipation", Antropologisch – Sociologisch Centrum van de Universiteit van Amsterdam, 1973.

Clive Wilkinson, "Women, Migration and Work in Lesotho", in J. Momsen and J. Townsend, eds., *Geography of Gender in the Third World.* London: Hutchinson Publishing Group Ltd, 1987, pp. 225 – 239.

Huifang Wu and Jingzhong Ye, "Hollow Lives: Women Left Behind in Rural

China", *Journal of Agrarian Change*, Vol. 16, No. 1, 2016, pp. 50 –69.

Xiaogang Wu and Donald J. Treiman, "The Household Registration System and Social Stratification in China: 1955 – 1996", *Demography*, Vol. 41, No. 2, 2004, pp. 363 –384.

Yunxiang Yan, *The Flow of Gifts: Reciprocity and Social Networks in a Chinese Village*. Stanford: Stanford University Press, 1996.

Mary Ellen Yates, Sharon Tennstedt and Bei – Hung Chang, "Contributors to and Mediators of Psychological Well – Being for Informal Caregivers", *The Journals of Gerontology Series B: Psychological Sciences and Social Sciences*, Vol. 54, No. 1, 1999, pp. 12 –22.

Jingzhong Ye, Yihuan Wang and Norman Long, "Farmer Initiatives and Livelihood Diversification: From the Collective to a Market Economy in Rural China", *Journal of Agrarian Change*, Vol. 9, No. 2, 2009, pp. 175 – 203.

Robert K. Yin, *Case Study Research: Design and Methods, Fourth ed*, Warriewood: SAGE Ltd., 2008.

Sam Wai Kam Yu and Ruby Chui Man Chau, "The Sexual Division of Care in Mainland China and Hong Kong", *International Journal of Urban and Regional Research*, Vol. 21, No. 4, 1997, pp. 607 –619.

Juanwen Yuan, The Household Responsibility System and Social Change in Rural Guizhou, China: Applying a Cohort Approach, Ph. D. dissertation, Wageningen University, 2010.

Wilbur Zelinsky, "The Hypothesis of the Mobility Transition", *Geographical Review*, Vol. 61, No. 2, 1971, pp. 219 –249.

Heather Xiaoquan Zhang, "Gender Difference in Inheritance Rights: Observations from a Chinese Village", *The Journal of Peasant Studies*, Vol. 30, No. 3 –4, 2003, pp. 252 –277.

Jian Zhang, Linxiu Zhang, Scott Rozelle and Steve Boucher, "Self – Employment with Chinese Characteristics: The Forgotten Engine of Rural China's Growth", *Contemporary Economic Policy*, Vol. 24, No. 3, 2006a,

pp. 446 – 458.

Kevin Honglin Zhang and Shunfeng Song, "Rural – Urban Migration and Urbanization in China: Evidence from Time – Series and Cross – Section Analyses". *China Economic Review*, Vol. 14, No. 4, 2003, pp. 386 – 400.

Linxiu Zhang, S. Rozelle, C. Liu, S. Olivia, A. de Brauw and Q. Li, "Feminization of Agriculture in China: Debunking the Myth and Measuring the Consequence of Women Participation in Agriculture", Background Paper for the World Development Report, 2006b.

Linxiu Zhang, Allen de Brauw and Scott Rozelle, "China's Rural Labor Market Development and Its Gender Implications", *China Economic Review*, Vol. 15, No. 2, 2004a, pp. 230 – 247.

Weiguo Zhang, "Changing Nature of Family Relations in a Hebei Village in China", *Journal of Contemporary Asia*, Vol. 32, No. 2, 2002, pp. 147 – 170.

Xiaobo Zhang, Shenggen Fan, Linxiu Zhang and Jikun Huang, "Local Governance and Public Goods Provision in Rural China", *Journal of Public Economics*, Vol. 88, No. 12, 2004b, pp. 2857 – 2871.

Yaohui Zhao, "Causes and Consequences of Return Migration: Recent Evidence from China", *Journal of Comparative Economics*, Vol. 30, No. 2, 2002, pp. 376 – 394.

Yaohui Zhao, "Leaving the Countryside: Rural – to – Urban Migration Decisions in China", *The American Economic Review*, Vol. 89, No. 2, 1999, pp. 281 – 286.

Yaohui Zhao, "The Role of Migrant Networks in Labor Migration: The Case of China", *Contemporary Economic Policy*, Vol. 21, No. 10, 2003, pp. 500 – 511.

Yang Zhong and Jie Chen, "To Vote or Not to Vote: An Analysis of Peasants' Participation in Chinese Village Elections", *Comparative Political Studies*, Vol. 35, No. 6, 2002, pp. 686 – 712.

Ling Zhu, "Gender Inequality in the Land Tenure System of Rural China", in Z. Deng, ed., *China's Economy: Rural Reform and Agricultural Development*. Singapore: World Scientific Publishing Co. Pte. Ltd., 2009, pp. 21 -36.

N. Zhu, "The Impacts of Income Gaps on Migration Decisions in China", *China Economic Review*, Vol. 13, No. 2, 2002, pp. 213 -230.

Jiping Zuo, "Feminization of Agriculture, Relational Exchange, and Rerceived Fairness in China: A Case in Guangxi Province", *Rural Sociology*, Vol. 69, No. 4, 2004, pp. 510 -531.

# 附　件

## 附件一　农业女性化调查问卷

编号：________

**农业女性化调查问卷**

调查时间：________调查地点（村）：____________________

被访者姓名：________被访者联系方式：____________________

被访者类型（是否为农业女性化研究对象，根据 1.3&1.4 判断）：________

调查员姓名：____________

____________

**问卷填答说明：**

①请在选项后的“□”上划“√”，如选择“其他”，请在后面的横线上注明详细内容。

②如无特别说明，问题回答为单选。

1. 被访者及其家庭基本情况

1.1　年龄：________岁

1.2.1　文化程度：________

a. 文盲□　　b. 小学□　　c. 初中□

d. 高中或中专□　　e. 大专及以上□

1.2.2　出生地/家乡：________

a. 本村□　　b. 本县□　　c. 本市□

d. 本省□　　e. 省外□

f. 其他________□

1.3　职业：

a. 仅从事农业生产□

b. 主要从事农业生产，还打工□

c. 主要打工，也从事农业生产活动□

d. 仅打工□

e. 仅做家务□

1.4　在您家的农业生产活动中，您承担多大比例的劳动？

a. 100%□　　b. 大于等于50%□

c. 少于50%□　　d. 0□

1.5.1　是否已婚？

a. 否□　　b. 是□

c. 其他________□

注：如果已婚，请回答丈夫信息（1.9）与/或子女信息（1.10）。

1.5.2　您目前居住在丈夫的出生地吗？

a. 否□　　b. 是□

c. 其他________□

1.5.3　目前与谁一起居住？____________________

1.6　您是否出去打过工？

a. 否□　　b. 是□

注：如果出去打过工，请回答1.6.1题。

1.6.1　什么时候？________多久？________职业？________为什么回来？________________________________________________________

________________________________________________________

您的外出务工对您自身及家庭有哪些影响（正面与负面）？

________________________________________________________

________________________________________________________

1.7　您信教吗？

a. 否□　　b. 是□

注：如果信教，请回答1.7.1题。

1.7.1　信什么？________多久了？________为什么？________

____________________________________________

____________________________________________

1.8　您目前的身体状况如何？

a. 非常好□　　b. 比较好□　　c. 一般□

d. 不太好□　　e. 很不好□

注：如果身体状况“一般”“不太好”或“很不好”，请回答第1.8.1—1.8.2题。

1.8.1　您有什么病（指慢性病或大病），并且您认为您患病的原因是？____________________________________________

____________________________________________

1.8.3　您是如何应对发病的情况的？____________________

a. 忍着，不去看病也不吃药□

b. 不去看医生，但自己买药吃□

c. 去找医生看病□

d. 其他____________口

1.9　丈夫信息

1.9.1.1　您丈夫年龄？________岁

1.9.1.2　您丈夫的结婚年龄？________岁

1.9.1.3　您丈夫的文化程度？________

a. 文盲□　　b. 小学□　　c. 初中□

d. 高中或中专□　　e. 大专及以上□

1.9.2　您丈夫从事的职业是（多选）：________（具体非农业生产的工作为：________）

a. 农业生产□　　b. 加工制造业□

c. 建筑业□　　d. 交通运输业□

e. 餐饮、环卫、家政等服务业□　　f. 商贸流通业□

g. 采掘业□　　h. 其他□

i. 不知道□

1.9.3　您丈夫在外打工吗？

a. 否□　　b. 是□

1.9.4　您丈夫主要为何外出打工（多选）？________最主要的原因是？________

a. 子女教育费□　　b. 看病□

c. 还债□　　d. 存钱（用途？____________）□

e. 翻建房屋□　　f. 购买家具、家电□

g. 其他（____________）□

1.9.5.1　您丈夫每年在外务工多久？

a. 3 个月以下□　　b. 3—6 个月□

c. 6—9 个月□　　d. 9—12 个月□

1.9.5.2　您丈夫在外务工多久了？________年

1.9.6.1　您丈夫每月收入约为多少钱？

a. 2000 元以下□　　b. 2000—3000 元□

c. 3000—4000 元□　　d. 4000—5000 元□

e. 5000—6000 元□　　f. 6000 元及以上□

g. 不知道□

1.9.6.2　您丈夫每月或每年能拿回多少钱？________元（注：请注明是“年”还是“月”）

1.9.6.3　您丈夫每月大约花多少钱（指丈夫零用）？________元

1.9.7 您丈夫多久回来一次？________一般什么时候回来？________一般每次回来在家待多久？____________

a. 每天□　　b. 每周□　　c. 2—3 周□

d. 每月□　　e. 2—3 个月□　　f. 3—6 个月□

g. 6—9 个月□　　h. 9—12 个月□　　i. 1 年以上□

注：如果被访者丈夫是每天往返，那么请跳过 1.9.12 – 1.9.14。

1.9.8　您丈夫的打工地点是：________（具体地点________）

a. 本县（市）□　　b. 省内其他县（市）□

c. 外省（市）□　　d. 国外□　　e. 不知道□

1.9.9　您有手机吗？________；丈夫有手机吗？________（若有，多久了________）；丈夫有通讯地址吗？________。

a. 没有□　　b. 有□　　c. 不知道□

1.9.10 丈夫外出务工期间，您与丈夫一般以什么方式联系？

a. 打电话□　　b. 微信□　　c. 手机短信□

d. 信件□　　e. 电子邮件□　　f. 托人捎口信□

g. 其他□

1.9.11　一般是谁主动联系？

a. 丈夫□　　b. 自己□　　c. 差不多□

1.9.12　您和丈夫多长时间联系一次？

a. 每天□　　b. 2 天—1 周□

c. 1 周—半个月□　　d. 半个月——个月□

e. 1—3 个月□　　f. 3—6 个月□

g. 6 个月以上□　　h. 从不联系□

1.9.13　如果你们打电话/微信联系，您一般每次与丈夫通话多长时间？

a. 不到 1 分钟□　　b. 1—3 分钟□

c. 4—10 分钟□　　d. 11—30 分钟□

e. 半小时以上□　　f. 不打电话□

1.9.14　您与丈夫联系时，谈论的主要内容是（多选）：________ 其中最多的是：________

a. 孩子的情况□　　b. 家庭生产情况□

c. 老人的情况□　　d. 相互的关怀与叮嘱□

e. 自己的苦恼与心事□　　f. 丈夫的苦恼与心事□

g. 城里的事□　　h. 村里的事□

i. 其他________□

1.9.15　您平时会主动把自己的苦恼与心事告诉丈夫吗？

a. 不会□　　b. 有些会，有些不会□

c. 会□

如果选 a 或 b，原因是：________________________________________

1.10 子女信息

1.10.1 家里有几个子女？________具体信息为：

| 关系 | 性别 | 年龄 | 职业 | 婚否 | 与谁一起住 | 是否分家 |
|---|---|---|---|---|---|---|
| | | | | | | |
| | | | | | | |
| | | | | | | |
| | | | | | | |

1.10.2.1 在照顾孩子方面，您有什么困难吗？

a. 没有□　　　　　　b. 有（具体是？____________）□

1.10.2.2 您在照顾哪些孩子？

a. 自己的孩子□　　　　b. 孙辈□

c. 子女及孙辈□　　　　d. 其他________□

2. 农业生产（种植与/或养殖）

2.1 在您家，谁是户主？

a. 丈夫□　　　　　　b. 自己□

c. 其他人________□

2.1.1 您有自己的土地吗？

a. 没有□　　　　　　b. 有□

注：如果“有”自己的土地，有多少？________什么时候，怎么获得的（注：上一次土地分配的时间）？

________________________________________

2.1.2 您家共有多少亩地？________具体信息：

| 农作物类型 | 耕种面积 | 是否出售？（如果出售，卖给谁？出售地点？怎么出售的？） | 每年收入？ |
|---|---|---|---|
| | | | |
| | | | |
| | | | |

2.1.3　每年购买化肥大概花多少钱？________元

2.1.4　每年购买农药大概花多少钱？________元

2.1.5　每年雇用工人（包括耕种和收割等）大概花多少钱？________元

2.1.6　每年买种子大概花多少钱？________元

2.1.7　每年租地大概花多少钱？________元

2.1.8　每年农业保险多少钱？________元

2.1.9　每年得到的农业补贴多少钱？________元

2.2　您从事养殖活动吗？

a. 否□　　　　　　　　b. 是□

注：如果“是”，具体信息为：

| 物种 | 数量？ | 为什么养殖这种动物？ | 谁决定养殖该物种？ | 喂什么？成本？ | 劳动力投入情况？（自己养？） | 物种购买地点？如何获得购买信息？ | 是否出售？（如果出售，卖给谁？出售地点？怎么出售的？） | 每年收入？ |
|---|---|---|---|---|---|---|---|---|
| | | | | | | | | |
| | | | | | | | | |
| | | | | | | | | |
| | | | | | | | | |

2.3　种植与养殖，在您家哪一个是主要生产活动？

a. 种植□　　　　　　　b. 养殖□

c. 两者差不多□　　　　d. 不清楚□

2.4　每天您花在农业生产上多长时间？

a. 种植：忙季________小时；闲季________小时

b. 养殖：________小时

2.5　农业生产中的主要工作是什么？

种植：忙季________________________________________

　　　闲季________________________________________

养殖：________________________________________

2.6.1　您从事家里的农业生产活动多久了？________年

2.6.2　为什么您主要承担家里的农业生产活动（如何决定的）？

____________________________________________________________

____________________________________________________________

2.6.3　谁决定的您主要从事家里的农业生产活动的？

____________________________________________________________

____________________________________________________________

2.6.4　您承担家里的农业生产活动，有什么好处与不好的？（对自身、家庭、农业生产等）

____________________________________________________________

____________________________________________________________

2.6.7　在您主要承担农业生产之前，您做家里的哪些工作？为什么？

____________________________________________________________

您丈夫呢？他主要承担家里的哪些工作？为什么？

____________________________________________________________

2.7.1　在您承担农业生产后，您家耕种的土地面积发生过变化吗？

a. 没有□　　　　　　b. 有□

2.7.1.1　如果“有”变化，什么改变？

a. 增加□　　　　　　b. 减少□

原因是：__________________________________________________

2.7.1.2　如果“减少”原因在于（多选）？________最重要的原因是？________

a. 暂交给他人管理□　　b. 租给别人□

c. 撂荒□　　　　　　d. 修路或商业住宅占用□

e. 其他________□

2.7.2　在您承担农业生产后，您家种的农作物类型是否发生了改变？

a. 没有□　　　　　　b. 有□

2.7.2.1　如果“有”改变，什么改变？____________________

为什么？＿＿＿＿＿＿＿＿＿＿

2.7.3　您种地和您丈夫种地，在化肥用量上有区别吗？

a. 没有□　　b. 有□

2.7.3.1　如果“有”区别，什么区别？

a. 增加化肥用量□　　b. 减少化肥用量□

为什么？＿＿＿＿＿＿＿＿＿＿

2.7.4　您种地和您丈夫种地，在农药用量上有区别么？

a. 没有□　　b. 有□

2.7.4.1　如果“有”区别，什么区别？

a. 增加农药用量□　　b. 减少农药用量□

为什么？＿＿＿＿＿＿＿＿＿＿

2.7.5　近几年的农业生产中，化肥使用量有变化吗？

a. 没有□　　b. 有□　　c. 不清楚□

2.7.5.1　如果“有”变化，什么变化？

a. 增加□　　b. 减少□　　c. 不清楚□

为什么？＿＿＿＿＿＿＿＿＿＿

2.7.6　近几年的农业生产中，农药用量有变化吗？

a. 没有□　　b. 有□

2.7.6.1　如果“有”变化，什么变化？

a. 增加□　　b. 减少□

为什么？＿＿＿＿＿＿＿＿＿＿

2.7.7　您家除草是使用除草剂还是人工除草？＿＿＿＿为什么？＿＿＿＿＿＿＿＿

a. 使用除草剂□

b. 人工除草□

c. 既使用除草剂，也人工除草□

d. 其他＿＿＿＿□

2.7.8　您是如何处理农家肥的？用在哪块土地（例如菜园）？为什么？＿＿＿＿＿＿＿＿＿＿＿＿＿＿＿＿＿＿＿＿＿＿＿＿＿＿＿＿

＿＿＿＿＿＿＿＿＿＿＿＿＿＿＿＿＿＿＿＿＿＿＿＿＿＿＿＿＿＿

2.8　有人帮助你么？

a. 没有□　　　　　　　b. 有□

2.8.1　如果“没有”人帮忙，为什么？

a. 需要帮助，但没有人帮忙□　　　b. 不需要帮忙，能够承担□

c. 其他________□

2.8.2　如果“有”人帮忙，谁、什么时候、什么帮助、何种程度的帮助（例如孩子、父母、公婆、亲戚、朋友、邻居、雇工等）？

| 谁帮助你？ | 什么时候帮助你？ | 什么样的帮助？ | 多大程度帮助（例如承担工作的百分比或时间）？ |
|---|---|---|---|
| | | | |
| | | | |
| | | | |
| | | | |

2.9.1　农业生产中的劳动分工及决策情况（注：如果不存在对比，则以目前状况回答；没有的情况请填写“×”）

| | | 承担农业生产之前 | | 承担农业生产之后 | |
|---|---|---|---|---|---|
| | | 谁做？ | 谁决定？ | 谁做？ | 谁决定？ |
| 农业生产 | 种植面积 | ╲ | | ╲ | |
| | 农作物种植类型 | ╲ | | ╲ | |
| | 种子购买 | | | | |
| | 化肥购买 | | | | |
| | 农药购买 | | | | |
| | 养殖 | | | | |
| | 农机具购买（有何农机具？________） | | | | |
| | 雇工 | | | | |
| | 农业保险 | | | | |
| | 出售农产品 | | | | |

续表

| | | 承担农业生产之前 | | 承担农业生产之后 | |
|---|---|---|---|---|---|
| | | 谁做？ | 谁决定？ | 谁做？ | 谁决定？ |
| 家庭事务 | 照顾孩子 | | | | |
| | 照顾老人 | | | | |
| | 购买家用电器或家具 | | | | |
| | 借钱给别人 | | | | |
| 公共事务 | 人情往来 | | | | |
| | 选举 | | | | |
| | 村民会议 | | | | |
| | 村集体出工 | | | | |

2.9.2.1　当你或你的家庭成员决定种植某种农作物或养殖某种动物的时候，哪个因素最重要？

a. 价格□　　b. 质量□

c. 价格与质量一样重要□　　d. 容易种植/养殖□

e. 保产/稳产□　　f. 其他________□

2.9.2.2　你和你丈夫的决定存在差异吗？

a. 没有□

b. 有□（具体差异是，男性：________；女性：________）

2.9.3.1　当你或你的家庭成员购买种子/动物品种的时候，哪个因素更重要？

a. 价格□　　b. 质量□

c. 价格与质量一样重要□　　d. 容易种植/养殖□

e. 其他________□

2.9.3.2　你和你丈夫的决定存在差异吗？

a. 没有□

b. 有□（具体差异是，男性：________；女性：________）

2.9.3.3　您家今年用的种子全部是买来的吗？

a. 否（多大比例不是买来的？________________其他种子来自于？________________）□

b. 是□

2.9.3.4 您家今年买/种了几种种子？为什么？________________

________________________________________________________________

2.9.3.5 在哪里买的种子？________________________________

2.9.4.1 当你或你的家庭成员购买化肥/饲料的时候，哪个因素更重要？

a. 价格□　　b. 质量□

c. 价格与质量一样重要□　　d. 购买距离□

e. 其他________□

2.9.4.2 你和你丈夫的决定存在差异吗？

a. 没有□

b. 有□（具体差异是，男性：________；女性：________）

2.9.5.1 当你或你的家庭成员购买农药的时候，哪个因素更重要？

a. 价格□　　b. 质量□

c. 价格与质量一样重要□　　d. 购买距离□

e. 其他________□

2.9.5.2 你和你丈夫的决定存在差异吗？

a. 没有□

b. 有□（具体差异是，男性：________；女性：________）

2.9.6.1 当你或你的家庭成员购买农机具的时候，哪个因素更重要？

a. 价格□　　b. 质量□

c. 价格与质量一样重要□　　d. 购买距离□

e. 其他________□

2.9.6.2 你和你丈夫的决定存在差异吗？

a. 没有□

b. 有□（具体差异是，男性：________；女性：________）

2.10 有时候，女性承担了大多数的农业生产劳动，但她们的丈夫却做了所有或大部分的决定，你如何看待这种现象？

a. 很正常□　　b. 这是错误的□

c. 不知道/没有想法□

2.10.1 如果选择“这是错误的”，你想改变这种情况吗？________怎么改变？为什么？________________________________________

________________________________________

2.10.2 您的情况是？________

a. 自己决定□ b. 丈夫决定□ c. 共同决定□

2.11 你喜欢从事农业生产吗？

a. 非常喜欢□ b. 喜欢□ c. 一般□

d. 不喜欢□ e. 非常不喜欢□

注：如果选择“c”、“d”或“e”，请回答：如果你可以从事其他工作，你会做什么？____________为什么？____________

________________________________________

2.11.1 你不能脱离农业生产的障碍是什么？__________________

________________________________________

2.11.2 作为农民，您觉得骄傲吗？

a. 不骄傲□ b. 一般□ c. 骄傲□

d. 不知道□ e. 没想过□

2.11.3 村里人如何看待农业生产活动？

a. 不重视□ b. 重视□ c. 其他________□

d. 不知道□ e. 没想过□

2.11.4 对你自己而言，以下哪项工作最重要？

a. 照顾、教育孩子□ b. 农业生产□ c. 家务劳动□

d. 照顾老人□ e. 其他________□

2.11.5 如果可以选择，您想做什么工作？

a. 继续当农民□ b. 家庭主妇□

c. 工人（在外边工作，像丈夫一样）□

d. 其他________□ e. 不知道□

2.12.1 在你看来，女性从事农业生产能够像男性做得一样好吗？

a. 女性做得更好□ b. 男性做得更好□

c. 男女两性无差别□ d. 不知道□

2.12.2 您是从哪里学到从事农业生产的知识的？

a. 自己的父母□ b. 丈夫□

c. 自己在实践中领悟□ d. 农业技术推广服务□

e. 其他____________□

2.13.1 你觉得可以抛弃农业吗？

a. 不能抛弃农业，是一个保证□

b. 如果有足够的钱或者其他工作，就可以抛弃农业□

c. 不知道□

d. 其他□____________

2.13.2 你认为农业对您家庭的作用是什么？

a. 起到补充作用□

b. 起到主要作用□

c. 与其他经济活动作用差不多□

d. 不知道□

e. 其他________□

2.14 除农业生产之外，您还从事其他经济活动吗？

a. 否□ b. 是□（具体是________收入？________为什么________）

2.15 您认为谁对你家庭的贡献最大？

a. 自己□ b. 丈夫□

c. 自己与丈夫的贡献一样大□ d. 父母/公婆□

e. 其他人________□

为什么（标准是什么）？____________________

2.16 您认为谁对你家的农业生产贡献最大？

a. 自己□ b. 丈夫□

c. 自己与丈夫的贡献一样大□ d. 父母/公婆□

e. 其他人________□

为什么（标准是什么）？________

2.17.1 您认为以下几种情况，哪种更好？

a. 妇女承担全部农业生产活动□

b. 妇女承担大部分农业生产活动□

c. 妇女及其丈夫共同承担农业生产活动□

d. 丈夫承担大部分甚至全部农业生产活动□

为什么？ ____________________

2.17.2　您自己的情况符合上述哪种情况？ ____________________

2.18　您家各种经济活动中，哪个是最主要的经济来源？ ________

a. 种植□　　b. 养殖□

c. 丈夫打工收入□　　d. 自己打工收入□

e. 其他________□

2.19.1　您家谁管钱？

a. 自己□　　b. 丈夫□

c. 自己与丈夫一起管□　　d. 其他人________□

e. 没有钱管□

2.19.2　一般谁决定怎样使用家庭收入（大事）？ ________

a. 自己□　　b. 丈夫□

c. 自己与丈夫一起商量□　　d. 其他人________□

注：如果没有选择“自己”，那么什么样的支出您可以自己决定？

____________________________________________________________

您认为什么是大事？ ________________________________________

2.19.3　您的收入和丈夫的收入在使用上有差异吗？

a. 没有差异□

b. 有差异□（具体表现为？为什么？ ____________）

2.19.3.1　您丈夫的收入主要用在什么方面？ ____________

2.19.3.2　您的收入主要用在什么方面？ ____________

2.20　您家的主要支出有哪些？ ____________

a. 化肥农药等生产资料投入□

b. 日常生活开支□　　c. 孩子上学花费□

d. 看病就医□　　e. 人情往来□

f. 其他________□

2.20.1　其中最大的支出是？ ________

2.21　您认为您家的经济状况在全村属于何种水平？

a. 非常富裕□　　b. 富裕□　　c. 中等水平□

d. 贫困□　　e. 非常贫困□

2.22　除了农业生产，在家里您还承担什么劳动（多选），具体信息为：

| 劳动 | 承担与否 | 每天花费的时间 |
|---|---|---|
| 打扫房间 | | |
| 做饭 | | |
| 照顾老人 | | |
| 其他__________ | | |

2.23.1　每月您家的消费情况：大概每个月花多少钱？主要花在哪些方面？

______________________________________________

______________________________________________

2.23.2　您家有菜地吗？多大面积？打农药吗？算在耕地中了吗？收成够自家用了吗？

______________________________________________

______________________________________________

2.24.1　农业生产中的水资源容易得到吗？

a. 不容易（为什么？____________）□　　b. 容易□

2.24.2　农业生产中如果需要贷款，容易贷到吗？

a. 不容易（为什么？____________）□　　b. 容易□

c. 不了解/不知道□　　d. 不需要□

e. 其他____________□

2.25.1　您了解农业补贴政策吗？具体了解什么内容？您对该政策的看法？

______________________________________________

______________________________________________

2.25.2　您家参加农业保险了吗？您了解农业保险政策吗？具体了解什么内容？您对该政策的看法？

______________________________________________

______________________________________________

2.26 举个例子：以下两种情况，一种以丈夫为主，在家和妻子一起从事农业生产；另一种以妻子为主，与他人（如：丈夫、邻居、亲戚、朋友、雇工等）一起从事农业生产。

2.26.1 您认为哪种情况更好？

a. 第一种□ b. 第二种□

c. 无区别□ d. 不知道□

2.26.2 哪一种产量更高？

a. 第一种□ b. 第二种□

c. 无区别□ d. 不知道□

2.26.3 哪一种更和谐融洽（如：争吵、分歧较少）？

a. 第一种□ b. 第二种□

c. 无区别□ d. 不知道□

2.26.4 哪一种你觉得会更开心？

a. 第一种□ b. 第二种□

c. 无区别□ d. 不知道□

2.26.5 哪一种对妇女更好？

a. 第一种□ b. 第二种□

c. 无区别□ d. 不知道□

2.26.6 哪一种是您的现状？

a. 第一种□ b. 第二种□

2.27.1 您认为什么样的农民是好农民？______________________

2.27.2 您觉得自己是个好农民吗？为什么？________________

2.28.1 您认为什么样的家庭主妇是好家庭主妇？____________

2.28.2 您觉得自己是个好家庭主妇吗？为什么？____________

2.29.1 您认为自己应该承担家里的哪些劳动？为什么？________

______________________________________________

2.29.2 您认为您丈夫应该承担家里的哪些劳动？为什么？_______

______________________________________________

2.30 例子：以下两种情况，第一种：一亩地，可以共产粮1000斤/年；第二种：两亩地，可以共产粮1200斤/年。您会选择哪一种？

a. 第一种□　　b. 第二种□

c. 无区别□　　d. 不知道□

为什么？________________________________________________

________________________________________________

3. 情感与心理状况

3.1.1 您有什么困难（多选）？________最主要的困难是____________________

a. 农业生产□　　b. 子女教育□

c. 与丈夫的感情□　　d. 与他人发生冲突□

e. 其他________□　　f. 无困难□

具体情况？如何解决的？________________________________________

________________________________________________

3.1.2.1 如果选择中有“农业生产”方面的困难，那么，您经常觉得承担农业生产活动困难吗？

a. 经常觉得困难□　　b. 有时候觉得困难□

c. 很少觉得困难□

3.1.2.2 您遇到的农业生产方面的困难，具体是哪些方面的困难（多选）？________最主要的困难是：________

a. 生产资料购买困难□　　b. 劳动力不足□

c. 自己没有掌握技术□　　d. 销售困难□

e. 其他________□

3.1.2.3 您是怎么解决的？（多选）________

a. 靠自己□　　b. 找公婆/父母帮忙□

c. 找亲戚帮忙□　　d. 找邻居帮忙□

e. 找村干部帮忙□　　f. 找朋友帮忙□

g. 雇人□　　h. 其他________□

3.2 您觉得承担农业生产活动困难吗？

a. 经常觉得困难□　　b. 有时候觉得困难□

c. 很少觉得困难□　　　d. 从不觉得困难□

为什么？______________________________

3.3　您借过钱吗？

a. 没有□　　　b. 有过□

注：如果“有过”，请回答3.3.1－3.3.3，否则请跳过

3.3.1　借钱的主要用途是？

a. 化肥农药等生产资料投入□　　　b. 孩子上学花费□

c. 看病就医□　　　d. 翻建房屋□

e. 儿子结婚□　　　f. 计划生育罚款□

g. 其他________□

3.3.2.1　向谁借的？

a. 亲戚□　　　b. 朋友□　　　c. 邻居□

d. 村干部□　　　e. 私人信贷□　　　f. 其他人□

g. 其他情况________□

3.3.2.2　如果选择a，那么具体情况为（注：向哪方亲戚借钱情况更多）：________

a. 娘家亲戚□　　　b. 婆家亲戚□

3.3.3　谁去借？

a. 丈夫□　　　b. 自己□　　　c. 父母/公婆□

d. 其他人________□

3.4　您平时生活中是否感觉有压力？____________

a. 压力比较大□　　　b. 有些压力□　　　c. 没有压力□

注：如果选1或2，请回答哪些方面的压力？

______________________________

3.5　您一般如何释放压力（多选）？

a. 看电视□　　　b. 找朋友聊天□

c. 和丈夫聊天□　　　d. 其他________□

e. 无压力□

4. 社会网络及其他情况

4.1　村里有妇女组织吗？

a. 没有□　　　　　　b. 有□

4.1.1　注：如果“有”，具体情况为：__________________

存在什么特点？或者加入这个组织的标准或条件是什么（例如，受教育水平，外出务工经历，丈夫工作类型，家庭经济条件等）？________

4.1.2　组织内部存在差异吗？__________您认为差异主要在于什么方面？______________________________________________

______________________________________________________

4.2　您参加了什么组织吗？

a. 没有□　　　　　　b. 有□

注：如果“有”，具体情况为：______________________

这个组织对你有帮助吗？

a. 没有□　　　　　　b. 有□

注：如果“有”，具体情况为：______________________

4.3　您希望村里有哪些组织（多选）？

a. 经济合作组织□

b. 文艺类协会或组织□

c. 专业技术协会或组织□

d. 基金或信贷方面的组织□

e. 其他组织□

f. 不想参加或没想过□

4.4.1　您一般怎样打发闲暇时间（多选）？

a. 看电视□　　　　b. 打牌□　　　　c. 打麻将□

d. 聊天串门或走亲戚□　e. 读书看报□

f. 赶集□　　　　g. 参加文艺活动□　h. 其他________□

i. 没有闲暇时间□

4.4.2　您一般是怎么获得有关农业生产方面的信息的（最主要的方式）？

a. 看电视□　　　　b. 听广播□

c. 上网□　　　　d. 丈夫告诉的□

e. 与亲戚、朋友、村民聊天中知道的□

f. 其他________□　　　　g. 不关心外界信息□

4.5　您参加过培训吗？

a. 没有□　　　　　　　　b. 有□

注：如果“有”，具体情况为：____________________

4.6 您希望举行的是哪些培训（多选）？

a. 种植业技术培训□　　　b. 养殖业技术培训□

c. 法律知识培训□　　　　d. 打工技术培训□

e. 卫生保健知识培训□　　f. 其他________□

g. 没想过□

4.7　您比较关心下列哪些方面的信息（多选）？________其中，您最关心的是：________

a. 农业技术信息□　　　　b. 农产品销售消息□

c. 农村、农业政策信息□d. 农民工权益保障信息□

e. 卫生医疗信息□　　　　f. 子女教育信息□

g. 其他________□　　　　h. 没想过□

4.8　您认为村里人是如何看待承担起家里主要农业生产活动的女性的？

____________________________________________________________

____________________________________________________________

4.9　您如何看待承担起家里主要农业生产活动的女性？

____________________________________________________________

____________________________________________________________

4.10　您将来有什么打算？

____________________________________________________________

____________________________________________________________

# 附件二 生活史记录对象访谈提纲

## 生活史记录对象访谈提纲

【说明：生活史的记录以问卷为基础，所有生活史的记录对象均需参与过问卷调查。】

1. 原生家庭

1.1 父母和兄弟姐妹：出生地、教育程度、婚姻状况、现居住地、职业和经济状况；

1.2 父母和兄弟姐妹在家庭中的性别分工；

1.3 与兄弟姐妹进行比较，如受教育的机会；父母对每个孩子的期望；

1.4 童年难忘的事情；

1.5 上学期间难忘的事情。

2. 丈夫的家庭

2.1 公婆、叔嫂：教育、婚姻、居住地、职业、经济状况；

2.2 公婆和叔嫂在家庭中的性别分工；

2.3 比较丈夫和其兄弟姐妹；公婆对每个孩子的期望。

3. 婚姻

3.1 如何认识丈夫以及结婚的过程（包办婚姻或自由恋爱婚姻等）；

3.2 影响婚姻的关键因素；

3.3 来自两个家庭的嫁妆或聘礼、彩礼，特别是与自己的兄弟姐妹和丈夫的兄弟姐妹相比；

3.4 对儿子和/或女儿婚姻的期望。

4. 外出务工的经历（如果妇女有）

4.1 外出务工的时间、年限和工作的特点；

4.2 外出务工的原因；

4.3 外出务工期间印象深刻的事情；

4.4　返乡原因；

4.5　外出务工经历所带来的影响以及如何看待这种经历；

4.6　是否有再次外出务工的计划，为什么？

5. 农业生产

5.1　在成为农业的主要劳动力之前，农业生产中的性别分工和决策是如何进行的（妇女和丈夫分别做了什么和决定了什么）；

5.2　目前农业生产中的性别分工和决策（妇女和丈夫分别做什么和决定什么；妇女或丈夫应该做什么和决定什么）；

5.3　成为农业主要劳动力后农业生产的变化（如种植面积、种植作物类型、农业生产资料的使用）；

5.4　自己与丈夫在从事农业生产以及决策方面的差异；

5.5　从事农业生产工作遇到的困难和解决办法；

5.6　劳动分工变化对农业生产的影响；

5.7　对自己在农业生产中的作用和地位的判断；

5.8　对农业生产在家庭中的作用和地位的判断；

5.9　农业生产发展方向的看法；

5.10　一名好农民的标准；

5.11　农业生产中男性和女性的劳动强度；

5.12　农业生产中最重要的工作？为什么，谁能从事这种工作？

5.13　你喜欢当农民吗？你为自己是农民而自豪吗？为什么或者为什么不？

5.14　对农业生产或相关方面的期望；

5.15　农业生产的总收入和总支出；

5.16　从事农业生产的年限以及掌握农业知识（如处理病虫害；选择好的种子、肥料或农药；选择合适的时间来使用农业生产资料）的程度；

5.17　夫妻共同从事农业生产劳动，或者男方外出务工，女方作为主要劳动力承担农业生产劳动，这两种生计方式的利弊分别是什么？

5.18　对于农业补贴、农业保险和信贷的了解情况；

5.19　与农业生产相关的培训和推广服务；

5.20　关于商品房、厂房建设造成耕地流失情况的看法。

6. 家庭事务与村庄公共事务

6.1　家庭事务和村庄公共事务中的性别分工和决策（妇女和丈夫分别做什么和决定什么；妇女和丈夫应该做什么和决定什么）；

6.2　除农业生产外，其他工作负担的描述（如照顾孩子（孙辈）和/或老人、家务劳动或农业以外的兼业工作）；目前最重要的任务是什么？如果可以选择，你想做什么？为什么？

6.3　日常生活中的困难及解决办法；

6.4　做一名好家庭主妇或母亲的标准；

6.5　农业分工变化对家庭事务和农村公共事务的影响；

6.6　家庭收入的使用：使用金钱的性别差异；

6.7　日常支出：家庭主要支出；关于食品消费，家庭是否会消费自己生产的大米和小麦，为什么？

6.8　控制和保管金钱：谁控制和保管金钱？为什么？

6.9　家庭中的银行卡：家庭中有多少张银行卡？是否知道银行卡的密码？丈夫每月都把钱转回来吗（为什么或为什么不）？汇款的用途是什么？什么时候开始有存款？

6.10　对村委会选举的看法：例如，男性或女性，谁应该到外面去投票？一个女人能当村主任吗？为什么？

6.11　对“男尊女卑”“男主外女主内”等文化的看法。

7. 女性福祉

7.1　身体状况：是否有（慢性）疾病及原因；

7.2　农业生产分工变化对妇女福祉的影响；

7.3　村内离婚案件及对离婚的看法；

7.4　村里的家庭暴力案件和对家庭暴力的看法；

7.5　闲暇时间：活动；

7.6　最喜欢的电视节目是什么？喜欢或不喜欢哪种电视剧/广告？为什么？

7.7　谁是你最好的朋友？她们的情况如何（如教育、婚姻状况、生活条件等）？

7.8　如果你与公婆或邻居吵架，你丈夫会怎么做？你会告诉你丈夫吗？为什么？

7.9　幸福：你幸福吗（为什么或为什么不幸福）？什么样的事情能让你（不）开心？为什么？

8. 丈夫的信息

8.1　外出务工地点、返乡频率、收入、在外务工时的支出；

8.2　联系频率和内容；是否为留守家庭成员准备礼物（为什么准备或为什么不准备）；是否与丈夫分享积极和/或消极的感受或情绪（为什么或为什么不？如果不想分享，你想与丈夫分享什么感受）。

9. 子女信息

9.1　年龄、性别、受教育程度、职业、现居住地和经济状况；

9.2　期望的家庭规模；妇女与其他家庭成员之间是否存在差异，如果存在差异，具体差异是什么？

9.3　对子女的期望，特别注意性别差异；

9.4　您对区别对待（孙）子女有何看法，尤其是对不同性别的（孙）子女？例如，有人喜欢家里有个男孩，你的看法是什么？有人喜欢给这个男孩更好的教育机会，你的看法是什么？

10. 农村发展问题

10.1　过去几年，村庄或乡镇的主要变化是什么（如农业生产、公共交通系统、工作机会、社会福利）？

10.2　对这些变化的看法；

10.3　对培训或组织的期望；

10.4　对农村发展方向的看法或期望。

11. 参与式观察（注意的方向）

11.1　房间的分布和功能（代际和性别差异）；

11.2　房屋内的家用电器和装饰品；

11.3　妇女的衣服和首饰；

11.4　耕作行为（例如施用杀虫剂）；

11.5　妇女日常活动时间表；

11.6　注意妇女聊天过程中的信息交流；

11.7　观察妇女高兴、不高兴时候的情景。

# 附件三　村干部访谈提纲

## 村干部访谈提纲

1. 自然条件

1.1　地理条件和气候条件；

1.2　公共交通状况；

1.3　自然资源。

2. 人口特征与外出务工状况

2.1　人口组成（年龄、性别）、户数；

2.2　外出务工人口特征：人数、年龄、性别、文化程度、婚姻状况、职业、主要工作地点、回乡频率、收入；

2.3　对外出务工所产生影响的评价。

3. 农业生产

3.1　土地分配（性别问题），每户平均农田；

3.2　土地流转情况及土地面积增减情况（家庭/村民内部，以及外部资本的介入情况）；

3.3　农业生产服务，例如一些农业技术的培训和推广、收获、灌溉等服务；

3.4　补贴、保险等农业生产政策，村民了解程度及实施过程；

3.5　农业生产机械化状况：农机使用率，农机使用的性别差异；

3.6　农业生产合作社（是否存在，具体情况如何）；

3.7　农业生产中的性别分工和决策（如销售、购买和种植）；

3.8　关于妇女作为农业主要劳动力贡献者的评价（利弊）；

3.9　农业生产中的主要困难；

3.10　对农业的期望。

4. 家庭事务

4.1　家庭事务中的性别分工和决策；

4.2 村民的主要经济来源；

4.3 对金钱的控制和使用；性别和代际的差异。

5. 村庄公共事务和其他事务

5.1 村委会：职能和组成；

5.2 村选举、村民会议和集体劳动事务；

5.3 与乡镇政府的关系；

5.4 杨村党员：人口特征（年龄、性别）和职能；

5.5 组织或协会（如地方宗教信仰组织、特点和活动），尤其是妇女的组织和协会；

5.6 乡村产业：介绍乡村产业（乡村产业的发展历史/故事）；评价乡村产业的影响；

5.7 社会福利制度及其变迁（如医疗保险、养老保险等）；

5.8 丧葬和婚姻文化；

5.9 杨村历年重要变化及其评价；

5.10 关于妇女对农村发展的贡献的评价。

# 附件四 县/乡镇政府主要负责人访谈提纲

## 县/乡镇政府主要负责人访谈提纲

1. 自然条件

1.1 地理条件和气候条件；

1.2 公共交通状况；

1.3 自然资源。

2. 人口特征与外出务工状况

2.1 人口构成（如人数、年龄、性别和教育水平）、乡/村的数量；

2.2 外出务工人员的人口特征（县/乡镇层面）：人数、年龄、性别、受教育程度、婚姻状况、职业、主要工作场所、返乡频率、收入；

2.3 关于外出务工影响和留守人口（妇女、儿童和老人）影响的评价；

2.4 关于妇女对农业、家庭和农村发展的贡献的评价；

2.5 外出务工和留守人口（特别是妇女）的相关政策。

3. 经济发展状况

3.1 居民主要经济来源；

3.2 雇用农村居民的企业介绍（县/乡镇层面）：数量、规模、雇用工人——性别差异、工资；吸引农村产业的特殊政策；

3.3 农业生产：种植作物类型、种植面积；产量；销售；收益；农业生产保险和补贴；相关培训和推广服务；农业机械化状况；合作社；对农业生产发展或方向的判断；对“将农业用地用于商品住宅建设”的评价；农业分工与决策的评价；

3.4 县乡发展特点。

4. H乡/杨村的现状与评价

4.1 与H乡/杨村的关系（什么关系，如何联系）；

4.2 H乡与其他乡（或杨村与其他村）的异同；

4.3 H乡（或杨村）发展规划，如农业、生活环境、农村产业等；

4.4 对农村发展方向的看法。

# 后 记

本书的最终整理、写作过程正值新型冠状病毒肆虐之时，在此“封闭”的过程中，如何能够保障老百姓的基本生活成为社会各界在疫情本身之外，最为关注的问题之一。现代社会是高度分工的社会，大家共同劳动与合作构成了不同的有机体，因此，对于多数人而言，生活必需品，如米、面、蔬菜等，是不能够自给自足的，进而，即便冒着被感染的风险，也需要外出到人群很可能聚集的超市、便利店、菜市场等地购买生活必需品。自然，线上采购、无接触配送等方式能够在一定程度上有效地减少人与人的接触、降低病毒的传播速度以及感染风险，然而，并不是所有人都有能力或有财力使用此种方式，因此，与之相比，小农农业生产的优越性在此刻得以凸显，正所谓“手中有粮、心中不慌”，在秋天收获粮食、存储蔬菜，是很多农民的习惯，这也就是在疫情刚开始的时候，很多村庄都可以迅速实行封村、封路的基础。可以说，在特殊时期，年青一代“逃离”的乡村成了一方净土，而稍显“古老”的生活方式得以体现更大的价值，小农农业生产对于老百姓自身乃至整个国家粮食安全的重要意义不言自明。

那么，现在在从事农业生产的又是哪些人呢？可以简单地区分为两类，一类是规模性农业的生产者；一类是小农农业的生产者。前者涵盖一些跨国性企业、大规模农场等；而后者涉及的是以小农户为单位的农业生产者，也就是传统意义上的农民。从性别视角出发去看小农农业的生产者，不难发现，在当下农村劳动力（尤其是男性劳动力）大量乡城流动的背景下，更多的是女性留守在农村，照顾孩子与家庭，并从事农业生产活动，这也是本研究的缘起。本研究关注的是小农农业生产中的农村妇女，关注的是她们在不同空间中的性别实践，关注的是她们的劳动与决策对于农业生产的影响，对于其家庭性别关系的影响，以及对于其自身福祉的影响。自然，性别视角贯穿全书始终。本研究认为，农村妇女从事农业生产活动并没有对农业生产造成负面的影响，她们只不过是在延续家庭的一种生计方式，为外出务工的丈夫提供一个庇护的场所；而丈夫的外出务工，也并没有给妇女太多的决策空间，夫妻二人依旧延续着“男主外女主内”的劳动分工模式，而收入上的差距反而可能固化了不平等的性别关系；农村妇女的劳动负担在丈夫外出务工后加重了，心理上的负担因无人倾诉也往往加大了，但农村妇女自身具备的教育水平、外出务工经历等因素能够从不同角度缓解其负担，提升其福祉，也为人们破解农村妇女的困境提供了可行性路径。

可以说，性别视角一直是社会学研究中不可或缺的领域，虽然其认可度还存在很大的发展空间，但不可否认，其对于个人、家庭乃至整个社会的意义与价值。笔者多年以来一直在关注性别相关问题，喜欢做相关的研究，也喜欢在平时的教学、生活过程中融入性别视角去思考问题。性别研究这条路并不容易，作为一位女性，做相关的研究，总会被冠以“女权”的标签，但如若没有人谈及权利、谈及平等，又何谈进步与发展。本书还有很多可以进一步深入讨论的主题有待探索，也是笔者努力的方向。感谢自求学以来各位师长的启蒙与教导、感谢领导同事的支持与鼓励、感谢家人在此书完成过程中付出的努力、感谢“吉林大学哲学社会学院一流学科建设学者文库”提供的宝贵机会，使得本书得以面世。愿疫情早早过去，愿更多的人关注性别研究、热爱性别研究、推动性别研究的发展。

孟祥丹

2020 年 3 月